尽善尽美  弗求弗迪

华为干部管理

解密华为人才"倍"出的底层逻辑

王旭东 著

陈雨点

电子工业出版社
Publishing House of Electronics Industry
北京·BEIJING

内 容 简 介

本书对华为干部管理的逻辑和方法进行了全面的梳理，深入细致地阐述了华为干部管理体系，内容涵盖华为干部的使命与责任、干部选拔与任用、干部评价与激励、干部后备队伍建设、干部监察管理等，同时融入了作者团队多年开展项目的经验，以期提供落地方案，帮助企业经营者和管理者解决在如何做好干部管理方面存在的问题。

未经许可，不得以任何方式复制或抄袭本书之部分或全部内容。
版权所有，侵权必究。

图书在版编目（CIP）数据

华为干部管理：解密华为人才"倍"出的底层逻辑 / 王旭东，陈雨点著．—北京：电子工业出版社，2021.9
ISBN 978-7-121-41821-1

Ⅰ.①华… Ⅱ.①王… ②陈… Ⅲ.①通信企业－企业管理－人力资源管理－经验－深圳 Ⅳ.① F632.765.3

中国版本图书馆 CIP 数据核字（2021）第 169607 号

责任编辑：杨 雯
印　　刷：三河市鑫金马印装有限公司
装　　订：三河市鑫金马印装有限公司
出版发行：电子工业出版社
　　　　　北京市海淀区万寿路 173 信箱　邮编：100036
开　　本：720×1000　1/16　印张：16.25　字数：231 千字
版　　次：2021 年 9 月第 1 版
印　　次：2025 年 10 月第 12 次印刷
定　　价：65.00 元

凡所购买电子工业出版社图书有缺损问题，请向购买书店调换。若书店售缺，请与本社发行部联系，联系及邮购电话：（010）88254888，88258888。

质量投诉请发邮件至 zlts@phei.com.cn，盗版侵权举报请发邮件至 dbqq@phei.com.cn。
本书咨询联系方式：（010）57565890，meidipub@phei.com.cn。

华为把管理者称为"干部"。"干部"是党组织系统中的说法，最早起源于法国，后从日本传入中国。毛泽东曾在《反对党八股》一文中说过："今天开的干部大会，这'干部'两个字就是从外国学来的。"不过在西方的企业中是没有干部的说法的，它们都称其为管理者。"干部"除了有管理者的含义，还包括一些更丰富的内涵。

从文化背景上来说，东方是强调集体主义精神的，而西方是以个体为主的，这样的文化差异就造成了对管理者定位的差异。在西方，管理者只需要把事情做到位，帮助企业实现商业成功就行了，很少管到员工个人的思想领域。而在东方，对干部的要求不仅包括职业化方面的管理，还包括一些思想领域的管理。所以东西方对于管理者的要求和标准是不一样的。

基于此，华为成立了干部部，这是主要用来管干部的一个组织；阿里巴巴集团也成立了一个专门管干部的组织，即组织部。而西方的企业不会单独设立一个专门针对管理者的机构，只是基于人力资源（Human Resource，HR）管理中的一个模块来管理他们。在华为干部管理中还有很多独具特色的地方，比如，干部的隔层管理、干部选拔的三权分立等。在西方的企业管理中，这些事项都没有这么复杂。

由于创始人任正非有军人背景，华为在构建管理体系时，除了引入西方的管理思想，也保留了东方的文化思想精髓，例如，以奋斗者为本、不让雷锋吃亏等思想根基就来源于东方文化。中学为体，西学为用，华为融合了东西方干部管理的思想精髓，造就了一支忠诚担当的高素质干部队伍，助力华为获胜。这也是中国企业值得学习的地方，要让西方先进的管理思想适应本土环境，帮助企业收获成功。

截至2021年，华为干部管理体系已持续运营了二十多年。其间，华为打败了许多实力强劲的竞争对手，完成了业务向全球的扩张，成长为全球领先的信息与通信技术（Information and Communication Technology，ICT）基础设施和智能终端提供商。进入全数字时代，华为成为基础网络与服务生态构建者，致力于构建万物互联的智能世界。根据华为内部财务系统统计，2020年华为总营收1367亿美元，增长11.2%；利润99亿美元，增长10.4%。华为能取得这样的成就，离不开其干部队伍的担当作为。华为干部管理体系使华为人才"倍"出，使华为在面临市场的变化、业务的扩张、组织的变革时，始终拥有强有力的人才支撑。

反观国内的许多企业，当面临业务扩张或战略转型时，往往会遇到无人可用的窘境。当前，许多国企和民企都面临干部管理的一系列问题，例如，中高层管理者思维僵化，跟不上公司的发展，致使战略意图和领导意志无法落实；干部能上不能下，部分干部居功自傲，安于现状，不愿意持续艰苦奋斗；干部以权谋私，拉帮结派，牢骚满腹，成为组织的毒瘤和负能量制造者……与此同时，外部优秀人才的稀缺使企业对人才的争夺愈演愈烈，而企业花重金引进的干部却面临因无法融入企业而陷入难以存活的困境。这些干部建设中普遍存在的问题，严重侵蚀着组织，影响了组织的进一步发展。

近年来，我和我的团队一直致力于中国企业的管理研究、咨询辅导和培训工作。我们发现，许多企业经营者和高层管理者已认识到干部队伍在企业经营中发挥着关键的作用，他们非常重视干部队伍的管理，投入许多时间和精力学习优秀企业在干部管理上的经验与方法，尤其对学习华为的干部管理抱持着非常大的热情。

前言

作为资深的华为人，我曾参与华为干部队伍建设，也曾为华为的干部队伍输入优秀人才，而我自己更是华为干部管理体系的最大受益者。我认为，华为之所以能做好干部管理，一是各级一把手对干部培养高度重视，亲自挂帅，把干部人才的培养放在比业务管理更重要的位置，从全局和战略的高度建设干部队伍；二是各部门联合推进，人力资源部、华为大学、行政管理团队、业务部门等都在干部管理中承担了各自的职责和角色；三是华为让干部培养成为各级干部的职责与例行工作（任正非要求公司各级干部要做好干部后备队的培养工作，干部不是人力资源部门培养的，人力资源部门只做引导，每个部门每年都有输送干部的任务，这也是部门的考核指标之一）；四是建立了完善的干部管理体系，从干部的责任、使命，到干部的选拔、任用、培养、监管等，全方位覆盖了干部管理的各个环节，为干部队伍建设提供了强有力的保障和支撑。

为了让众多的企业经营者、管理者系统化地了解华为，学习华为干部管理的方法，进而为企业打造一支"招之即来，来之能战，战之必胜"的干部队伍，我们策划、编写了本书。这两年我和我的团队为数个上市公司提供了干部管理模块的培训与咨询服务，在干部管理方面积累了一些实践经验。本书结合我们自身的管理经验，同时也参考了许多经典的管理学书籍，引用大量的案例，对华为干部管理的逻辑和方法进行了全面的梳理，内容涵盖了华为干部的使命与责任、干部选拔与任用、干部评价与激励、干部后备队伍建设、干部监察管理等，同时融入了我们的项目经验，以期帮助一些企业经营者和管理者解决对如何做好干部管理的困惑。

在本书的创作过程中，我们获得了众多企业管理界同行及华为同人的帮助，在此一并表示感谢！最后，还需要特别感谢与我们顾问团队和研究小组一起创作本书的陈雨点老师,她与我们一起碰撞交流,通过对各个主题不同角度的理解,在假设和求证中完成了更深层次的思考。

衷心希望本书及其中的工具和方法能够对读者朋友们有所启发,并且能够提供切实有效的帮助。限于笔者能力,书中难免存在不足或问题,希望读者朋友们不吝赐教,提出宝贵的意见和建议。

王旭东

第 1 章
干部的使命与责任

1.1 在华为当干部是一种责任 3

1.1.1 企业对干部管理的普遍困惑 3
1.1.2 干部管理的核心是提高思想认识 4
1.1.3 干部担责的背后是一套科学机制 5

1.2 践行和传承公司核心价值观 6

1.2.1 华为发展历程与核心价值观演进 7
1.2.2 践行核心价值观，兑现组织承诺 10
1.2.3 做好传帮带，肩负起企业文化的传承 12

1.3 聚焦客户价值实现，抓业务增长 13

1.3.1 满足客户需求，为客户创造价值 14
1.3.2 要有清晰的主攻方向，要抓主要矛盾 16
1.3.3 抓长期有效增长，促进企业的商业成功 18

1.4 改善端到端的业务流程，抓效率提升 20

1.4.1 融入端到端的业务流程 20
1.4.2 不断精进，做好流程优化工作 22
1.4.3 拥抱管理变革，建设流程化组织 24

1.5 均衡开展组织建设，抓能力提升 27

1.5.1 明确权责，带领团队实现组织目标 27
1.5.2 强化干部角色认知，帮助下属成长 29
1.5.3 强化组织能力，激发组织活力 32

第 2 章 干部的标准

2.1 核心价值观是衡量基础 37

2.1.1 干部是与价值观高度契合的同心人 37
2.1.2 将价值观转化为制度规范，塑造干部队伍 39
2.1.3 通过关键事件，来判断与价值观的匹配性 41

2.2 品德与作风是干部选拔资格底线 43

2.2.1 遵从商业行为准则与道德操守 43
2.2.2 不符合品德要求的要一票否决 45
2.2.3 干部要耐得住寂寞，受得了委屈 47

2.3 绩效是分水岭和必要条件 48

2.3.1 绩效前 25% 才可能被选拔为干部 49
2.3.2 将关键事件过程中的行为作为责任结果的补充 50
2.3.3 给予工作机会，做出贡献后再晋升 51

2.4 能力与经验是持续成功的关键要素 52

2.4.1 干部四力是持续取得高绩效的关键 53

2.4.2 能力要以有成功产出的作战经验作为验证　57

2.4.3 不断叠加实践经验，构建持续成功的能力　59

2.5 基于岗位适配的人才标准　61

2.5.1 定义不同岗位族的角色要求　62

2.5.2 厘清业务挑战，进行岗位画像　64

2.5.3 结合通用标准，筛选匹配岗位的人才　65

第 3 章 干部的选拔

3.1 优先从成功实践中选拔干部　69

3.1.1 优先从成功团队中选拔干部　69

3.1.2 优先从主攻战场和一线艰苦地区选拔干部　70

3.1.3 优先从影响公司长远发展的关键事件中考察和选拔干部　72

3.2 推行赛马文化，选拔选秀干部　74

3.2.1 猛将必发于卒伍，宰相必起于州郡　74

3.2.2 推行赛马文化，让年轻人冲出来　75

3.2.3 选拔一群敢于抢滩登陆的勇士　77

3.3 不拘一格降人才　80

3.3.1 选拔干部不是为了好看，而是为了攻占山头　80

3.3.2 用人所长，容人所短　82

3.3.3 干部曝光计划，给予人才发展的机会　85

3.4 三权分立，分权制衡　86

3.4.1 建议权/建议否决权　86

3.4.2 评议权/审核权　88

3.4.3 否决权/弹劾权　90

3.5 干部配备和任用原则 91

- 3.5.1 干部配备的基本原则 91
- 3.5.2 不虚位以待，跑步上岗 93
- 3.5.3 华为竞聘与选拔的实践 95

第 4 章
干部使用与管理

4.1 干部是折腾出来的 99

- 4.1.1 让干部主动跳出舒适区 99
- 4.1.2 设定挑战性目标，促进干部成长 100
- 4.1.3 激活个体，使组织长期保持活力 103

4.2 加强干部的横向流动 106

- 4.2.1 通过轮岗管理激活干部队伍 106
- 4.2.2 建立干部队伍循环流动机制 108
- 4.2.3 通过轮岗和下放管理来帮助干部成长 110

4.3 激活组织，干部要能上能下 111

- 4.3.1 干部不是终身制，高级干部也要能上能下 112
- 4.3.2 任期届满，通过述职报告接受评议 114
- 4.3.3 面对挫折永不言弃，烧不死的鸟是凤凰 116

4.4 不合格干部要末位淘汰 119

- 4.4.1 绩效不达标的团队，干部要降职 119
- 4.4.2 降职的干部一年内不准提拔使用 120
- 4.4.3 末位淘汰要静水潜流，持续、例行开展 122

4.5 走"之"字形成长道路 124

- 4.5.1 加快干部流动，使之呈"之"字形成长 124
- 4.5.2 完善干部的"之"字形成长路线 126

第 5 章

干部培养与能力发展

5.1 坚持自我优化，成为组织资产　131
- 5.1.1 聚焦作战需要，精准赋能　131
- 5.1.2 对自己负责，坚持自我成长　132
- 5.1.3 自我优化，成为公司的资本　134

5.2 构建关键岗位的学习地图　136
- 5.2.1 基于战略和人才特点选取关键岗位　137
- 5.2.2 构建关键岗位的学习地图　138
- 5.2.3 干部必须在宽度上不断拓展自己　140

5.3 训战结合的干部成长模式　143
- 5.3.1 通过课堂培训学习应知应会　143
- 5.3.2 在实战中提升关键能力　145
- 5.3.3 通过互动交流收获成长　147

5.4 针对不同层面管理人员的赋能项目　148
- 5.4.1 后备干部项目管理培训班　148
- 5.4.2 基层干部角色认知和在岗实践项目　151
- 5.4.3 国家总经理发展项目　152
- 5.4.4 华为干部高级研讨班　154

5.5 用最优秀的人培养更优秀的人　156
- 5.5.1 华为导师制　156
- 5.5.2 领导者需要培养接班人　158
- 5.5.3 新上岗干部 90 天转身计划　160

第 6 章

干部评价与激励

6.1 全方位评价干部 167
- 6.1.1 华为干部考核与评价的工具 167
- 6.1.2 以正向考绩考能为主 168
- 6.1.3 抓住关键事件逆向考事 170

6.2 分层分级考核干部 171
- 6.2.1 高层关注战略发展和长期目标 172
- 6.2.2 中高层兼顾中长期目标的达成和规划的落实 174
- 6.2.3 中基层关注短期目标的达成和过程行为规范 176

6.3 绩效牵引，给火车头加满油 178
- 6.3.1 按贡献拿待遇，采取差异化的薪酬策略 178
- 6.3.2 拉开差距，价值分配向优秀人才倾斜 180
- 6.3.3 以业绩论英雄，多劳多得 183

6.4 机会驱动，把工作当作报酬 185
- 6.4.1 提供发展计划和关键岗位机会 186
- 6.4.2 通过业务机会牵引人才持续成长 187
- 6.4.3 用表彰激励，牵引员工实现自我价值 190

第 7 章

后备干部队伍建设

7.1 全公司一盘棋建设干部梯队 195
- 7.1.1 多部门联合推进后备干部梯队建设 195

7.1.2 建立多梯队、多梯次的人才管道　197

7.1.3 从梯队人才到组织发展的全面规划　198

7.2 面向未来培养后备干部　200

7.2.1 面向组织发展建立人才梯队　201

7.2.2 干部队伍建设要全力支撑业务发展　203

7.2.3 强化资源池管理，激活沉淀人才　204

7.3 真战实训组建战略预备队　206

7.3.1 战略预备队的价值　206

7.3.2 通过战略预备队循环赋能　208

7.3.3 转人磨芯，选拔优秀人才　209

7.4 干部继任计划与管理　211

7.4.1 解决干部继任的四大风险　211

7.4.2 继任人才梯队的全面盘点　214

7.4.3 培养与发展继任人才　216

第 8 章

干部的监察管理

8.1 堡垒最容易从内部攻破　221

8.1.1 华为最大的竞争者是自己　221

8.1.2 铲除平庸干部，保持组织战斗力　223

8.2 工作作风和生活作风两手抓　224

8.2.1 以企业核心价值观为基础树工作作风　225

8.2.2 以道德遵从规范为标准树生活作风　226

8.2.3 腐败就是毒药，重拳严打内部腐败　228

8.3 强化自我教育和自省自查 231

8.3.1 不断学习公司制度，建立红线意识 231

8.3.2 以自律宣言强化干部的自律意识 232

8.3.3 坚持自我批判，敢于自省自查 234

8.4 完善问题预警机制和监督机制 237

8.4.1 适时动态地了解干部群体现状 237

8.4.2 对项目过程进行问责和监督 240

8.4.3 发现问题，适时沟通和有效处理 241

参考文献 243

第1章
干部的使命与责任

华为能取得今天如此大的成就，关键就在于打造了一支具有高度的使命感与责任感、敢于担当、能带领组织前行的"火车头队伍"。华为明确干部担负着传承价值观、发展业务、带领与激励团队、推动公司管理改进的使命与责任。对此，华为内部有一个非常形象的说法："布阵，点兵，陪客户吃饭。"布阵就是传承价值观，进行战略部署和组织建设；点兵就是识人、用人和激励人；陪客户吃饭，就是倾听和满足客户需求，为公司创造价值。

学习导图

角色描述： 理解客户需求，承接公司战略，形成清晰的主攻方向，制订工作计划并组织实施，不断达成卓越的业务目标	角色描述： 团队方向明确，责任清晰，建立团队沟通机制和运作规则，持续提升团队作战能力，营造良好的团队氛围，实现团队高效运作	角色描述： 开展业务流程建设与管理改进，满足客户需求，提升经营效益
		↑
业务目标的责任者	高绩效团队的建设者	管理改进的推动者

核心价值观的传承者

角色描述：
　　深刻理解、身体力行、有效传递公司导向和核心价值观，在团队中形成良好的导向

华为管理者的角色定位

带着问题阅读：

1. 华为用这样的角色定位对干部进行管理的考量是什么？

2. 华为干部是如何践行和传承价值观的？

3. 华为干部是如何洞察客户需求，捕捉商业机会的？

4. 华为干部是如何推进公司管理改进的？

5. 在组织建设中，干部如何带领团队实现能力提升？

6. 我们（企业）学习华为干部的四大责任体系时，该怎么学？

1.1 在华为当干部是一种责任

任正非强调："在华为当官要理解为一种责任，一种牺牲了个人欢愉的选择，一种要做出更多奉献的机会。当官才知责任大，才知担子重。只有肩负重任，继往开来，才会豪情满怀。"

1.1.1 企业对干部管理的普遍困惑

我们在为企业提供咨询服务时，经常会发现一些这样的现象：

- 明知道干部无法胜任当前岗位，但又无法更换；
- 干部能上不能下，老干部无法安放；
- 有的干部不愿意培养自己的接班人，认为培养接班人对自己是威胁，很可能被接班人替代；
- 在跨部门协作时，有的干部只关心自己部门的事情，没有起到与其他部门主动协调的作用，甚至让部门同事也拒绝与其他部门协同工作；
- 有的干部在把握录选员工大权时，把自己的亲属及相关人员招录进来，而不管他们有没有足够的胜任力；
- 有的干部面对问题时"怕"字当头，总是将自己的责任推给上级或下级，不愿意承担责任，把新问题堆成了"老大难"，使小问题累积成了大问题；
- 对干部的考核和监管不力，干部贡献无法评价。

事实上，这些是很多企业在干部管理中会遇到的问题。究其原因，在于干部只看到了当官的权力，没有理解"干部"二字所承载的使命与责任。

干部是企业发展的中坚力量，企业最大的威胁是干部责任感的缺失。那么，责任感为什么有这么强大的力量？根据人力资源管理专家彭剑锋教授的观点，我们可以将其总结为三个方面：

（1）责任体现了干部对组织的承诺，坚守企业的核心价值观，对客户负责、对组织负责、对自己负责，做出价值贡献；

（2）责任体现了干部的勇于担当，有强大的决断力，面对重大困难不退缩，敢于自我变革和超越，不断完善自我；

（3）责任体现了干部对组织的敬畏感，遵守企业制度与规则，认真履行岗位职责。

总之，当企业所有干部都是心怀责任感、具有责任担当的人，就一定能够对客户负责，并愿意主动补位，其结果就是企业永葆活力，实现长久的发展。

1.1.2　干部管理的核心是提高思想认识

华为干部为什么可以做到能上能下、能够快速调动且毫无怨言？这是因为他们清楚地知道作为干部的使命和责任。因此，企业解决干部问题的核心是提高干部的思想认识，让干部理解当官的使命与责任。

华为强调，当干部是一种责任。是干部就要有担当，不能只想当官不想干事，只想揽权不想担责，只想出彩不想出力。在华为，这种观念已经深入人心。敢于担责，才是符合公司要求的干部，才有被提拔的机会。在谈及干部具体有哪些责任时，任正非表示：

"每一个骨干员工都必须努力培养超越自己的接班人，这是我们事业源源不断发展的动力；要有强烈的进取精神与敬业精神，没有干劲的人不能进入高级序列；团结、沟通是我们工作永恒的主题；干部修养要融入华为企业文化中；持之以恒地在高中级干部中贯彻坚持原则，反对贪污，反对浪费，反对盗窃，反对假公济私，反对任人唯亲。"

马云也常说："领导者应敢于承担责任，敢于承认错误。不愿意承担责任的人，永远不能成为领导。一旦出现问题，领导应大胆地说'是我的错'，而不是说'都怪你'。"因此，阿里巴巴要求干部不能推卸责任。

阿里巴巴曾经有一位区域经理的助理申请转岗为销售员，而这位助理已经在两个助理岗位任职过，根据规定，已不能再转岗为销售员。尽管如此，区域经理还是向上级申请特例，但被以"制度就是制度"为由拒绝了。后来，这位助理直接写信给马云，马云立即向区域经理的上级询问情况。上级了解情况后得知，区域经理在与助理交谈的过程中，曾说了一句诱导助手找马云讨说法的话，这才导致事件的发生。这位区域经理立即被降级，并处以6个月月薪的罚款，理由就是"责任上交"[1]。

在企业中，如果干部总是抱着逃避心理，互相推卸责任，那么不仅会阻碍自身能力得到锻炼成长，还会影响整个组织的运转效率。

责任担当是领导干部必备的基本素质，是干部就要有担当，有多大担当才能干多大事业，尽多大责任才会有多大成就。

1.1.3 干部担责的背后是一套科学机制

在本质上，干部管理还是对"人"进行管理，文化的力量是一方面，同时企业还需要建立一套行之有效的管理机制。在过去的三十多年中，华为陆续完善了覆盖干部选拔、任用、流动、培育、留人、监管等环节的干

---

[1] 考拉看看. 阿里巴巴管理法[M]. 北京：机械工业出版社，2020.

部管理体系，让干部自觉践行使命与承担责任。

我们通过梳理华为干部管理实施方法和路径，总结出华为干部管理的几个关键环节，包括干部使命与责任的明确，干部标准、干部任用程序与配备原则建立，干部能力发展，干部评价与激励，干部梯队建设，干部监察管理。

关于明确干部使命与责任这一方面，我们在一些咨询项目中经常发现：一是企业领导者会针对企业某个阶段的特点和问题，提出一些对干部的要求和期望。这些要求和期望大多比较实用、切中时弊，但是相互之间比较分散，逻辑性不强，概念也比较混淆，有的是期望，有的是思考，有的是反对，甚至出现前后不一致的情况。二是说一套做一套，对干部的要求和期望不接地气，不具有可操作性。

对此，我们建议的方法是：如果企业规模足够大的话，可以成立专门的干部管理部门，对干部责任进行梳理，形成体系化的东西；如果企业规模不够大的话，也可以由总经理牵头，总经理办公室或人力资源部落实干部使命与责任管理。在干部管理中，可以借鉴优秀企业的做法，但是一定要结合自己企业的实际情况来指导干部的行动。

另外，华为建立了片联组织、干部管理委员会、华为大学、总干部部等组织机构，共同来完成干部管理工作，充分保证了干部队伍对企业发展的支撑作用。

1.2　践行和传承公司核心价值观

华为之所以能实现持续性成功，是因为华为坚守住了"以客户为中心，以奋斗者为本，长期艰苦奋斗，坚持自我批判"的核心价值观，将客

第 1 章 干部的使命与责任

户需求导向的战略层层分解并融入全体员工的工作之中。其中，干部队伍是华为公司核心价值观传递中最重要的纽带，践行和传承着公司的核心价值观。

1.2.1 华为发展历程与核心价值观演进

资源是会枯竭的，唯有文化才会生生不息。三十多年来，华为从一个小公司成长为一个具有全球竞争力的世界级公司，经历了诸多磨难，但华为人在任正非坚强意志的领导下，力出一孔，一次次渡过危机和难关。在这个过程中，华为的核心价值观不断地清晰化、准确化，成为推动华为前进的主要动力。

华为从创立期到占领中国市场，再到走向国际市场，每一个阶段的发展都伴随着其核心价值观的演进（见图1-1）。

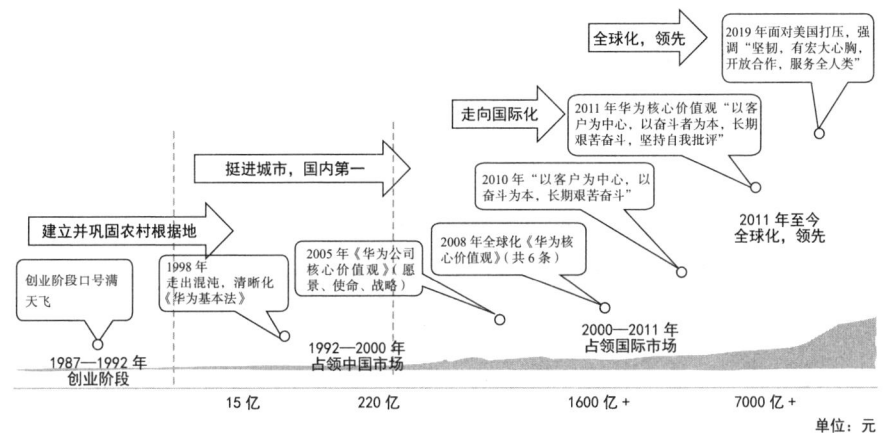

图 1-1 华为发展历程及其核心价值观演进

1987年，任正非以2.1万元资本创办了华为技术有限公司。虽然名为技术公司，但创办初期华为做的都是贸易生意。一次偶然的机会，任正非经辽宁省农话处的一位处长介绍，开始代理香港鸿年公司的电话专用自动交换分机（PABX），走上了销售通信设备的道路。

在卖设备的过程中，任正非看到了中国电信行业对于通信设备的巨大需求及诱人的市场前景。43岁的他很快做出了一个影响华为命运的决定：自己做研发！自此，任正非和"代理商"身份告别，踏上了企业家的道路。

1991年9月，华为租下了深圳一座工业大厦的三楼，开始研制程控交换机，最初只有50多名员工，公司的工作场地既是生产车间、库房，也是厨房和宿舍。然而，对当时的任正非和员工来说，活下去才是最重要的，条件艰苦根本算不了什么。十几张床挨着墙排开，床不够，用泡沫板上加床垫代替。所有人吃住都在里面，不管是任正非还是其他员工，累了就睡一会儿，醒来再接着干。这种把工作场地当宿舍的习惯后来成为华为的传统，被称为"床垫文化"。

1992年，任正非做出开发局用交换机的决策，正式进入局用（不是小型的企业用户机）通信设备领域。同年，华为的交换机批量进入市场，当年产值即达到1.2亿元，利润过千万元，而当时华为的员工只有100人。

创业初期，华为面临着无比严峻的生存环境。为了在西方跨国电信巨头的夹缝中求得生存，华为采取了"农村包围城市"的战略，先从西方跨国电信巨头当时无暇顾及的国内偏远地区突破。自1992年华为研发并推出农村数字交换解决方案至1995年，华为来自中国农村市场的销售收入已达到15亿元。随着自有资金实力不断增强，华为发动城市战的资本逐渐积累完成，于是华为正式将市场目标从农村转移到城市。1997年，华为推出无线GSM解决方案，于1998年将市场拓展到了中国主要城市。

高速发展中的华为面临着一系列的问题，其中最大的问题便是管理上的不专业、不规范，在许多方面还保留了小作坊那种随意的习气。而管理混乱在很大程度上源于思想上的不统一、高层管理者和基层员工的联系脱节。任正非认识到，华为要继续往前发展，要将管理体系向标准化、科学化、国际化靠拢，首先要解决的问题就是思想上的不统一。

1996年，应华为邀请，彭剑锋、吴春波、包政等中国人民大学的专家来到华为，为华为设计营销考核体系及工资分配方案。在这个过程中，任正非提出，要对华为公司的发展历程进行系统的梳理和总结，找出普遍性、规律性的部分，整编成一部管理大纲，指导华为未来的成长和发展。

于是，这些专家组成华为管理大纲起草专家组，驻扎在华为公司，与华为人一起研究起草管理大纲。这部管理大纲就是后来的《华为基本法》。

《华为基本法》的筹备、起草过程历时三年，华为的员工数量从1995年的800多人，剧增至1998年的近两万人。在这三年时间里，华为在内部展开了多次价值观讨论和思想碰撞，让华为上下统一了认识，提高了凝聚力，找准了未来的发展方向。可以说，价值观大讨论在统一思想、凝聚员工等方面起到了不可估量的作用，任正非本人也对华为未来的发展完成了一次系统性的思考。

2000年，华为开始实施"走出去"战略，大力开拓海外市场。2005年，华为海外合同销售额首次超过了国内合同销售额。2008年，华为被《商业周刊》评为全球十大最具有影响力的公司。2010年，华为确立了"以客户为中心，以奋斗者为本，坚持长期艰苦奋斗"的核心价值观，同年，华为的销售规模达到1853亿元（约238亿美元），首次进入全球500强企业。

2011年，华为在核心价值观中增加了坚持自我批判，将华为的核心价值观变成了四条。到了2012年，华为销售额已经超过2000亿元，员工人数达到13.8万人。至此，华为超越了所有竞争对手，正式成为行业领头者，完全进入了全球化领先的发展历程。

2019年，美国将华为列入实体清单，面对一再的打压，任正非在华为内部讲话中多次强调，华为依然坚韧，有信心全面补好"烂飞机"上的"洞"；要保持更加开放的心态，有宏大心胸，容纳天下人才，一起来进行战斗。

1.2.2 践行核心价值观，兑现组织承诺

美国知名管理行为学家约翰·科特教授带领研究小组花费11年的时间，对100多家企业进行跟踪调查，调查结果显示：凡是重视文化建设的公司，其经营状况要远远超越那些不重视文化建设的公司。

任正非非常认同约翰·科特教授的这一调查结果，并且表示："一切工业产品都是人类智慧创造的。华为没有可以依存的自然资源，唯有在人的头脑中挖掘出大油田、大森林、大煤矿……精神是可以转化为物质的，物质文明有利于巩固精神文明。我们坚持以精神文明促进物质文明的方针。这里的文化，不仅包含了知识、技术、管理、情操……也包含了一切促进生产力发展的无形因素。"

作为企业文化最重要的组成部分，核心价值观为企业提供了认识事物共同的价值基础，为部门的前进提供了方向，为所有华为人的行动提供了指南。干部作为组织的第一战略资源，要肩负起践行核心价值观的使命和责任。

在2016年9月清华大学的演讲中，孟晚舟曾提及这件事："2011年，日本9级地震引发福岛核泄漏。当别的电信设备供应商撤离日本时，华为选择了留下来。地震后，我从香港飞到日本，整个航班连我在内只有两个人。在代表处开会，余震刚来时，大家脸色骤变，到后面就习以为常了。与此同时，华为的工程师穿着防护服，走向福岛，抢修通信设备。勇敢并不是不害怕，而是心中有信念。"

2019年2月19日，任正非在接受美国哥伦比亚广播公司（CBS）采访答记者问时，也提到了日本地震事件。他说："日本的大地震、核电站核泄漏的时候，日本难民往这边走，我们抢险工程队却逆难民前行，去抢险救灾，恢复600多个基站。日本政府看到我们这些行为，就给我们一个评价——'华为是日本公司'。后来我们在日本市场做得比较好，这是一个

原因。"

面对地震、核泄漏等可能危及生命安全的灾难事件时,华为人没有丝毫畏惧,留下来主动赶往灾区抢修设备。"勇敢并不是不害怕,而是心中有信念",这个信念就是华为一直坚守的以客户为中心的核心价值观。

在华为的成长过程中,还有着一大批寂寞英雄,他们只问耕耘,不问收获,坚定地践行着公司的核心价值观。一旦公司有需要,他们就会挺身而出,倾尽全力与公司共渡难关。

多年前,华为做出了极限生存的假设,假设有一天,所有美国的先进芯片和技术将不可获得,而华为仍将持续为客户服务。为了这个以为永远不会发生的假设,2004年,华为成立了海思半导体有限公司,数千海思儿女走上了科技史上最为悲壮的长征,为公司的生存打造"备胎"。华为的产品领域非常广阔,所用技术与器件非常多,面对数以千计的科技难题,海思儿女尽管经历了无数次失败和困惑,但是依旧在数千个日夜中,星夜兼程,艰苦前行。在逐步走出迷茫,看到希望后,虽然预计许多芯片也许永远不会被启用,成为一直压在保密柜里面的备胎,海思儿女也依旧从未放弃过,而是继续默默地坚持着。

直到2019年5月16日,华为被列入美国商务部工业和安全局(BIS)的实体清单(Entity List)。第二天凌晨,海思总裁何庭波发给员工的内部信在媒体上公开,这才让我们认识了一直在做着华为寂寞英雄的数千海思儿女。

从2004年到2019年,近15年的时间里,面对芯片研究中出现的种种困难,面对芯片永远只作为备胎不被启用的可能,这些海思儿女并没有气馁与放弃,长期艰苦奋斗,终于打造出了合格的备胎,使得黑暗日子来临时,确保了公司大部分产品的战略安全和连续供应,使华为能继续兑现对于客户持续服务的承诺。

海思儿女能够坚守15年仍初心不改，其中核心价值观发挥了巨大的支撑作用。

在华为内部有一个观点：华为之所以能够走到今天，在市场上、在行业内还算有一定的竞争力，华为的干部们之所以能在困难和压力面前依旧保持坚定的信念，奋勇向前，关键在于核心价值观，核心价值观是华为真正的核心竞争力，是华为能够走到今天的动力源泉。

1.2.3 做好传帮带，肩负起企业文化的传承

一个企业能长治久安的关键，是它的企业文化被接班人确认，且接班人又具有自我批判的能力。接班是广义的，是每件事、每个岗位、每条流程发生的交替行为，各个岗位都有接班人。

干部肩负着培养接班人的责任，在培养接班人的过程中，除了要提高他们的业务能力，还要让他们理解和认同企业文化。因此，干部要做好传帮带，肩负起企业文化传承的责任。正如任正非所说的："一个干部如果不在思想上、教育上帮助接班人成长，就失去了他的责任。干部一定要起到传帮带的作用。"

华为干部对核心价值观的坚守，维护了华为的品牌形象，为华为赢得了声誉，也为员工树立了良好的行为榜样，让员工深刻理解了公司文化的内涵，使公司文化深入人心。

任正非曾在华为的内部谈话中指出："我们的各级干部要面对现实，承认现实，热爱现实。如果思想的基础和现实的手段相矛盾，就可能带来某些冲突，所以我们公司的理念要和现实一致。在这个举措当中，可能有一些员工不满。面对这些改革，干部要在员工中起到稳定剂的作用，通过对自己的严格要求带动周边员工对公司政策理解和认同。干部要帮助公司了解员工，更重要的是要帮助员工去理解公司。"

华为要求所有干部都能够做员工的思想导师，关注员工的思想，帮助员工理解和认同公司的文化，及时进行引导和纠偏。因为公司文化只有得到员工的认同，转变为每个员工的信念，入脑入心，并落实到行为上，才能成为公司的竞争力，否则，就可能沦为一纸空谈，对管理和经营起不到任何作用。

在将企业文化落实为全员行为的过程中，干部要肩负起企业文化传承的责任，在工作中用自己的言行举止影响员工，使员工发自内心地对企业文化产生认同感，自觉传承企业文化。

1.3　聚焦客户价值实现，抓业务增长

在华为，作为公司的管理者，干部担负着本组织的业务发展责任，要坚持以客户为中心，紧贴客户，倾听并紧紧抓住客户需求。通过聚焦客户需求，带领团队沿着正确的方向作战，在为客户创造价值的同时，实现公司业务的有效增长（见图1-2）。

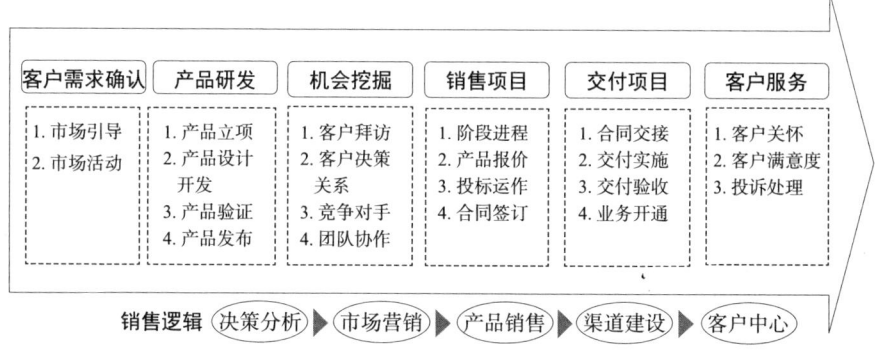

图1-2　客户需求的项目转化及项目运作思路

1.3.1 满足客户需求，为客户创造价值

任正非曾在内部会议上强调，面对国际的残酷竞争，华为必须提升对未来客户需求和技术趋势的前瞻力，必须提升对客户需求理解的准确性，提高打中靶心的成功率。想要及时、准确地了解客户需求，最佳方法就是随时随地站在客户的角度思考问题。

"以客户为中心"，为客户提供更好的产品和服务，就要清楚地知道客户的需求是什么。只有洞察客户需求，提前识别目标客户，提前发现客户基于未来的需求，才能在公司内部进行资源整合，提前准备好为客户提供优质高效低成本的服务。

华为的一位高管曾做出这样一番总结："以客户为中心，就是忠实于对产品的责任感，并完成自己的本职工作。客户既然使用我们的设备建网络，我们就理所当然要及时向客户提供优质、低成本的产品。无论艰难险阻、天灾人祸，我们都将与客户共渡难关。"

客户需求的本质是"价值+易用+方便+可靠"（见图1-3）。要满足客户的需求，就一定要保证产品好、质量好、服务好和成本低。在渠道和业务上，要从产品、方案、成本、质量和服务等各个方面，使客户有较好的体验。

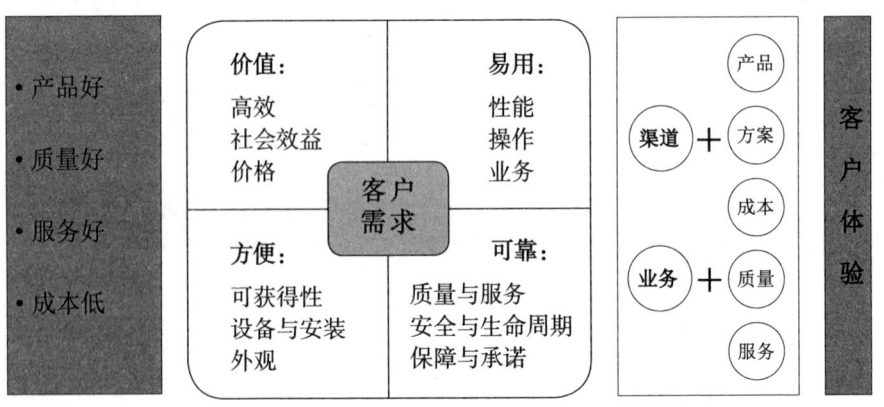

图1-3 客户需求的本质：价值+易用+方便+可靠

2013—2015年，华为驻孟加拉国的Banglalink MEGA项目遭遇客户投诉，曾一度产生信任危机。

在Banglalink MEGA项目启动之初，孟加拉国政府刚刚开放3G牌照，各运营商都在全力冲刺3G网络建设，力争在3G业务上赢得先机。当时，华为占据了GP、Banglalink、Airtel三大客户的3G网络建设的大部分份额。其中GP和Airtel两大客户前期网络准备较充分，3G网络建设难度较低，3G站点On Air的建设比较快。而Banglalink MEGA项目涵盖了微波搬迁改造、2G搬迁、天线更换、3G新建的综合联动项目，难度相对较高。

Banglalink MEGA项目建设初期，客户的3G规划不是很清晰，3G站点分布十分零散。在分析与策略研讨的多次会议上，华为项目组一直以自我为中心，认为自己的建设方案可以满足客户所需，致使Banglalink 3G On Air速度远远落后于GP和Airtel。当时，华为项目组成员并没有充分意识到，客户的真正痛点和诉求是3G的建网速度要和GP和Airtel一样快。

在华为的项目方案实施下，再加上一些其他原因，3G站点On Air速度一直无法达到客户CTO的计划要求。在一次进度汇报会议上，客户CTO气愤地将正在汇报的华为工作人员赶出了办公室，并在一两天后，将投诉信发到了代表处，投诉华为无法支撑Banglalink快速3G建网，致使Banglalink的3G业务商用延迟，影响其商业战略。

华为地区部和代表处管理团队启动应急措施，在紧急研讨后制定出应对方案。在了解客户的真正诉求后，华为团队重新调整项目，投入更多资源，优先保障3G网络的开通，努力提高3G On Air速度。新方案实施一段时间后，逐渐达到客户期望，项目也开始进入正轨。

项目结束后，华为孟加拉国代表处认真总结经验和教训，认识到只有真正以客户为中心，贴近客户，准确掌握客户需求，才能帮助客户实现利益最大化，而自身的价值也才会在这个过程中体现出来。

华为在三十多年的发展中，一直以实际行动践行着"以客户为中心，为客户创造价值"的理念。在每年的战略澄清中，华为都会从客户层面对组织的目标客户及价值主张进行描述，如表1-1所示。

表1-1 客户价值主张描述

项目	描述
目的	界定组织的目标客户，识别目标客户的价值主张/诉求，为下一步确定实现价值主张的核心流程提供目标
确定原则	必须明确目标细分客户并识别其价值主张，而非满足所有客户的偏好
	对不同类型的目标客户应分别识别其不同的价值主张
	对部门而言，客户不仅包含外部客户，还包含内部客户。对于内部客户，价值增长应描述服务的结果，过程性要求放在内部层面
	客户价值主张的实现应对财务层面有支撑作用
	客户价值主张的实现应能够对目标客户创造差异化、可持续的价值
确定方法	对客户进行细分，确定目标客户
	分析目标客户的价值主张
	确定客户层面的目标（针对目标客户的策略目标，形成差异化的价值主张）

华为人经常自问："目标客户的需求是什么？产品（服务）的功能是否满足客户的需求？为什么客户要提这样的要求？"华为干部明白，在经营中必须针对这几个问题，定期进行自我反省。只有牢记以客户为中心的原则，抓住客户需求，带领团队有针对性地开发产品、提供服务，为客户创造价值，才能持续赢得客户的支持与信任。

1.3.2 要有清晰的主攻方向，要抓主要矛盾

在业务工作中，干部一定要有清晰的方向。方向确定后，接下来就要抓住主要矛盾和矛盾的主要方面。正如任正非所说："工作中最重要的就是有清晰的方向，在纷繁的事务中抓住主要矛盾和矛盾的主要方面，谋定而后动，要想清楚再干。我们很多人看上去很忙，但实际上大部分时间干的不一定是正确的事。如果事情没想清楚，就会浪费很多精力，这种习惯极

大地伤害了我们的员工。"

2007年，任正非在英国代表处的讲话中指出："做市场不是绘画绣花，不光要精细化管理，还要有清晰的进取目标，要抓得住市场的主要矛盾与矛盾的主要方面。

进入大T（大型电信运营商客户）要有策略，要有策划，在撕开城墙口子时，就是比领导者的正确的决策、有效的策划，以及在关键时刻的坚强意志，坚定的决心、持久的毅力和领导者的自我牺牲精神。

只强调精细化管理，公司是会萎缩的。精细化管理的目的，是为了扩张不陷入混乱，而并非紧关城门。我们讲精细化管理，不等于不要扩张，面对竞争，我们还是要敢于竞争，敢于胜利的。只有敢于胜利，才会善于胜利。

扩张和精细化管理并不矛盾，要把两者有效结合起来。前不久听了几个代表处汇报，汇报面面俱到，像绣花一样，处处都绣得很精细，但是缺少了灵魂，没有抓住核心。简言之，就是没有抓住主要矛盾和矛盾的主要方面。

大家看看在东北战场上，国共双方上百万兵力胶着在一起，双方统帅、高级将领是如何抓住主要矛盾，以及抓住矛盾的主要方面的。浑水摸鱼，只有强者才能摸到鱼。"

随着VUCA（指变幻莫测）时代的到来，华为认识到，未来的不可知性使公司的前进充满了风险。为此华为强调，各级主管在面对各种不确定性时，要紧紧抓住长期有效增长和优质服务，这是保证公司生存的最主要方面。正如任正非所说的："我们在变革中，要抓住主要矛盾和矛盾的主要方面，要把握好方向，谋定而后动，要急用先行、不求完美，深入细致地做工作，切忌贪天功为己有的盲动。华为公司的管理，只要实用，不要优中选优。"

1.3.3 抓长期有效增长，促进企业的商业成功

华为在《华为基本法》中写道："企业的目标是为客户创造价值，实现自身商业成功。"任何先进的技术、产品、解决方案和业务管理，只有在转化为商业成功后，为企业创造价值，企业的商业成功才是真正的成功。

企业的商业成功离不开人才的支撑，华为从商业成功的目标出发，提出要坚持从战略贡献中选拔出各级优秀干部。干部获得提拔有两个重要条件：第一要能使所在部门盈利，第二要有战略贡献。

余承东主管的华为手机部门近年来销售业绩增长迅速，已成为国内第一大手机厂商。相关市场机构的报告数据显示，2017 年 1 月，在我国手机市场中，华为手机销量占比为 22.2%，OPPO 为 18.1%，vivo 为 16.2%，分别位列前三名，共占据了整个手机市场半壁江山。

然而，尽管如此，作为华为消费者终端首席执行官的余承东当年仍然受到了任正非的批评。余承东坦言："华为手机部门在 2016 年收入增长了 42%，利润却一点也没增长。华为手机技术研发和品牌影响力要高于 OPPO 和 vivo，但华为手机的利润却远远不及它们。OPPO、vivo 一部手机利润高达 300 元。任总对我们不满意，批评我们只顾把产品卖出去，而不考虑利润。华为手机太多利润都被渠道商赚走了，我们成了给渠道商打工的。"

尽管余承东在华为内部战绩卓著，领导华为无线业务时，将无线部门变成最赚钱的部门，后来出任手机部门的掌门人，又将作为后起之秀的华为手机带到了国内第一的地位，但一度因为利润低下，没有达到预期业绩，还是受到了任正非的批评。在任正非看来，华为不能做贴钱赚吆喝的买卖，主航道的业务一定要拿出利润来，不能让别的部门发补贴。余承东接受了批评，华为手机部门开始学习竞争对手 OPPO 和 vivo 的策略，布局五线城市和渠道，以提高华为手机的利润水平。

2009年，任正非在PMS高端项目经理座谈会上表示："我们公司在前面20年以规模为中心，是因为那个时候的规模很大，利润还比较丰厚，只要抢到规模就一定会有利润。但是现在我们正在发生改变。我们强调每个代表处、每个地区部、每条产品线，必须以正的现金流、正的利润和正的人均效益增长为中心做进一步考核，我想三年内会发生比较大的变化。如果继续以规模为中心，公司会陷入疯狂。以利润为中心一定是我们的最后的目标。"余承东主管的华为手机部门虽然销售业绩增长迅速，但是利润并没有增长，没有促进公司商业成功，这是他受到任正非批评的主要原因。

为了引导干部关注商业成功，实现公司的持续发展，华为在价值评价中采取了财务"金三角"的评价方法。任正非对财务"金三角"有一段形象的描述，他说："考核要关注销售收入、利润和现金流，三足鼎立，支撑起公司的生存发展。单纯的销售额增长是不顾一切的疯狂，单纯地追求利润会透支未来，不考核现金流将导致只有账面利润。光有名义利润是假的，没有现金流就如同没米下锅，几天等不到米运来就已经饿死了。"

对此，华为提出了"一定利润率水平上成长最大化"概念。获得合理的利润增长是企业保持长远发展的条件。没有合理的利润增长就无法支撑企业的发展。获得利润并不是追求利润最大化，而是要做到合理增长，能够做到在一定的利润水平上持续增长是最为理想的。很多企业喜欢谈利润、快速发展，但很少关注企业如何长期生存下去。但对于企业来说，获得长期的生存和发展是最重要的。华为一直以长远的眼光经营公司，在合理的利润率水平上实现长期有效增长。

长期有效增长的本质是企业价值增长。

➢ 利益的本质是生存的机会，短期利益只有转化为长期利益，企业长期生存才有基础；

> 实现有质量、有内涵的增长才能支撑企业持续发展；
> 通过整合内外部资源，获得实现增长的能力。

实现长期有效增长是实现企业商业成功的前提条件，干部只有充分理解并统一业务思想，才能在抓业务增长时有效落实这一经营思想，才能把握住主旋律，才能在开展业务过程中做出好的决策，从而促进企业的商业成功。

1.4 改善端到端的业务流程，抓效率提升

在华为有一句话："企业管理的目标就是流程化的组织建设。"因为一件事情，从输入到输出有很多环节，如果能减少不需要的沟通和无价值的控制节点，就可以提高组织运作效率。因此，华为确立了对事负责的流程责任制，让部门一把手作为流程的负责人，承担持续改进流程的责任。

1.4.1 融入端到端的业务流程

企业是由许多业务流组成的，为了规范业务流动的边界，企业要对各个业务流分别构建流程。华为轮值董事长徐直军表示："流程是对业务流的一种表现方式，是优秀作业实践的总结和固化，目的是为了使不同团队执行流程时获得成功的可复制性。越符合业务流的流程就越顺畅。"流程可以让企业逐步摆脱对人的依赖，实现业务的标准化定义和管理。流程构建需要对准端到端地为客户创造价值，正如任正非所说："一定要解决流程断头的问题，端到端一定要打通，踏踏实实建立流程体系。"

任正非最初在EMT（经营管理团队）会上讲话，要求华为内部缩短流

程，提高效率，减少协调，使公司实现有效增长以及现金流的自我循环。同时，提出的措施是自上而下地改善，强调精简机关，压缩人员，简化流程。这样做的结果是，一部分机关干部和员工压到一线后，不但帮不了什么忙，而且增加了一线的负担，增加了成本。这些机关干部下去后以总部人自居，反而干预了正常的基层工作，这是任正非始料未及的。

于是，在EMT和业务部门的共同努力下，华为的组织流程变革倒着来，从一线往回梳理，平台（支撑部门和管理部门，包括片区、地区部及代表处的支撑和管理部门）以满足前线作战部队的需要而设置，并不是越多越好、越大越好、越全越好。通过减少平台部门，减轻协调量，精减平台人员，效率自然得到了提高。为此，任正非在EMT决议中再次指出："要按从一线到机关的流程指向，逐步从一线到公司的机关岗位，精简流程中不必要的环节和多余组织，整合职能重叠的功能部门。逐步由具有一线成功实践经验的人员置换机关岗位中无工作经验的任职者，以强化职能部门对一线的支撑和服务能力。"

在组织流程变革中，华为明确了后方平台的客户就是前方作战部队。作战部队不需要的，就是多余的，就要精简。后方平台以支持前方为中心，按需要多少支持来设立相应的组织，而且要尽可能地提高后方业务的综合度，减少平台部门设置，减少内部协调，及时准确地为前方提供服务。

华为在流程建设方面，首先从方法论上确定了规则，即"流程的核心是要反映业务的本质，还原以后，该是谁的就是谁的"。然后，针对三大主业务流，建立对应的三个系统，即LTC（从线索到回款）、IPD（集成产品开发）、ITR（从问题到解决），同时用流程IT的方式进行固化。以客户为导向的流程建设如图1-4所示。

对于企业而言，一端是客户需求被提出，另一端是客户需求被满足，内部管理就是连通两端的桥梁，是为了满足客户需求而服务的。建立业务流程就是建立起对事负责的流程责任制，将权力赋予最明白、最有责任心的人。流程中设立若干监控点，由上级部门不断执行监察控制。针对工作中可能发生的例外管理事项，经过运作尽可能固化流程，使作业标准化，变例外为例行管理。所有的内部管理改革，都要围绕着这一宗旨进行，对关键环节规范化、标准化，而对满足客户需求没有帮助的环节要精简掉。

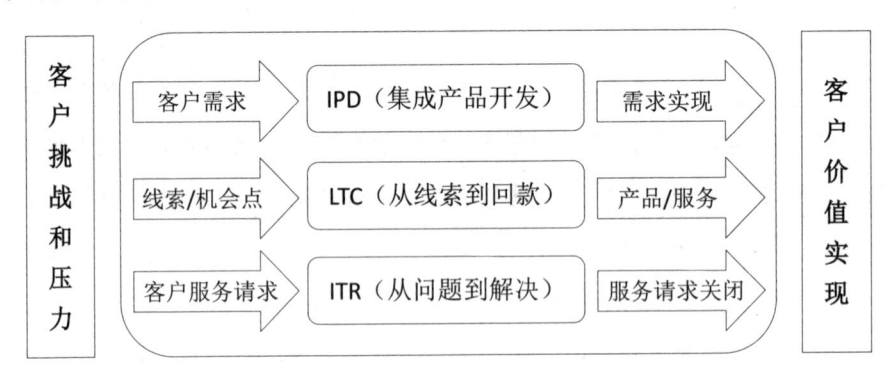

```
客户挑战和压力 →  客户需求      → IPD（集成产品开发） → 需求实现     → 客户价值实现
                 线索/机会点    → LTC（从线索到回款）  → 产品/服务
                 客户服务请求   → ITR（从问题到解决）  → 服务请求关闭
```

图1-4　以客户为导向的流程建设

在这个过程中，干部要主动融入端到端的业务流程，肩负起帮助企业构建流畅的业务运行体系和优化流程的责任，从而实现企业的跨越式增长。

1.4.2　不断精进，做好流程优化工作

企业在达到一定规模后，会形成越来越细致的分工，从而达到专业化，为提升工作效率奠定基础。想要实现专业化的分工，很大程度上依赖于组织的流程化。华为持续多年的流程变革，其核心都是围绕建立流程型组织，打造流程化管理来进行的。

流程化也是华为员工快速进步的法宝。华为每年招聘大量的大学毕业生，能让大学生快速融入并成长起来，关键就在于工作的标准化和模板化。华为管理者的一个重要任务就是引导和督促下属养成按流程做事的习惯，创造良好的氛围，使工作流程得以有效地运转。

吴楠是华为某项目部负责人，他所负责的团队成员业务背景、年龄、

成长阅历、能力特长各不相同，有跟他一起入职的"老哥们儿"，有应届毕业的"90后"，有社招入职比他还年长几岁的新员工，还有从别的业务模块并入的"新"成员。如此复杂的团队组合让他在团队分工时总要花费不少的工夫。

2016年，一个新模块并入项目组。该模块由于积攒了几十个问题单，已经延期交付，继续这样下去将会导致整个项目交付延迟。吴楠很快召集团队成员，向大家说明项目的情况，把问题单分类整理清楚，与团队成员一起把每种类型问题的处理流程梳理好，同时按团队成员的特点进行合理分工。经过梳理规整后，善于交流的"90后"负责对外接口，精于技术、善于钻研的老员工处理疑难杂症，不同成员各自发挥自身的长处，协同作战，同时也安排项目控制员做好项目跟踪，及时刷新问题状态，汇总问题处理情况。

结果仅仅用时两周，项目组就有序地解决了遗留的问题单，模块也开始进入正常的交付阶段。

华为强调，公司需要实现流程化，就像一条眼镜蛇，蛇头不断随需求摆动，身子的每个关节都用流程连接好。蛇头转过来后，组织管理就能跟得上变化。如果没有流程化，蛇头转过去，后面就断了，为了修复这个断节，成本会很高。流程化就是简化管理，简化服务与成本。任正非表示，华为曾经花费近十年从美国引进的先进管理流程随着时代的快速变化而变得极端僵化，普适性的模式已跟不上时代的变化，华为唯一能做的就是创新出一套适合自己的流程模式。

华为在优化流程结构的过程中有效利用了ECRS法则。ECRS法则，即取消（Eliminate）、合并（Combine）、调整顺序（Rearrange）、简化（Simplify），在进行5W1H分析的基础上，可以寻找流程改善的方向，构思新的工作方法，提高工作效率。

华为一位流程质量部门的管理者指出:"我现在最大的爱好之一,就是分析工作流程的网络图,每一次能去掉一个多余的环节,就少了一个工作延误的可能,这意味着大量时间的节省。这两年来,我去掉的各种冗余工作环节达 70 个,粗略评估一下,省下的时间高达 3000 多小时,也就是 120 多天啊!"

任正非在 2016 年质量与流程 IT 管理部员工座谈会上提道,IT 应用及文档文件要使用日落法管理。归纳起来有三点:一是 IT 应用开发投入使用后,没有使用量的要建立问责机制进行问责;二是文件、流程要设置有效期;三是每新增加一个流程节点,必须关闭另两个流程节点。

曾有记者问:"华为这么大,流程是否太过僵化和死板?"任正非回答说:"没有流程就保证不了质量,流程是质量之本。但是,业务流程随着时间和业务的变化,是需要不断优化的,只要业务流程不断优化和改进,华为的流程就不会死板和僵化。"流程如同水渠,要疏浚,要修葺,让它没有瓶颈,水就可以匀速、自然流动。由此,华为强调,流程的优化永无止境,每个部门都要从客户需求的角度出发,在工作中不断寻求更好的方法,提升工作效率。

1.4.3 拥抱管理变革,建设流程化组织

现代管理学之父彼得·德鲁克提出:"我们无法左右变革,我们只能走在变革的前面。"华为深知,面对竞争日趋激烈的外部环境和不确定的市场需求变化,只有苦练内功,走在变革的前面,用变革推动自身成长,才能保持竞争优势。为此,华为在成立仅 10 年时,就引入了 IBM、埃森哲、盖洛普、普华永道、美世和合益等多家咨询公司,借助"外脑"推动公司各个方面的变革(见图 1-5)。

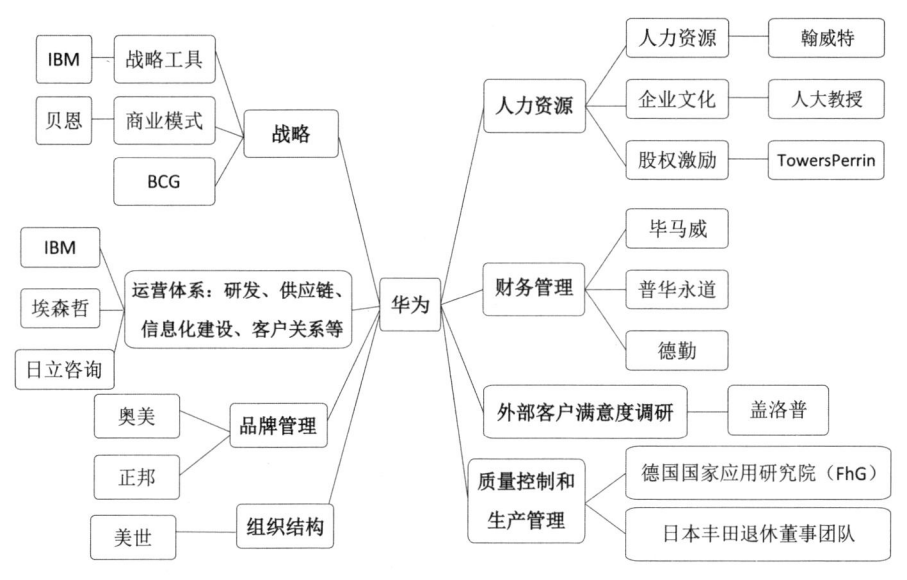

图 1-5　华为变革背后的多家咨询公司

一般来说，变革会迫使员工离开舒适区，甚至损害一部分员工当前的利益，因此在面对变革时，大部分利益关系人会持抵抗的态度，企图以自己的抵抗来阻止变革的发生。在这个阶段，他们会经历从否定到愤怒，再到讨价还价、沮丧的心理变化，生产力会不断下降。随着时间的推移，员工会发现，变革已成既定事实，抵抗也无济于事，唯有主动适应，于是他们开始接受变革、自我调整，对变革之后的情景进行设想，并采取行动取得进步，他们的生产力也逐步提升（见图 1-6）。

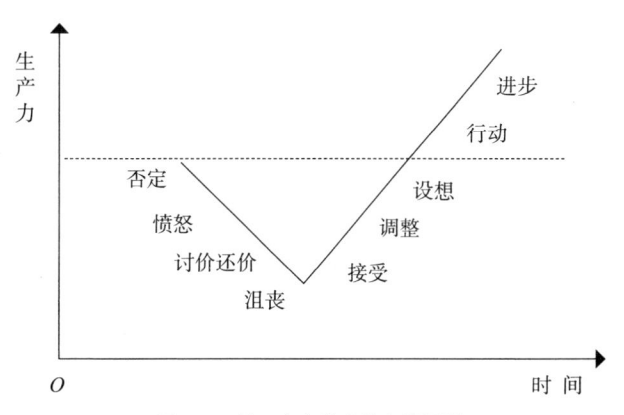

图 1-6　员工在变革中的心路历程

作为管理者,我们要了解员工在变革中的心路历程,对员工进行正向的引导。同时,我们也要积极适应变革,在变革中寻求发展,以自己的行动去影响员工。

1997年任正非在访问美国后,发现IBM曾经用IPD把处于低谷时期的IBM成功激活,他决定开始管理体系的变革和建设,引入IPD。IPD把从了解客户需求到满足客户需求的过程划分为几个阶段和决策评审点,并定义了相应的流程、规范、工具和方法。

华为的一位PDT测试经理就曾发出这样的感触:"站在走过IPD流程后的今天来回顾,才发现以前是凭着一股热情和责任感工作,产品路标等我没有感受到,我们每个人都忙得焦头烂额,产品什么时候能够最终发布,几乎没有人能够把握。而这次我们经历的是一个没有'英雄'的联调,从开始立项到版本终结,只用了9个月,这是该产品以前的版本所从未有过的。"

引入IPD不仅使华为的产品开发逐渐走向规模化、流程化,提升了工作效率,而且也使华为能够与世界领先的电信运营商用统一的语言进行快速有效的沟通,从而赢得了不少客户的认可。

任正非一直强调,公司的管理目标就是流程化组织建设,摆脱公司对个人的依赖,尽可能地减少从了解客户需求端到满足客户需求端之间的层级,简化并有效地控制连通,降低公司的管理成本并提高管理效率。为此,作为管理者,要以身作则,引导公司员工共同推动公司流程化组织的建设。

1.5 均衡开展组织建设，抓能力提升

一个职业管理者的社会责任（狭义）与历史使命，就是为了完成组织目标而奋斗。以组织目标的完成为责任，缩短实现组织目标的时间，节约实现组织目标的资源，就是一个管理者的职业素养与成就。华为强调，作为组织的领头人，干部要均衡开展组织建设，抓好团队管理，关注和培养下属的成长，以最大限度地激发组织活力，带领团队高效地实现组织目标。

1.5.1 明确权责，带领团队实现组织目标

明确权责、各司其职是保证组织任务高效完成的关键要素。通用集团的一位员工曾问过通用电气CEO杰克·韦尔奇这样一个问题："成为一个优秀的员工，做好自己的工作，应当怎样做？"杰克·韦尔奇说："做好自己该做的事情，担负起自己的责任。"

2005年，华为西安研究所（简称西研所）迎来了一项非常重要的任务——当时最重量级的产品C&C08交换机研发从深圳搬迁至西安。18名老员工带着100多名应届毕业生一起去深圳接产品。

搬迁完成后，一个周六早上，西研所接到了一个紧急电话：某省有个32模的点瘫痪了，影响了附近区域几万名用户的通信，希望研究所能够立即派人前往解决问题。接完电话后，西研所的负责人罗璇（化名）立即组织团队成员攻关，但是由于团队刚刚组建没多久，团队内成员只熟悉自己职责内的工作，缺少解决问题的深度支撑能力，在处理综合性的紧急事件时相互间缺乏默契，结果团队在奋战了10多小时后，问题仍然没有解决。在巨大的压力下，团队更加慌乱了。最终，只得求助该省的一个售后服务专家，才顺利地解决了问题。

经过这一事件后，西研所收到了服务专家发来的邮件，"希望研发能'知

耻而后勇'"。负责人罗璇表示："当收到专家的邮件后，觉得特别丢人。我们整个团队痛定思痛，开始重新梳理重大事故的处理机制，明确流程和每个人的分工，强化每个人的关键能力，以确保对重大业务问题的深度服务能力，保障组织目标的实现。"自那以后，再遇到类似的问题，团队都能以成熟的方式来应对。

通过明确员工的权责，把员工的工作职责固定下来，员工可以各司其职，团队间协作变得更高效有序，管理者也能更快速地带领团队实现组织目标。

然而，许多优秀的员工并不会满足于一成不变的工作，他们更看重个人的成长，希望能接受有挑战性的工作，充分发挥个人的才能。为此，干部要对员工进行合理的授权，激发员工潜能，促进员工成长，为企业培养出一批优秀的人才。

孔令贤刚加入华为的时候，满脑袋都是点子，一心想做出一番事业，却找不到施展的机会。为此，他感觉很灰心，甚至产生了离开华为的念头。

后来，他的主管发现孔令贤点子多，对新事物感兴趣，就授权他做新技术的预研，让他选择一项自己感兴趣的技术扎进去。之后，孔令贤了解到还没有华为的人加入开源技术社区OpenStack，于是他开始静下心来潜心钻研技术，与世界顶尖专家交流、分享。他的努力没有白费，他成为华为进入OpenStack社区的第一人，在社区上发表了专题文章150多篇，并成功带领出一支能够将开源和商业成果相结合的团队，成为OpenStack社区的核心成员，并促使华为成为OpenStack金牌会员。

干部在授权的同时，也要关注权力的平衡与制约，正如任正非所说："授权不等于彻底放权，把权力都放出去了，企业还要管理者做什么？"

一线权力的监督和指导是众多企业经营业务中经常遇到的重要问题，华为的应对方法就是在各子公司分别建立子公司董事会，来对一线权力进行约束。子公司董事会是综合监管体系，建设好以后就可以把监管前移，给听到炮声的人更多的权力。

任正非在2014年年中子公司董事赋能研讨会上的讲话中明确指出了建设子公司董事会的意义。他说："我们既要及时放权，把指挥权交给一线，又要防止一线的人乱打仗，所以监控机制必须及时跟上。我们利用资本的方式跟上去，资本不是流程化的，是在流程外面的。当军队快速前进时，很多车哗哗哗就过去了，子公司董事会就在旁边看半天，如果发现问题了，就坐着直升飞机来追，你就是非流程化的。世界上的法律是支持资本管理经营的，我们子公司董事会的权力是代表资本的，以资本的力量来实施监督，但监控不要影响人家操作……"

干部下达目标之后，虽然不宜过多干涉员工工作的具体细节，但适当的监督、定期的指导和寻求反馈是有必要的。

华为的管理者通过明确员工权责、合理授权、指导监控等方式，为员工创造了能有效激发团队战斗力的环境，大大激发了员工的工作热情和积极性，使得员工间的协作配合高效有序，进而确保了组织目标的实现。

1.5.2 强化干部角色认知，帮助下属成长

任何一种角色只有在角色认知十分清晰的情况下，才能被成功地扮演，企业的管理者也不例外。正如管理学家马斯洛所说："要让一个管理者成功地履行管理职责，其前提条件是他必须清楚地意识到这是他的职责。"

由于企业的规模不同，管理者的角色定位也会有所不同。一般来讲，管理者在团队中有三种角色（见图1-7）：执行、管理、领导。

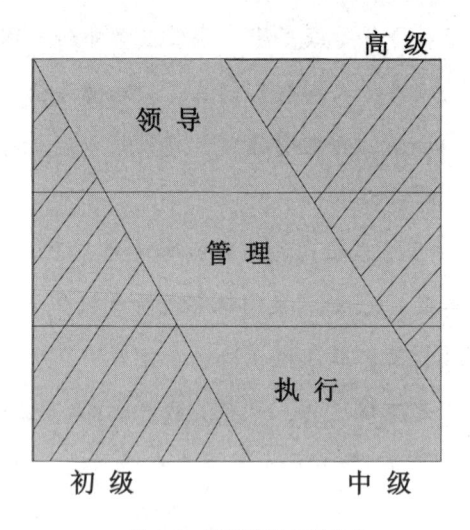

图 1-7　管理者的三种角色

（1）执行。关注落实，使命必达。初级管理者以执行为重，无论遇到什么情况，都要保证最后的结果。

（2）管理。协调统合，上下贯穿。中级管理者是整个团队中的"大管家"，负责团队中的大小事情，如传达领导指令，拆分整体目标，协调各部门的工作，考核阶段绩效等。

（3）领导。明确方向，营造氛围。高层管理者需要明晰方向，同时考虑做任何一件事情对整个团队的情绪会产生怎样的影响。要多营造氛围，借助他人来达成目标。

处于不同阶段的管理者，在执行、管理和领导这三种角色上的分工是不同的：初级管理者的核心任务是完成任务，取得信任；中级管理者要辛苦些，需要既能解决问题，又能营造氛围；高级管理者要多营造氛围，借助其他人来达成目标。

这三种角色在每个团队中都缺一不可。其中，领导角色作为贯穿战略与执行的关键角色，更是需要各级管理者强化角色认知，层层级级发挥领导作用，保障企业战略目标的达成。从这种意义上来讲，每个管理者都是领导者。

通常来讲，一个领导者的发展要经过六个阶段（见图 1-8），这六个发展阶段也是一个员工成长为企业 CEO 的发展路径。

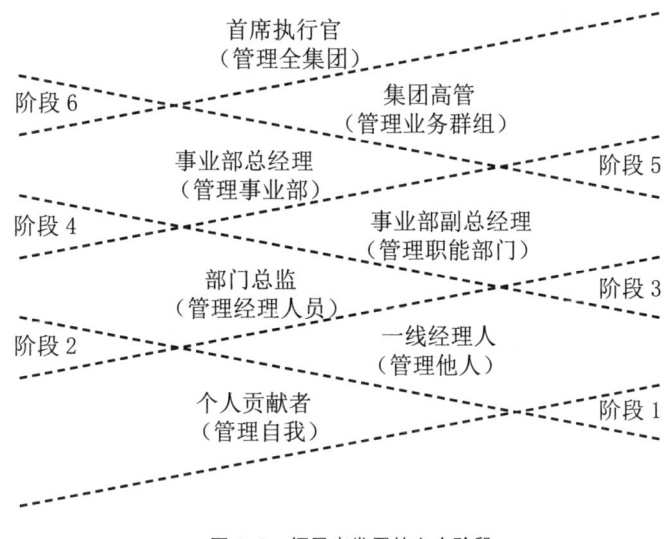

```
阶段 6 ——— 首席执行官（管理全集团）
阶段 5 ——— 集团高管（管理业务群组）
阶段 4 ——— 事业部总经理（管理事业部）
阶段 3 ——— 事业部副总经理（管理职能部门）
阶段 2 ——— 部门总监（管理经理人员）
阶段 1 ——— 一线经理人（管理他人）
          个人贡献者（管理自我）
```

图 1-8　领导者发展的六个阶段

领导者从管理自己到管理企业的每个成长发展阶段，所承担的角色、被赋予的职责及所面临的挑战和所应具备的能力是不一样的，企业必须帮助管理者顺利完成成长过程中的每次转身，从而培养出一名优秀的管理者。

各层级的干部要充分、正确地发挥其所应该发挥的作用，肩负起必须承担的责任，要做到清楚地知道组织对他们的期望和他们应该扮演的角色，拥有承担起这些责任所必需的关键核心能力，持续展现组织期望的领导行为并真正扮演好各自的角色。唯有如此，才能打造出一支高质量的干部队伍，支撑战略的落地与执行。

作为企业的管理者，帮助下属成长也是干部的重要工作之一。杰克·韦尔奇曾说："我的主要工作是培养人才。我就像一个园丁，给公司 750 名高层管理人员浇水施肥。"干部不仅要对企业、上级承担责任，也要对自己的下属承担责任，为他们提供工作上的指导，帮助他们实现能力的提升。帮助下属成长，不是简单地教会他们知识和技能，而是要在深入了解下属个性与能力的基础上,引导他们进行自我教育、自我学习,这样才能真正帮助下属不断成长。

1.5.3　强化组织能力,激发组织活力

根据BLM(Business Leadership Model,业务领先模型),企业的业务战略必须落实到以组织、人才、文化氛围为关键支撑的举措上,确保目标的实现。因此,打造强大的组织能力,有效落实以满足客户需求为核心的业务战略,是每一个干部必须具备的思考和执行能力。

物理学家薛定谔在《生命是什么》中说:"一个生命有机体在不断地产生熵,或者可以说是在增加正熵,并逐渐趋近于熵的最大状态,即死亡。要摆脱死亡,要活着,唯一的办法就是从环境里不断地汲取负熵……有机体即是靠负熵为生的。"华为通过持续坚持优秀价值和文化、构建并升级管理体系,不断向外界汲取能量,保持健康并实现可持续发展。自1998年以来,华为开展了一系列流程、组织及IT等方面的重要管理变革与能力建设(见图1-9)。

任正非曾说:"我们要抓组织建设,组织没有建设好,干部没有管理好,自己忙得不得了,许多人网眼没有张开,发挥不了作用。公司有很多主管不关注组织建设,只关注业务,不关心员工,如果这样,就不可能有更大的发展。各级干部要抓组织建设和干部管理这个纲,围绕'以客户为中心,以奋斗者为本'来建设组织与管理干部。"

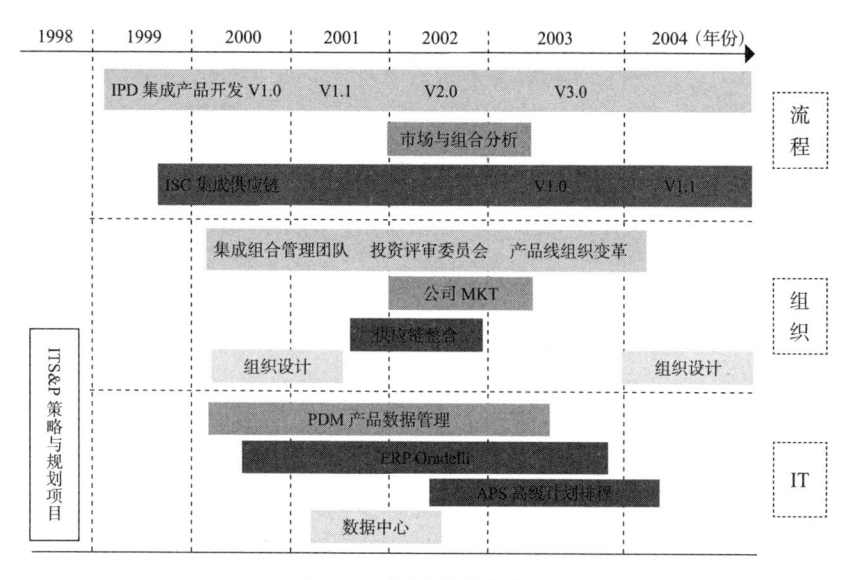

图 1-9 华为组织能力建设

今天的华为，仍在不断地进行组织能力建设与变革，激发组织活力，包括优化组织功能，提升组织的人力资源管理效能，为组织目标的实现打下坚实基础；改进和提升组织管理，实现组织经营业绩的大幅增长；使组织更富有竞争性，让组织得以重塑和巩固组织的市场地位。在这个过程中，华为干部要发挥自己的作用，使公司富有前途，工作富有成效，员工富有成就。

第 2 章
干部的标准

德国军事理论学家克劳塞维茨在《战争论》中写道:"将领的作用是什么?就是在战争打到一塌糊涂的时候,在茫茫的黑暗中,发出一丝丝微光,照亮前进的道路,引导大家走出黑暗。"为了选拔属于自己的干部,华为建立了一套体系化的干部选拔与任用标准。这套标准是从华为的长期发展中提炼出来的,凝聚了华为的精神和文化,倾注了华为高层的人才发展理念和管理思想,历经实践的多次检验,其有效性更是得到了公司内外部人员的高度认同。

学习导图

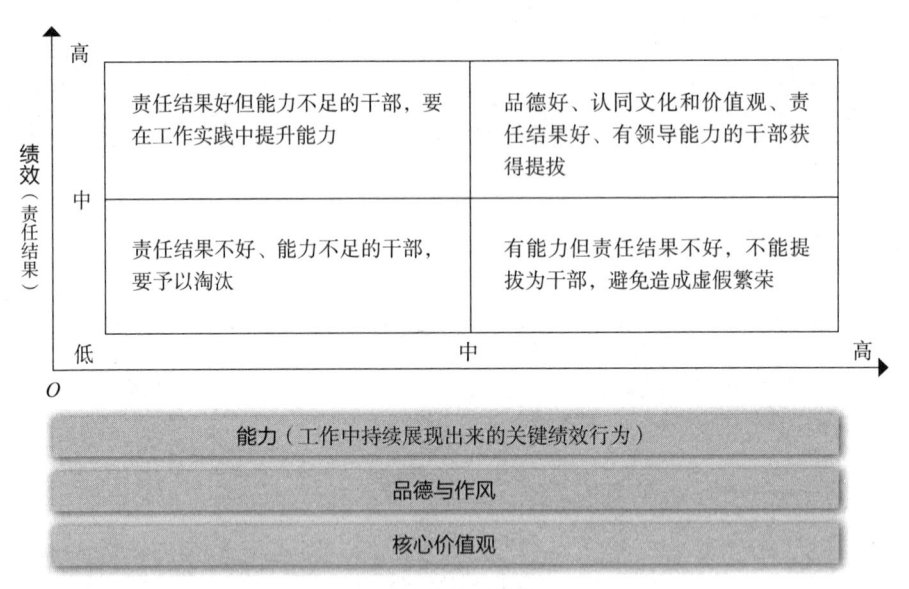

	中	高
高 绩效 （责任结果） **中**	责任结果好但能力不足的干部，要在工作实践中提升能力	品德好、认同文化和价值观、责任结果好、有领导能力的干部获得提拔
低	责任结果不好、能力不足的干部，要予以淘汰	有能力但责任结果不好，不能提拔为干部，避免造成虚假繁荣

能力（工作中持续展现出来的关键绩效行为）

品德与作风

核心价值观

华为干部通用标准

带着问题阅读：

1. 华为干部选拔的标准是如何设计与操作的？

2. 华为在选拔干部的过程中，对绩效的要求和认定是怎样操作的？

3. 华为在选拔干部时，对候选员工的品德及个人作风是如何考量的？

4. 华为如何平衡干部能力与责任结果？保障干部高效产出的关键是什么？

5. 华为干部选拔的标准那么多，我们（企业）可以学哪些？怎么学？

2.1 核心价值观是衡量基础

对一个企业的员工队伍而言,越是高层管理者,越需要其对于企业核心价值观的认同、践行和传承。任正非曾强调:"我们选拔干部时,要求他们承认我们公司的核心价值观,并比其他员工更卓有贡献。干部一定要吃苦在前,享乐在后;冲锋在前,退却在后。一定要以身作则,严格要求自己。"

2.1.1 干部是与价值观高度契合的同心人

在干部选拔中,华为会着力选拔那些在价值观方面跟华为真正高度契合的同心人。华为前人力资源副总裁吴建国表示:"华为选拔干部时,有三种员工是肯定不能提拔的:第一,以领导为中心、溜须拍马的员工。换句话说就是,看领导下菜碟的员工,他们是一律不能提拔的;第二,以产品和技术为中心的员工不能提拔;第三,以自我为中心,不跟别人协作的员工。"

2007年,华为开始全面推行绩效管理,同时有针对性地做教练式辅导,把绩效管理落实到每个团队。当时,胡秋(化名)的团队被选为试点团队,胡秋把团队所有成员的绩效分为A、B+、B、C、D五个档次之后,犯了一个错误:对所有人的使命感进行了一次甄别,分为使命感高、使命感中、使命感低。甄别后拿到公司去汇报,直接就被领导拍回来了。领导当时说了一句:"一个人要么有使命感,要么没有使命感,分什么高中低!"这句话一下子就点醒了胡秋。选干部选的是他全部的使命感。董存瑞扛炸药包,是使命感的体现,不是因为年薪300万元他就扛,年薪30

万元他就不扛。

2009年，胡秋轮岗到非洲H国。H国的治安不好，条件也不好，华为在这里的业务拓展很不顺。有一天在去上班的路上，胡秋和三个同事突然听到断断续续的枪响，他们赶紧按照之前在公司接受培训的做法：趴在地上，把电脑包搁头上。当时，胡秋他们趴在地上，一动也不敢动。4小时后，枪声没有了，他们战战兢兢爬起来，看到没有什么事了，长叹一声，嘀咕道："没有被枪打死，差点被太阳晒死。"

同事问："我们是回宿舍还是去客户机房？"胡秋说："去客户机房。"因为客户高管是约了很长时间才约到的，这是一个机会，不能失去。这次履约让胡秋跟客户成了很好的朋友。客户表示，华为员工不只是一群人，不只是一群工程师，而是一群战士。

这就是一种价值观的体现，与企业的核心价值观高度契合。企业选拔的干部，一定要认同企业的核心价值观。同时，选拔的干部要对企业的事业充满热忱与使命感。例如，华为在招聘新员工时，有一个很重要的行为约定，就是四海为家，即个人服从组织。所以华为在招聘新员工时，招聘信息表的封面有4个选项：AA.任何国家和地区工作；A.发达国家和地区工作；B.国内工作；C.国内重点城市和地区工作。

原则上如果不选择AA的，华为基本上不考虑录用。华为业务遍布全球，如果每个员工都要挑选工作地点，华为管理博弈的成本会非常高。所以华为不是选择有才的人，而是选择合适的人。在新员工的招聘中尚且如此重视核心价值观，更不用说干部的选拔了！

2018年是梁斌加入华为的第20年。这一年，作为变革战略预备队的一员，他接到了要来贝宁训战的工作安排，负责贝宁代表处交付的变革工作。贝宁地处非洲西部，位于几内亚湾，是六类艰苦地区，在这里人身安全和疟疾是两大威胁。刚接到任务时梁斌曾打起了退堂鼓，心里想着："都快退休了，为什么还要去贝宁那种从来都没听说过的地方继续奋斗呢？值不值得？"但是在了解了去贝宁工作的实际情况后，他决定勇敢面对，接受组织安排。

当他决定接受安排时，家人极力反对，毕竟在普通国人的潜意识中，西非充斥着不安全、贫穷和疾病。不过，梁斌最终还是说服了家人："其他人都敢去，为什么我不敢呢？"说服家人后，他只身踏上了前往贝宁的奋斗之旅。

在华为，像梁斌这样的干部不胜枚举。可以说，华为干部都是有使命感的，是与公司核心价值观高度契合的，否则他们是不会被任用的。华为今天能取得如此大的成就，关键之一就在于拥有这样一支与公司价值观高度契合的干部队伍，他们为公司的持续发展注入了源源不断的动力。

2.1.2 将价值观转化为制度规范，塑造干部队伍

亚马逊创始人贝佐斯说："良好的意愿是没有用的，建立可执行的机制才是关键。"华为咨询顾问包政也表示："华为有共同的客户和业务模式，大家都在共同的业务模式上分工合作，创造共同的价值，最后再共享自己创造的财富和明天，而这个过程必须依靠制度。"于是，华为将核心价值观是公司衡量干部的基础写入了《华为基本法》，转化为制度规范，以此来约束干部群体的行为，筛选出那些经得起制度检验的干部，也就是公司文化的认同者，并将其打造为引领华为发展的"火车头队伍"。

核心价值观是公司衡量干部的基础

公司核心价值观蕴含着公司的愿景、使命和战略；干部必须认同公司的核心价值观，并在实际工作中积极践行和传承公司的核心价值观。

• 以客户为中心，而不是以上级为中心开展工作，以"为客户创造商

业价值"作为个人和团队的关键绩效目标。

• 持续保持艰苦奋斗精神，尤其是在思想上艰苦奋斗，工作充满激情，有干劲，不惰怠！

• 坚持自我批判，善于听取各种不同意见，心态开放不封闭。

在国内，阿里巴巴和京东同样也是通过将价值观转化为制度规范来约束干部的行为的。

2016年中秋节，阿里巴巴发起在线月饼抢购活动。结果有4位程序员为了顺利抢到月饼，利用技术手段改写内部程序脚本，多刷了124盒，90分钟后阿里巴巴对这4人做出了解聘处理。这一事件激起了大家对价值观、人性和管理等话题的热烈讨论。站在个人的角度看这一处罚似不够人性化，但站在公司的角度看，就能明白其中的要义。

作为全球最大的在线电子商务公司，阿里巴巴手下有数万名员工，如果不用文化来管理，不用思想来统一，如何政令畅通、行动一致呢？马云对公司文化是异常看重的，他曾这样说过："上等公司治理靠文化，中等公司靠制度，下等公司靠亲友义气。很多公司的文化是在说墙报、杂志和活动。其实文化和这些东西关系真的不大。文化是虚的，必须做实。"因此，在阿里巴巴的管理中，对违反价值观的一贯"斩立决"。比如，2011年在阿里巴巴的"中国供应商事件"中，为维护公司"客户第一"的价值观及诚信原则，公司清理了涉嫌欺诈的客户，公司CEO卫哲、COO李旭晖也因此引咎辞职。

在京东也曾发生过这样的事例。京东曾经有个高管，因为让秘书帮忙打了两次卡被开除了。在京东，对总监级别以上的高管，迟到、请假这些事是不做强制要求的，更不会因为迟到而给予惩罚。但京东内部有这样一个制度，就是在年底和在升职加薪的时候，对员工有一个综合的分析，包括参考过去的考勤记录。这个高管为了追求一份完美的考勤记录——没有任何迟到、缺席、早退，便让秘书代替打了两回卡，其中有一次还是因为要送孩子去上学。

刘强东说："可能对很多公司来说，这并不是什么大惊小怪的事情，更何况他还是高管。但是在京东不行，在我确认了这件事，并且这个高管也承认了之后，我马上把他请走了。这是京东的一条红线，谁也不能碰触。这就像一个潜藏的地雷，无论是谁，只要碰到肯定会炸。"

干部一定是通过核心价值观约束、塑造出来的。

华为通过利用《华为基本法》和《人力资源管理纲要》明确公司的价值观与导向，将价值观转化为制度规范，让员工对照着约束自己的行为，使自己成为公司核心价值观的同心人。而对于那些不符合公司核心价值观的人，虽然可以在一定的岗位上工作，但是很难被提拔到核心岗位上。

2.1.3 通过关键事件，来判断与价值观的匹配性

华为核心价值观是以客户为中心、以奋斗者为本，长期艰苦奋斗，坚持自我批判。因此华为在进行干部选拔的时候，也着重从这四个方面对被选拔的干部进行价值观匹配性判断。华为通过考察干部在关键事件中表现出来的行为，判断干部是否符合公司的核心价值观。

李健在任职尼日利亚产品经理时，有一次，他费尽周折，才被允许可以和客户方的总裁见一面，结果在总裁的门外等了三个多小时，最后在总裁上厕所时将其堵在厕所门口，获得了一次会面机会……就这样，在40℃左右的天气里，李健一个人拎着电脑和投影仪，穿着西装打着领带，从早到晚地拜见客户。三个月下来，签了3000多万美元的合同，一年后签了接近2亿美元的合同，第三年达到4亿多美元。

连续四年，尼日利亚代表处的销售业绩一直排名全球第一，被称为华为的"上甘岭"。靠着这股拼劲，李健硬生生地把尼日利亚的市场规模做

到了10亿美元。李健后来也被晋升为西非地区部总裁。

行为是受思想支配所体现出来的外在活动。思想决定行为，行为反映思想。因而，在面对价值观这种飘缈而难以界定的概念时，就要通过外显的行为来进行考察。李健在工作中处处以客户为中心，保持艰苦奋斗，因此华为将他提拔为西非地区部总裁。

除了华为，阿里巴巴同样也是非常注重对干部员工的价值观考核的。马云说："要严把招聘关，招聘优秀的人才，要吸引那些和阿里的味道一样的人，即认同阿里价值观的人。"

阿里巴巴对中高层（M4总监及以上的腰部管理者）的价值观考核是依据"九阳真经"及行为准则来考核的，结合中高层在关键事件中的表现，一条条过，每一条要有事例举证，有符合的事例就得一分。阿里巴巴的"九阳真经"及行为准则如表2-1所示。

表2-1 阿里巴巴"九阳真经"及行为准则

项目	（1）客户第一	（2）团队合作	（3）拥抱变化
行为准则	·客户第一，员工第二，股东第三； ·走近客户，了解客户，为客户解决问题； ·建立并不断完善机制，确保客户满意	·荣誉归团队，责任归自己； ·建立以结果为导向的团队文化； ·了解同事，信任同事，营建简单信任的快乐团队	·变化是一切机会的来源，要以乐观积极的心态采取行动，帮助变革成功； ·理解变化背后的原因，积极正面传达公司信息，带动团队也能够积极行动； ·善于从错误中学习，持续改进
项目	（4）诚信	（5）激情	（6）敬业
行为准则	·心胸坦荡，清正廉洁，直言不讳； ·对客户坚守承诺，对同事言行一致，对上级客观真实； ·建立流程制度，保障组织健康，承担维持组织健康的职责	·追求理想，使命驱动，很傻很天真； ·在诱惑下坚持使命，在压力下又猛又持久； ·把自己的激情转化成团队的激情，积极影响感召团队	·热爱公司，热爱工作； ·今天最好的表现是明天最低的要求； ·在团队中营造学习和钻研的氛围，好好学习，天天向上

续表

项目	（7）眼光	（8）胸怀	（9）超越伯乐
行为准则	·看得到机会，也看得到灾难； ·不但自己看到，还要让大家参与进来； ·要有结果	·领导者是寂寞的； ·胸怀是冤枉撑大的； ·心态开放，能倾听，善于换位思考	·找对人：知人善任，用人所长； ·养好人：在用的过程中养人，在养的过程中用人； ·养成人：培养接班人，鼓励青出于蓝而胜于蓝

在阿里巴巴，对员工价值观的考核与业绩考核各占50%。阿里巴巴要求必须保证连续两年价值观考核达到良好以上者，才有资格参与干部选拔。

2.2 品德与作风是干部选拔资格底线

品德与作风是华为干部选拔的底线要求。选拔干部时，要看品德，而不是唯才是举，品德不过关则一票否决，不能选拔为干部。品德只有在面临重大考验的时候才看得出来，平时是看不出来的，所以华为不是把品德作为评价优先的考量因素，而是把它作为一个底线。华为不允许随随便便用品德去评价人，因为在平时，谁品德好，谁品德不好，是很难看得出来的。华为有些平时看上去品德很正直的干部最后也犯了错误，出了品德问题。所以没有关键事件，去看一个干部的品德其实是没有意义的。

2.2.1 遵从商业行为准则与道德操守

品德有多项评价点，华为把商业行为中的道德操守摆在首位，这是底线，也是核心。

一直以来，任正非对华为的定位都不仅仅是中国一流的企业，而是要让华为在全世界都树立起自己的形象，所以他要求华为的每一点、每一滴、每时每刻、每个人、每件事都能做到以塑造华为品牌为出发点。除此之外，他还对华为有更高的要求："华为作为一家全球性的公司，要始终恪守商业道德，遵守通用的国际公约和各国相关法律法规，坚持诚信经营和合规经营。我们遵守世界通用的'游戏规则'，并将贸易合规融入公司的日常运营中，营造和谐的商业环境。"

一个企业如果不能严格遵从商业道德，就会影响自己的企业形象，造成的负面影响将会是重大且持久的。企业形象也是一个企业的重要推广方式，只有树立起正面积极的形象，企业才有更多的机会将自己的产品和服务销售出去，而一旦企业不遵从商业规则，只顾自己的即时利益，那么企业形象将轰然倒塌，损害的是更大的利益。对于干部，华为也是如此强调的，要求时刻遵从商业行为准则与道德操守。

2011年，华为内审团队在A国例行稽查时发现，从2009年到2011年，该国代表处某部门主管Sue滥用职权，伙同供应商，通过伪造发票、采购单、验收报告等手段，骗取货款几十万美元，并且拒不承认犯罪事实，也不配合调查。

为了震慑腐败分子，华为决定将嫌疑人移交法务处理。法务接手案件后，对现有证据进行了深入分析，他们认为，部分发票中的印章和签字可能是伪造的。于是，法务来到开发票的商店，经过不懈努力，两家商店确认发票中的印章和签字系伪造。虽然涉案金额不多，但伪造印章和签字已经构成犯罪。

不过，由于A国法律体系对这种世俗性违法行为并不太关注，尤其是私营企业中员工经济犯罪，法律虽然有相关规定，但现实中一般当成"小事情"处理，即使报案了，司法机关都会要求当事人和解。代表处法务委托A国著名外部刑事律师对此进行评估，以确定报案策略。

经过评估，2012年1月，代表处法务以伪造印章和签字的罪名将Sue告至该国检察院，并请求检察院提起公诉。检察院经过司法鉴定，确认

Sue伪造事实。2012年6月，检察院提起公诉，案件移交至该国法院。案件经过审理，法院判决Sue有期徒刑4年，退回所有非法所得，并缴纳相应罚款。

《华为员工商业行为准则》中指出，每位华为员工在公司商业行为中遵守法律规定和道德规范，是华为能够长久发展的重要保障之一。对于干部队伍，华为强调必须保持纯洁性，那些犯了错误的干部能挽救则挽救，不愿意改正的，只能清除出干部队伍。2021年，任正非在干部管理工作思路沟通会上强调："干部履责规定中，不做假账要作为一个重要标准。我们所有干部都不要说假话、做假账，要踏踏实实工作。凡是做假账的干部就下岗。如果将来一部分业务慢慢走上资本市场，做假账可能就不是纪律问题，而是涉及法律问题。"

2.2.2 不符合品德要求的要一票否决

在华为的干部管理实践中，品德不仅仅包括思想道德、生活作风，更是一个广泛的概念，包括责任心、使命感、敬业精神、愿意到艰苦地区去工作、在磨炼中成长，以及管理好团队的能力。

一个没有良好道德素养的干部是难以带领团队以正确的方式走向胜利的，他们不仅不会成为企业野蛮生长的"狂暴军团"，反而会成为加速企业覆灭的导火索。正如任正非所说："干部的个人品德、素质是企业进步的最重要的要素！"

在选拔干部的时候，除了要考察他的专业素养、业务能力、管理能力等综合能力，更重要的是要考察他的品德与作风，因为企业与干部之间要想建立起彼此信任、互相依存的关系就得依赖干部的品德。只有品德好、作风优良的干部，企业才能信任他，才敢将企业的重要事务交托给他。品德好的干部在得到企业重用后，也能站在企业的角度，以企业利益为重，为建设企业更好的未来做出贡献。

2017年，在华为高管滕鸿飞因涉嫌受贿被带走调查后，任正非在公司内部发表了重要讲话。他在讲话中指出：

"我们要防止片面地认识任人唯贤，不是说有很高的业务素质就是贤人，有很高的思想品德的人才是真正的贤人。任人唯亲是指认同我们的文化，而不是指血统。我们要旗帜鲜明地用我们的文化要求干部，高中级干部品德是最重要的。对腐败的干部必须清除，绝不迁就，绝不动摇。如果我们今天不注重对优秀干部的培养，我们就是罪人。对干部要严格要求，今天对他们严格，就是明天对他们的爱。

提拔干部要看政治品德。真正看清政治品德是很难的，但先看这人说不说小话，拨不拨弄是非，是不是背后随意议论人，这是容易看清的。说小话、拨弄是非、背后随意议论人的人是小人，是小人的人政治品德一定不好，一定要防止这些人进入我们的干部队伍。茶余饭后，议论别人，尽管是事实，也说明议论者政治不严肃，不严肃的人怎可以当干部？如果议论的内容不是事实，议论者本人就是小人。

对人的选拔，德非常重要。要让千里马跑起来，先给予充分信任，在跑的过程中进行指导、修正。从中层到高层品德是第一位的，从基层到中层才能是第一位的。选拔人的标准是变化的，在选拔人才中要重视长远战略性建设。

审查干部的标准第一位是品德，敢于到艰苦地区工作、敢吃苦耐劳、敢于承担责任等也是品德的一部分，不光老实是品德，品德的含义是广泛的，优先要选择品德好的人做我们的干部。历史上太平盛世时期的变法大多数都失败了，特别是王安石，他选拔干部大都是投机、吃里爬外的干部，后来就是这些干部埋葬了他的变法。所以我们在太平盛世要选择品德好的人上岗，这样才能保证公司的长治久安。"

干部是团队道德品质的榜样，影响这个团队的价值观。以权谋私、生活腐化、拨弄是非、背后随意议论人等都应作为评价与选拔干部时的基本否决项，存在上述项的员工是不能进入干部队伍的。在职的干部如果有上述项的也需要反省与改正，否则不可能得到进一步的提拔。不过需要注意的是，华为不允许大家随随便便用品德去评价人。因为在平时，谁品德好，谁品德不好，大家是很难看得出来的。

在面对目前美英等多国的打压下，华为需要干部更加坚韧、开放，坚持自我学习。品德好的干部将承担更重要的职责，同时品德不好的干部会被淘汰。一言以蔽之，华为的干部必须有良好的品德，不符合品德要求的干部是要一票否决的。

2.2.3　干部要耐得住寂寞，受得了委屈

品德与作风是华为选拔干部的资格底线，那么华为对干部的工作作风有什么样的要求呢？华为对于干部在工作作风方面的要求是不拉帮结派，不捂盖子，耐得住寂寞，受得了委屈。

2014年6月，华为在国内众多报刊上刊登了半版广告，广告的图片是一位蓄着胡子、光脚穿着布鞋看上去像一位老农民。广告上也只有一句话："华为坚持什么精神？努力向李小文学习。"李小文是中国科学院院士，地理学与遥感科学泰斗，被称为"扫地僧""光脚院士"。李小文是一个纯粹的科研人，耐得住寂寞，守得住清贫，一直专注于科研事业，不受外界干扰。

华为借此来告诫所有的干部将精力聚焦在工作上。虽然外部机会有很多，但不能机会主义，要坚持开放，开放，再开放。要能紧紧盯着风云变化的市场，在主航道发现机会。李小文院士艰苦奋斗、坚持不懈的精神是

值得华为人学习的。

2019年4月，华为心声社区发布了任正非在电信软件和改革表彰大会上的讲话《寂寞英雄是伟大的英雄》。任正非表示："业软的改革是成功的，目前业软产品线开始盈利，我们应该对一些留岗和转岗的优秀人员进行表彰。如果没有业软的整改，就没有今天终端的辉煌，也没有云业务的曙光。

南京研究所调整了9000人，当时上海战略务虚会议提出，对第一批调整出去的人员先涨一级工资，但是绝大多数人没有等到涨工资，就提着'枪'冲'上甘岭'去了，也许他们有些是英雄，我们不知道，寂寞英雄是伟大的英雄。"其实在华为有很多这样的干部员工，他们一直坚守在自己的岗位上，以公司利益为先，敢于担当，有使命感。

因为有许多有使命感、责任感、耐得住寂寞的干部员工，以公司利益为先，始终坚持奋斗，默默奉献自己的青春，才造就了华为今天的成功。

2.3 绩效是分水岭和必要条件

评价一个人，提拔一个人，不仅要看素质这个软标准，还要看绩效结果。德的评价跟领导的个人喜好和对事物认识的局限性有很大关系。绩效和结果是实实在在的，是客观的。为此华为在选拔干部中强调，绩效是分水岭，是必要条件。所有人加入华为后，过去的学历、工作经历都得抛开，大家站在同一起跑线上，那些能够在竞跑中位列前茅的才能够被公司提拔。

2.3.1 绩效前25%才可能被选拔为干部

华为一直强调，在选拔干部时，只要候选人的表现比其他人更优秀，工作态度更积极，更能艰苦奋斗，在绩效考核中横向排名中进入前25%，那么在这一轮他就能获得提拔晋升的机会。任正非曾说："是千里马都拉出来赛跑。跑得最快的前25%留下来交给有关部门去考察素质，去看看'牙齿'啊，看看'蹄口'啊。该选谁就选谁，但必须在跑得快的马里面选。"

在华为，素质能力不等于绩效。只有关键行为过程以结果为导向，最终对客户产生贡献才是华为认可的绩效。如果不能为客户输出任何有益的结果，这样的行为是不会被认可的。任正非曾经这样比喻："有知识没业绩就好比茶壶里有饺子但是没倒出来，没倒出来就等于实际上没有饺子。"比如说，员工甲工作经验丰富、技术能力强，公司原本计划把他作为公司的后备管理干部来培养。但是由于他对任职资格、待遇等事情的关注程度远高于对绩效的关注，尽管拥有较强的能力，可是并没有很好地通过为客户创造价值，转化为对公司的实际贡献，而是成了他炫耀自己以及与公司讨价还价的资本。很显然，员工甲是肯定不能被提拔的。

员工的绩效结果不仅会影响他的工资、奖金、股票等，还和员工职业发展直接挂钩，影响着员工的晋升。华为不按员工的知识和技能来确定收入，而是以责任贡献来确定的。一个干部能够承担多大的责任，有多大的能力，做出了多大的贡献，才是决定他能否得到提拔的必要条件。

华为强调"一切让业绩说话"，即华为人只有取得高绩效，才能实现个人的职业规划，因为没有绩效就没有发言权，资源和机会是向高绩效者倾斜的。

为做好绩效管理工作，华为采用两个绩效管理工具：一个是战略绩效解码体系，另一个是PBC（个人业绩承诺）体系。战略绩效解码是业务战略执行力模型，通过对公司战略进行逐层逻辑解码，导出可衡量的KPI

及可执行的重点工作与改进项目，然后层层传递下去，落实到各部门与岗位，以确保公司战略目标的达成。

华为通过战略绩效解码体系实现公司战略绩效目标的层层传递与执行，使每个员工的行为都统一于公司的战略绩效目标。为了公司战略目标的实现，任何人都不能懈怠，而作为华为的干部，承担公司战略目标的责任是其必须具备的能力和担当。

PBC体系要求每个员工都必须非常了解其所在部门的目标和任务，并抓住重点，兑现个人的业绩承诺并彻底执行。

华为通过绩效管理工具将绩效导向理念落到了实处，强化了公司的绩效导向理念。这使得公司的高绩效成长战略目标能层层落实，让员工有效执行。

作为员工学习的榜样，干部人员必须在工作中致力于取得非常好的绩效结果，才能真正做好员工的管理工作和对下级的绩效评价工作。

在以绩效为导向的干部选拔机制下，华为干部队伍的战斗力确实很少有其他企业能够媲美的。

2.3.2 将关键事件过程中的行为作为责任结果的补充

华为在选拔干部时，除了依据责任结果的考核原则，还将关键事件作为非常重要的考核补充内容。因为干部在关键事件中的行为表现，以及关键事件的最终结果，往往反映了干部的价值观、素质及解决问题的能力。

对于干部在关键事件过程中行为的考核，华为有着自己的考评依据。对于不同层级的主管，公司的相关部门会去看他们有哪些关键事件，以及他们在关键事件过程中的行为怎么样，而且被考核干部的上司有时候还会有意地让这些干部到一些关键项目中去锻炼，在锻炼的过程中再对干部体现出来的行为做出评价，然后得出绩效考核的结果和关键事件过程行为评价的结果。关键事件过程行为评价的结果是和干部的薪酬与职位变动直接挂钩的。

华为中高层管理者年底目标完成率要达到80%以上，没有完成这项要求的，正职要降为副职或予以免职。各级主管每年PBC成绩为最后10%的将被降职或者予以调整，即使业务能力突出，也不能从本部门提拔副职为正职。同时，关键事件过程行为评价不合格的干部也不得提拔。对于在关键事件过程中出现重大过失的干部将被就地免职，被处分的干部一年内都不能被提拔。

对于干部的选拔，一定要从上至下贯彻选优留优的原则，考察并选拔出真正符合发展需要的干部。

2.3.3 给予工作机会，做出贡献后再晋升

伴随着公司的高速发展，华为的干部岗位也同步增加，因此，加强后备干部的培养和建设迫在眉睫。这就需要一大批"充满干劲、有工作热情、有一定牺牲精神并有良好业务能力"的青年才俊加入公司的干部队伍中来。对于有领导能力、能团结团队的人，可以多给予一些工作机会，当他们在新的机会中做出贡献后，给予晋升或奖励。

华为招聘的员工很大部分来自大学毕业生，他们更容易接受和认同华为核心价值观。华为也信任年轻人的能力，为他们提供广阔的平台。现在很多华为的高层干部，都是从校园入职的，他们中的很多人在华为的平台上持续做出了贡献，得到了公司的认可，走上了干部岗位。

华为员工赵颖（化名）刚进入公司半年，所在的项目组和BT（英国电信）沟通的时候发现一个EMC（Elecrtro Magnetic Compatibility，电磁兼容性）

和供电的交叉标准写得很模糊，项目组的人也感到很陌生，但客户要求项目组尽快修订。于是，在项目组的推荐下，刚入职半年的赵颖接受了这项任务。

赵颖通过完成对外合作、费用申请、测试系统搭建、制作报告模板等一系列烦琐的工作，将一个模糊的标准做成了BT（英国电信）、KPN（荷兰皇家电信），甚至后来FT（法国电信）、DT（德国电信）客户都一致认可的测试报告。

2007年9月该标准改版时，赵颖因为熟悉该标准被推荐到欧洲参加会议。作为一个新人，赵颖在BT、FT等电源专家面前，发表了提案，并得到了广泛认可。回到公司后，其部门主管在她的绩效考核中打出了A，她也被公司纳入后备干部队伍培养。

华为从不吝给年轻人机会，尤其是其中的领袖型、有团结能力的人。作为新人的赵颖不仅抓住了这个机会，在关键事项上敢于担责，还高标准地完成了任务，为公司创造了价值，因此得到了晋升。对于员工中的奋斗者，华为会提供给他们奔赴"上甘岭"的机会，在他们做出了贡献后会对他们进行提拔培养。

2.4　能力与经验是持续成功的关键要素

干部队伍作为企业的中坚力量，没有突出的业务经验和管理能力是无法带领企业走向更好的发展之路的。所以，除了基础的素质要求，华为还强调要根据能力和实践经验来选拔干部。

2.4.1 干部四力是持续取得高绩效的关键

干部标准代表企业对干部队伍的基本要求和整体期望，回答了"我们到底需要什么样的干部"的问题。在过去三十多年里，华为的干部标准经历了一个不断优化的过程，从最早的干部任职资格一直到2013年发布的干部标准通用框架，通过不断迭代，最终形成了一套体系化的标准。

2006年，华为在外部顾问公司的帮助下，开发了华为领导力素质模型。这个模型分为三大核心模块：发展客户能力、发展组织能力和发展个人能力。其中又包含九项关键素质，分别为关注客户、建立伙伴关系、团队领导力、塑造组织能力、跨部门合作、理解他人、组织承诺、战略思维和成就导向。后来，这九项关键素质成为华为评价干部能力的标准之一，简称为"干部九条"，详细介绍如表2-2所示。

表2-2 华为干部九条

核心模块	干部九条	说明
发展客户能力	关注客户	致力于理解客户需求，并主动用各种方法满足客户需求。"客户"是指现在的、潜在的客户（包括内外客户）
	建立伙伴关系	愿意并能够找出华为与其他精心选择的企业之间的共同点，与它们建立具有互利的伙伴关系，以更好地为华为客户服务
发展组织能力	团队领导力	运用影响、激励等方式来推动团队成员关注要点，鼓舞团队成员解决问题，以及运用团队智慧等方法来领导团队的行为
	塑造组织能力	辨别并发现机会，以不断提升组织能力，优化流程和结构
	跨部门合作	为了形成端到端解决方案而愿意与其他团队合作，提供支持性帮助并获得其他部门的承诺
发展个人能力	理解他人	准确地捕捉和理解他人没有直接表露或只是部分表达出来的想法、情绪及对其他人的看法
	组织承诺	为了支持公司的发展需要和目标，愿意并能够承担任何职责和挑战
	战略思维	在复杂、模糊的情境中，用创造性或前瞻性的思维方式，识别潜在问题，制定战略性解决方案
	成就导向	关注团队最终目标，并关注可以为华为带来最大利益的行动

华为的干部九条经过实践之后，慢慢地演化成干部四力，也就是决断力、理解力、执行力和与人连接力，如图 2-1 所示。

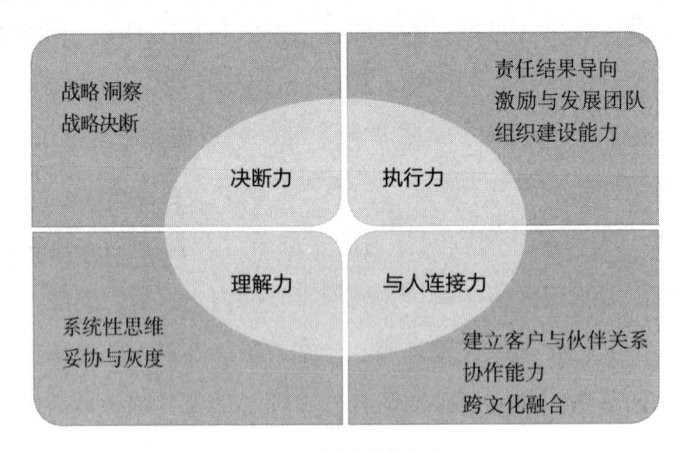

```
战略洞察              责任结果导向
战略决断              激励与发展团队
                     组织建设能力
    决断力    执行力

    理解力    与人连接力
系统性思维            建立客户与伙伴关系
妥协与灰度            协作能力
                     跨文化融合
```

图 2-1　华为干部四力

1. 决断力

决断力主要包含两个层面：战略洞察和战略决断。作为公司高级领导或者业务部门一把手，需要在各方利益纠缠不清时勇于承担责任并指明公司的战略方向，带领团队最终实现战略目标。因此，决断力对他们而言是一项非常重要的能力。不过，决断并不代表武断，决断力是一种对于直觉的把握能力和缜密思考的判断能力的综合体。

21 世纪初，华为开始拓展欧洲业务。对那时的华为来说，欧洲竞争对手像大山一样，压得华为喘不过气来。直到 2006 年，靠余承东主导发明的分布式基站，华为才从缝隙中进入欧洲市场。

2007 年，余承东决定要用和行业领先者爱立信完全不一样的架构，对产品做革命性的升级换代。提议一提出，便受到了大多数人的反对，甚至很多人觉得做第四代基站的成本太高、难度大。余承东力排众议，拍板道："必须做，不做就永远超不过爱立信。这是我们战略上的大旗。"

2008 年，华为第四代基站成功问世，华为无线顿时扬眉吐气，取得了优势地位。2010年之前，华为无线花了多年时间，在西欧市场仅取得9%的份额，但两年后，华为的市场份额飙升至33%，高居欧洲第一。

2. 理解力

对于理解力，任正非解释说："一个干部，他都听不懂你在讲什么，那怎么去执行、怎么能做好呢？"理解力包括两个方面：系统性思维和妥协灰度。具体来讲，可以表现为理解业务（对商业敏感，能够理解业务的本质，洞悉业务的技术）、理解文化（认识和尊重文化差异，积极融合不同文化，让不同文化背景的人成为同路人）和理解环境（有横向思维能力）。

在华为，机关干部一定要有准确的理解力。当前线呼唤炮火请求支援时，后端机关干部需要提供准确的弹药量。这就要求机关干部有超强的理解力，理解作战场景，甚至有预见性地提前为前线部队准备合适的弹药，以确保作战胜利。

3. 执行力

明确的目标与责任人、及时的激励、严格的考核、有效的辅导等都是执行力需要注意的方面，最终目标的达成、责任人的落实、标准的明确和利益的分配是对执行力的考核指标。执行力包括责任结果导向、激励与发展团队、组织建设能力三个维度。

吴雄是一名新上任的基层管理者，虽然自身技术过硬，但是对于管理工作几乎没什么经验，刚就职不久，他就迎来了一次挑战。某天晚上8点，他接到了华为呼和浩特代表处一线的电话，华为的骨干网络发生持续闪断，导致网络震荡，华为一线的员工已经在现场奋战了数个小时，但还是没有定位出问题，客户方急需稳定的网络。一线员工见问题紧急便连忙通知了吴雄，请求援助。

吴雄边通过电话与一线员工沟通现场情况，边赶往客户的北京监控中心了解一手信息。与客户沟通之后，客户表示之前从未出现过这样的问题，认为故障是由于华为割接了设备之后造成的。但华为的设备从未在其他地方出现过任何问题，而且根据吴雄了解到的情况及采集的数据信息，初步判断与华为设备没有关系。但为了解决问题，消除客户的怀疑，当天夜里11点，吴雄以最快的速度回家收拾行李，并订了最快的机票，连夜奔赴内蒙古现场。

次日清晨六点左右，吴雄就已经到了内蒙古，刚下飞机立即联系到当地办事处的同事奔赴客户大楼。当时客户的表情写满了震惊，他几乎不敢相信华为的响应速度如此迅速。与客户商讨之后，吴雄获取了很多之前靠电话无法传达的信息，于是开始紧锣密鼓地分析现场的问题。

在综合全部的信息并分析后，吴雄发现闪断现象从一周前某一天出现后就一直存在。由于难以从现有信息定位到问题根源，于是吴雄只好从时间入手，并向客户了解那个时间点到底发生了什么，客户工程师回应说："只是增加了一项业务，对网络不会有影响。"不过吴雄立马察觉到不对劲，便追问增加了什么业务。反复确认之后，吴雄得知问题发生时客户进行了网络质量监控，也就是，如果网络质量不好时会主动切换到备用网络。

听到这个消息后，吴雄激动不已，断定问题一定就出在这里。向客户反映之后，客户还是有些怀疑："我们的网络都是关键网络，怎么可能会有网络质量问题？"客户一边解释一边打开了设备，彻查了网络情况，检测之后确实发现网络质量上出现了问题，导致数据包隔三岔五就丢失，而设备一检测到数据丢失就会切换网络，切换会有时延，于是就产生了闪断。

定位到问题后，吴雄终于松了口气。客户一边表示不好意思，一边不断地感谢华为能迅速响应问题，并对华为全力帮助客户恢复网络，不计较问题是否出在华为的产品上的行为表示了极高赞赏。

事后，客户方邀请华为的员工一起吃内蒙古烤全羊，宴席上客户工程师说："北京的研发人员能连夜赶过来，跟大家一起解决问题，非常敬业。"

4. 与人连接力

任何一家企业，无论其组织结构是项目式、矩阵式、事业部式还是直线式的，都是一个复杂的综合体。虽然说每个职位都有其职能描述，但通常情况下屁股决定脑袋，任何一件跨部门的事情都需要责任人的持续推进和跟踪，这就要求责任人具备足够的与人连接力。在华为，与人连接力一般包括建立客户与伙伴关系、协作能力和跨文化融合，是各级干部都必须具备的能力。

华为干部四力是华为对干部核心能力的期望和要求，指导华为干部未来获取可持续的成功。其中，决断力、执行力和理解力，是华为选拔干部最为主要的标准。

华为在评价干部四力时，满分是10分。4个维度里，如果有1个维度达到5分，其他3个加起来最多只能是5分。干部四力的评分想体现的本质是：每个人都不可能是全能的，不可能每个方面都很强。要么决断力很强，要么与人连接力很强，识别出哪个能力不强，就重点培养这个方面的能力。

当然，对于不同层级的干部，对干部四力的要求会有所侧重。华为对高级干部更强调决断力和与人连接力，对中层干部更强调理解力，对基层干部更强调执行力。

2.4.2 能力要以有成功产出的作战经验作为验证

能力本身并不等于价值，只有将能力转化为产出，才能产生价值。因此，华为提出要以能攻山头、打胜仗为标准选拔干部，并将个人的战斗力和战斗成果作为评价依据，来测评人才的能力，让成功的产出作为能力的验证。

2006年，段爱国作为助理工程师被外派至西欧，参与大大小小的项目。2010年9月，瑞士电信下一代全国传输（SONATE）项目第一阶段的交付工作圆满完成，产品经理段爱国由于表现出色，被调到意大利代表处担任固定网络解决方案销售部长。仅一年时间后，段爱国带领团队在意大利掀起了网络产品突破的一轮高潮，累积实现了17个网络项目的成功突破，让意大利代表处网络业务在短短两年间一跃成为公司网络海外最大的粮仓之一。2012年年初，段爱国调任法国代表处任产品副代表。2013年，法国代表处荣获公司代表处经营绩效二等奖，其中段爱国功不可没。

2006—2012年，段爱国连续7年年度绩效考评为A。这一成绩也让段爱国从助理工程师做到了代表处产品副代表。

实际上，许多优秀企业在选拔干部时，和华为一样，都是以有成功产出来作为依据的。

史玉柱与马云是非常要好的朋友，他们时常交流企业管理的心得和经验，两人曾在飞机上就"公司只认功劳，不认苦劳"这一理念展开探讨。史玉柱说，在巨人网络集团，一线的业务人员如果没有工作成果，连几百元的底薪都拿不到，但是如果能够做出好成绩，就能拿到惊人的薪酬，而且在巨人网络集团，员工的升职加薪是直接与工作成果挂钩的。马云笑着表示认可，双方都认为"企业家一定要是坏人"，绝不放松对员工的工作要求，不因为投入的精力大、时间长就认可他的"苦劳"，只从工作成果决定员工的薪酬和职业发展，只认可员工的"功劳"。

企业需要的是能够真正为企业解决问题、创造价值的干部。学历、经验、付出……这些都不是企业选拔干部的决定性因素,企业真正要选拔的干部是在具备一定能力素质的基础上,有成功产出,对企业做出了价值贡献的优秀人才。

2.4.3 不断叠加实践经验,构建持续成功的能力

过去华为的干部任用标准中不包含经验,但是在 2013 年更新干部标准的时候,华为把相关经验要求也放到干部标准中去了。就是说员工要想当干部的话,一定要有成功实践的经验。华为干部经验要求如表 2-3 所示。

表 2-3 华为干部经验要求

序号	经验类型	经验要项
1	业务型经验	跨业务领域经验
		具体业务经验 / 基层经验
		培育客户关系经验
2	管理型经验	人员管理经验
		项目经营与管理经验
		担当盈亏责任
3	业务周期性经验	开创性经验
		扭转劣势经验
		业务变革经验
4	区域经验	具体区域经验

经验就是指一线实践的项目经验及成功的经验,我们在实际应用中要把它和岗位的实际需求上区分开。这些经验不是所有干部都必须具备的。华为对不同岗位、不同层级干部的经验要求有着不同的侧重点。将经验放在干部标准里,这可能是一把双刃剑。不可否认的是,这些经验要求在干部考核标准里能起到一种牵引作用,尤其是一些具体的岗位,没有一定的经验要求,可能很难选拔出合适的干部,但是注重经验也有可能变成论资

排辈，导致有一些人没有脱颖而出的机会，或者会被打压。所以，华为在使用经验这个标准的时候，也没有那么僵化，还是存在一定的灵活性的。

毛泽东说："干部要'从群众中来，到群众中去'。"事实上，企业想要选拔出合格的干部，基层经验也是不可或缺的标准之一。华为纲领性文件《华为基本法》中明确规定："没有周边工作经验的人，不能担任部门主管。没有基层工作经验的人，不能担任科级以上干部。"

华为要求干部应该有主管本业务或相关业务的实践经验。缺少实践经验的干部，需要通过参与相关的项目补充经验。项目做完后进行评价，如果结果好的话，就算完成了回炉补课。

2014年7月，任正非在"后备干部项目管理与经营短训项目"座谈会上发表讲话时强调，干部要有实践经验。他说：

"真正的英雄，都是从本职工作成长起来的，在本职工作中展现出自己的才华，不能刻意塑造将军。你们经过培训，掌握了工具，但要通过创造价值，不断提高自己的能力和贡献，才会逐渐承认你们，我们才会给你们去'诺曼底登陆'的机会。死了就是英雄，不死就是将军！

未来机关各级干部如果没有成功的项目实践经验，就没有资格担任管理者，否则一定是在瞎指挥。自己搞不明白，开会做不出结论，没有实践经验而造成管理复杂。当然，我讲的是明天的问题，今天还可以担任，所以大家需要补课，各级干部一定要在实战中去提高自己的管理能力。

我们坚定不移地在代表处代表和地区部总裁中贯彻末位淘汰制，经营不好的干部要下台，否则都不改进，都来讲故事，讲故事的钱从哪儿来？下台后，就做专家或普通员工参加重装旅打仗去。若真有本事，一定会脱颖而出。"

在一线干过有了实践经验，然后到机关进行理论收敛，培养了全局观。当业务环境、客户需求发生变化，产品等需要更新开发时，以前的

"经验"可能会过时，这时候干部又要再次回到一线进行再实践，所以在机关工作几年的干部又可能被安排回到一线，如此循环往复，不断叠加实践经验，实现能力增长。这其中的关键点，在于经验是与公司战略、业务需求相匹配的。

华为不强调"培养干部"，而提倡在实战中锻炼干部。实践出真知，战场是最高效的练兵场。让干部在各种实践中叠加经验，突破能力边界。在华为，几乎所有的干部都有一段被"折腾"的历史：今年还是某个部门的总裁，明年就有可能成为区域办事处主任，后年或许就要到海外去开拓市场……而华为干部都普遍愿意接受各种岗位变动。

值得注意的是，我们强调经历不等同于经验，经历是亲身见过、做过或遭受过的事情，而经验是从已发生的事件中获取的知识。经验意味着自我更新，代表以前成功完成的项目/事情。不管一个人从事某项工作多长时间，如果思想高度、工作能力并未发生什么变化，就没有多少经验可言。所以，有经历不一定有经验，如果等同起来，就会形成工作时间越长越有能力的错误认识。

2.5 基于岗位适配的人才标准

干部标准是针对人的通用的基本要求，而岗位也有对人的能力要求。华为很重视企业内部人与岗位的匹配，通过对不同岗位的角色要求进行定义，结合岗位所面临的业务挑战进行岗位画像，从中提取岗位所需经验与特质，从而形成岗位人才标准。

2.5.1 定义不同岗位族的角色要求

企业设置岗位的目的是要完成某一特定任务，不同岗位所要承担的任务和面临的挑战会存在差异，对人才的标准也会有不同。基于岗位角色构建企业自己的情景化人才标准，就要结合企业战略要求与岗位任务特点，明确角色定位，并结构化描述岗位角色。岗位角色是企业、客户、合作伙伴、下属等对于该岗位上的人员的多角度期望，它是一个综合概念。

华为针对一些核心岗位建立了角色模型，如 STROBE 模型，就是对"国家代表"等类似经营岗位领导者的角色要求，如图 2-2 所示。

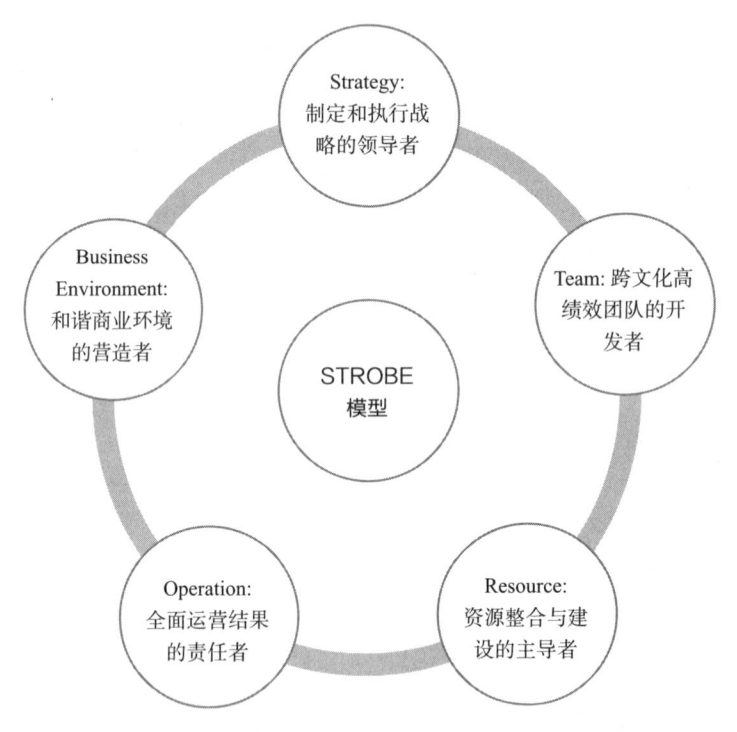

图 2-2 华为对经营岗位领导者的角色要求——STROBE 模型

从企业视角来看，"国家代表"是"制定和执行战略的领导者"，他需要将企业层面的战略目标在所在国家或地区落地执行。

从团队视角来看，"国家代表"是"跨文化高绩效团队的开发者"，有能力在所在国家或地区构建一支管理有素的跨文化团队。

从当地项目视角来看,"国家代表"是"资源整合与建设的主导者",需要统筹协调各种资源以完成各种类型的项目。

从经营视角来看,"国家代表"是"全面运营结果的责任者",对所在国家或地区的经营结果负责。

从外部视角来看,"国家代表"是所在国家或地区的"和谐商业环境的营造者",作为"国家代表",需要建设好华为的品牌形象,关注商业环境的各相关方。

从不同视角对岗位进行综合分析,可以定义出岗位的角色要求。除了STROBE模型,华为在HR转型过程中,还提炼了HRBP(人力资源业务合作伙伴)的角色要求——V-CROSS模型。在V-CROSS模型中,华为HRBP有六大角色:

战略伙伴(Strategic Partner)——参与战略规划,理解业务战略,将业务战略与HR战略连接并组织落地。

HR解决方案集成者(HR Solution Integrator)——理解业务诉求和痛点,集成COE(人力资源领域专家)专长,组织制定HR解决方案,将业务需求与HR解决方案相连接,并实施落地。

HR流程运作者(HR Process Operator)——合理规划HR重点工作,有效运作AT(行政管理团队),提升人力资源工作质量与效率。

关系管理者(Relationship Manager)——有效管理员工关系,提升员工敬业程度;合法用工,营造和谐的商业环境。

变革推动者(Change Agent)——理解变革需求,做好风险识别和利益相关人沟通,促使变革成功实施。

核心价值观传承的驱动者(Core Value)——通过干部管理、绩效管理、激励管理和持续沟通等措施,强化和传承公司价值观。

只有先认识了这个角色，才能扮演好这个角色。干部通过对角色模型的了解和学习，能够弄清楚在当前的岗位上应该做些什么。

2.5.2　厘清业务挑战，进行岗位画像

基于岗位角色定位，结合当前的业务现状基础，分析特定岗位需要完成哪些核心任务，有哪些成功要素、资源支持等，从中提炼出一些经验与特质要求，完成岗位画像。它没有岗位说明书那么详细，只是一种快照式的岗位画像，即为应对当下的业务挑战，岗位上的人所要具备的关键经验与特质说明。

华为曾经对拉美地区部总裁的岗位经验要求有：业务经营的成功经验，扭亏为盈的管理经验，扭转劣势的业务经验等。这是由于当时的拉美地区部很多年都处于不赚钱的状态，需要一个能带领团队打胜仗的领导者。

当组织业务处于相对稳定的状态时，不论是HR还是业务负责人，对每个岗位的能力要求基本会理解一致。但是当组织业务处于高速发展或者变革转型期时，企业可能会产生一些全新的岗位，可能有的岗位的职责和工作方式都发生了完全不同的变化，这时候就更加需要结合业务变化和挑战来进行岗位画像，形成明确清晰的岗位能力要求，其中，需要特别注意的部分是那些在原来业务环境中没有关注到的能力和经验。所以，岗位能力要求一定是基于当下的业务特征提炼出来的。

在进行岗位画像时，业务负责人需要做的就是解读当前的业务挑战，描绘未来业务发展方向，并细化成对人才的要求，让HR可以理解；而HR要做的是听取业务负责人对人才的要求，用人力资源专业语言形成明确的、可操作的岗位人才要求和标准。

2.5.3　结合通用标准，筛选匹配岗位的人才

前面阐述的干部通用标准加上基于岗位适配的能力要求就是我们进行人才选拔的标准。

作为公司的 CFO，需要与公司价值观高度契合，有良好的品德与作风，严谨和稳定，业务经验丰富……华为董事长梁华自 1995 年加入华为，历任公司供应链总裁、公司 CFO、流程与 IT 管理部总裁、全球技术服务部总裁、审计委员会主任，华为公司监事会主席、首席供应官等职务。2018 年，当孟晚舟被加拿大非法拘押时，CFO 职位由有丰富业务经验、性格稳定的梁华代任。

很多企业在构建人才标准时，是基于素质模型或者任职资格的，这两种方式都没有关注到具体岗位的特点，难以清晰描述岗位工作本身，不利于后续的应用，且构建过程烦琐，不能适应业务快速变化的要求。

而基于岗位模型和业务挑战构建人才标准，一方面可以使企业上下对岗位角色定位、能力要求等达成共识；另一方面加强了人才标准的实用性，能够快速应用于后续的人才评估、培养与发展等场景。企业的不同岗位面临的挑战不同，企业应根据岗位的特点和岗位职责要求，设定合适的人才标准，以岗定人，量才授职，这样才能有效提高人与岗位的匹配度，真正做到人尽其才，让每个岗位都能发挥出应有的价值。

值得注意的是，华为应用干部标准时，并不要求干部每个能力或经验都达到最高分，而是根据岗位的具体要求来判断最重要的三项能力和经验分别是什么，然后再去比对干部的能力和经验达到何种程度。干部标准的真正价值不是引导干部去背诵，而是引导干部去学习和理解它的精髓，从而在日常的言行中对齐干部标准的要求。

第3章
干部的选拔

任正非说:"我们要坚持从成功的实践中选拔干部。猛将必发于卒伍,宰相必取于州郡。这不是唯一的选拔方式,但是是重要的形式,我们不要教条化、僵化。"为此,华为提倡选拔干部时,要看其是否有基层和一线工作经验,是否在一线和艰苦地区工作过并有过良好的表现,是否有在业务单位独当一面的任职经历并取得过优秀业绩,以此保证选拔的干部在上岗后带领的团队能够招之即来,来之能战,战之必胜。

学习导图

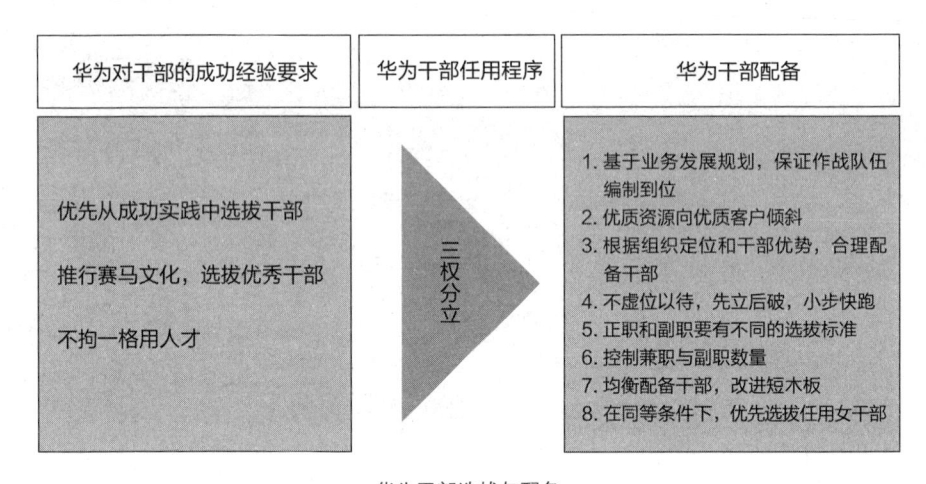

华为对干部的成功经验要求	华为干部任用程序	华为干部配备
优先从成功实践中选拔干部 推行赛马文化，选拔优秀干部 不拘一格用人才	三权分立	1. 基于业务发展规划，保证作战队伍编制到位 2. 优质资源向优质客户倾斜 3. 根据组织定位和干部优势，合理配备干部 4. 不虚位以待，先立后破，小步快跑 5. 正职和副职要有不同的选拔标准 6. 控制兼职与副职数量 7. 均衡配备干部，改进短木板 8. 在同等条件下，优先选拔任用女干部

华为干部选拔与配备

带着问题阅读：

1. 华为对干部的成功经验要求是什么？

2. 华为的干部任用程序是怎么设计与操作的？

3. 华为干部配备的基本原则是如何设计的？

4. 华为干部的正、副职在能力要求上有何区别？

5. 如何将华为干部选拔的原则引为己用？

3.1 优先从成功实践中选拔干部

解放战争时期的共产党员，都是在火线上入党、在战壕里提拔的。因此，任正非认为，华为也应该从成功的地区、从已经成功的员工中选拔干部。为此华为在干部选拔中实行了"三优先"原则。这样的原则，能引导员工不畏艰险，愿意奔赴公司最需要的地方战斗。

3.1.1 优先从成功团队中选拔干部

坚持优先从成功的团队中选拔干部，是华为选拔干部的核心原则之一。任正非曾经说过："项目成功了，出成果就要出干部。打下这个山头的人里面，终究有一个人可以做连长；不能说打下这个山头的人全部都不行，我们不能老是空投一个连长过去。当然，代表处的代表和更高级的干部，有可能不是本地选拔，是跨区域选拔的。"成功团队代表着好的组织绩效，在高绩效团队中，要能识别出好的种子选手。华为很多现任的高层，就是这样被一步步选出来的。

余承东，华为现任消费者业务CEO、华为技术有限公司高级副总裁，同时也是华为董事。那么余承东是如何从一个普通的员工，一步步成长起来的呢？

1993年，余承东考上清华大学研究生，他在深圳做项目时有个偶然机会加入了当时只有200多人的华为。那时华为正在研发自己的程控交换机，由于余承东是自动控制系毕业的，于是入职后就参与了程控交换机的开发，和团队成功研发出了华为的程控交换机。

华为程控交换机一上市，就在行业内脱颖而出。之后，华为意识到无线业务未来的发展潜力，于是便任命余承东负责研发华为无线 ETS 产品，率领团队开展无线业务。后来，华为又任命余承东为 3G 产品线总监，创建华为 3G 预研团队，负责华为 3G 的研发。1998 年，华为在 3G 领域实现突破，余承东团队代表华为参与制定了 3G 国际标准。

由于余承东带领无线业务团队取得了巨大的成功，2011 年，他被调任消费者业务 CEO。当时的消费者业务正是个烫手的山芋：高投入，低产出，没人敢接。但是余承东凭借出色的能力，准确抓住市场机会，与团队一起率领华为的消费者业务突出重围。在短短 6 年时间里，余承东带领消费者业务团队把华为手机打造成全球知名消费品牌，手机销售量在 2019 年成功超越苹果居全球第二位。华为消费者业务也成为华为财报中最为抢眼的一块，其销售收入几乎占到华为的半壁江山。2018 年 3 月 23 日，华为完成了董事会换届选举，余承东当选为新一届董事会成员、常务董事。

"一屋不扫，何以扫天下？"一个人领导一个小团队都不能成功，如何领导一个大团队？华为表示，作为基层干部，如果在本职范围内，不能与团队一起成功，那是不能被肯定的，也是不会被提拔的。

优先从成功团队中选拔干部的原则体现了华为肯定奋斗者贡献、善待奋斗者、为奋斗者提供更多发展机会的理念。除此之外，它还向员工们传递了一种"先有团队成功，才有个人成功"的价值观，体现了华为对团队合作的重视。华为深知，一个人的力量是有限的，必须依靠团队力量才能成就一番事业。企业中的每个人都履行好自己的职责，把团队的成功当作自己的成功，企业的持续发展才有希望。

3.1.2 优先从主攻战场和一线艰苦地区选拔干部

优秀的干部必然产生在艰苦奋斗中，大仗、恶仗、苦战必定能出干部。华为在选拔干部时，强调第一选的是干劲，后备干部总队要锻炼干部的奋斗精神。要优先从一线和海外艰苦地区工作的员工中，选拔员工进入干部后备队伍培养。

2003年，范思勇被派往肯尼亚开拓非洲业务。某个星期天，肯尼亚代表处接到了来自布隆迪的一个电信运营商客户的咨询电话。于是，代表处派范思勇和一位产品经理去往布隆迪了解客户需求等情况。因为有其他项目需要，产品经理很快就被召回肯尼亚了，留下范思勇一个人在布隆迪。

布隆迪条件不好，物资匮乏，时有战争发生，这些都给市场开拓造成了非常大的困难。此外，布隆迪是个法语国家，可以用英语交流的人很少，因此，在开始的一段时间，范思勇很难约到客户。客户要求做技术交流并审核配置报价时，由于地区部资源不够，也无法派人到现场支持，范思勇只能依靠电话另一侧的"远程炮火"，边学习边交流。除了业务开拓的艰难、周边环境的危险，范思勇还要忍受一个人的孤独，在长达一年的时间里，范思勇都是一个人跑项目、谈业务。但是这些都没有打垮他。2004年，范思勇成功地在布隆迪签下了两个项目，总金额超过千万美元。当年年底，范思勇被调任至乌干达担任代表，管乌干达、布隆迪、卢旺达三个国家的业务。在他的带领下，华为在乌干达、布隆迪、卢旺达这三个国家建立了自己的品牌，与运营商的合作越来越多。

2007年，范思勇被公司派往埃塞俄比亚做代表；2008年，他开始负责地区部的销售；2009年负责地区部的全面工作；2011年，范思勇接受公司的安排调入企业BG（业务集团），开始了全新的更为艰难的征程。

任正非说："我们强调要重视在一些艰苦地区和国家工作的干部，如果这个干部在市场做了也称职，不要虚位以待，就让他上。我们要从那些愿意干的人中选拔。所以对不同地区工作的干部要有不同认识、选拔、甄别，要让他们上岗，可以当代表、副代表，可以把工资涨起来，有需要就要有导向。"

华为大胆起用从主攻战场和一线艰苦地区涌现出的人才，既开放了人才选拔通道，使得华为人才"倍"出，也激励着华为儿女勇往直前，不畏艰辛地为华为的发展贡献力量。

3.1.3　优先从影响公司长远发展的关键事件中考察和选拔干部

"烈火见真金，危难见人心。"面对工作中的关键事件，如何解决与处理，往往反映了员工的特质与动机，而事件的处理结果，则体现出了员工的价值观和能力。为此，华为在干部选拔中，强调公司要培养的是对公司忠诚、艰苦奋斗、绩效结果和在关键事件考核中突出的优秀骨干。

华为认为，干部作为公司的核心员工，是公司在发展过程中面对危机或重大内外部事件时可以信赖和依靠的群体。干部的选拔，应首先考察其在影响公司长远发展的关键事件中表现出的忠诚度。华为重视员工在如公司经营出现危机、公司需要采取战略性对策、公司实施重大业务和员工管理政策调整、公司业务发展需要员工牺牲个人短期利益等关键事件上的态度和言行，公司核心员工必须在这些关键事件中表现出鲜明的立场，敢于为公司利益而坚持原则。

2002年，随着互联网泡沫的破裂，整个IT行业陷入了冬天，华为也遭遇了一次真正意义上的生死存亡关头。从1987年至今，华为的业绩都处于上升趋势中，只有2002年的时候，出现史无前例的负增长。负增长简直是一场灾难，之前员工从来没有意识到自己投入华为的钱有可能血本无归，因而导致员工人心惶惶。在这个关键时期，一部分核心干部选择了离开华为。当然，在华为公司全体员工的努力下，华为还是熬过来了，并且越挫越强，整个行业也逐渐复苏了。于是，当年出走的一些核心干部又想回到华为，任正非也同意了。当然，回归华为的干部就很难再就职核心管理岗位了。

2019年5月16日，华为被列入美国商务部工业和安全局的实体清单，紧接着美国芯片厂家断供，谷歌暂停了服务更新。在这种极端情况下，华为各级干部积极响应公司的决策，并说道："华为要自力更生，美国的砖头，修不了华为的长城，横梁和顶梁柱还得华为自己造，如果公司需要，愿意接受降薪与年终奖，陪伴公司共渡难关。"甚至有员工表示，在这个关键时刻，很自豪亲历公司历史上这一重大事件，相信华为的伟大。

公司需要在关键事件上立场坚定、对公司忠诚、敢于挺身而出、主动承担责任的干部，而不是在公司出现经营危机时选择离开、在公司发展良好时选择回归的干部。对于这些在关键事件中忠实履行职责、持续奋斗的员工，华为会毫不犹豫地予以重用。

2015年，尼泊尔发生里氏8.1级地震，当地遭受了巨大的损失，受灾地区通信基础设施遭受了极大破坏。地震发生后不到20分钟，冒着余震不断的危险，华为驻尼泊尔代表处一线工程师们自发跑步前往运营商中心机房，协同客户开展通信保障工作。

由于竞争对手人手不够，无法组织起有效的救灾力量，华为的工程小组还协助客户抢通了260个非华为设备站点，确保了灾区通信的畅通，为抗震救灾提供了强有力的通信支持，也赢得了客户和当地群众的称赞。救灾结束后，坚守在前线的尼泊尔代表处得到了华为的奖励，提拔了4位工程师，另外11位普通员工也得到不同程度的嘉奖。

面对危难，干部的勇气、冷静沉着与周全安排，对组织的稳定与人员的安全有着至关重要的作用。在企业发展过程中，危机和风险时有发生，而那些从关键事件中考察和选拔出来的干部，有着敢于承担责任的特质和解决问题的能力，这样的干部队伍，必定能打硬仗，能够帮助企业度过艰难时期。

3.2　推行赛马文化，选拔选秀干部

任正非说："选拔干部要重实绩，竞争择优，做不好本职工作的，就做不好重要的工作。"因此，在选拔干部时，任正非表示，候选干部是千里马，就都拉出来比赛。跑得最快的候选干部留下来交给有关部门去考察素质。你们想选谁就选谁，但必须在跑得快的马里面选。

3.2.1　猛将必发于卒伍，宰相必起于州郡

《韩非子 显学篇》中有句话："故明主之吏，猛将必发于卒伍，宰相必起于州郡。"这句话的意思是，贤臣良相定是从地方官中选拔上来的，作战勇猛的将领一定是从士兵队伍中挑选出来的。因为这些人来自基层，更了解战场的形势和百姓的疾苦，也就能够更好地制定方针政策。其实，这也是华为选拔干部的原则。华为强调，公司提拔的干部必须拥有基层业务经验。凡是没有基层成功经验的，一律不得提拔和任命。不能让不懂战争的人坐在机关里指挥战争。

其实，与许多企业创始人一样，任正非也是从一线摸爬滚打出来的，因此，他深信实践出真知的道理。即使拥有深厚的理论依据，如果没有一线"战火"的熏陶，终究还是纸上谈兵，难以做出准确的决策的。因此，华为在提拔干部时，要求干部必须拔于一线，也要走向一线。

曾经有客户这样评价华为的专家："你们有些专家能讲清楚光纤的种类，而讲不清楚光纤的熔接；能讲清楚设备功耗的指标，却无法为我推荐一款可靠的电池；能讲清楚业务发放的流程，却从来没有去过运营商的营业厅……"

面对客户这样的评价，华为发现很多技术专家理论知识丰富，或者只在某一领域内十分擅长。在意识到很多专家、干部普遍缺乏基层实践经验以后，华为开始改变干部选拔的原则，对干部的选拔提出了新的要求：不

论是管理路线还是技术路线的晋升，都必须有基层成功经验。

邹志磊，1998年3月加入华为。1998—2010年，邹志磊先后在沈阳、杭州、福州、西安和广州等地担任主要领导岗位；2010年8月，邹志磊调任北非地区部总裁，负责华为北部非洲22国业务；2013年被任命为企业BG全球销售与服务部总裁；2014年3月被任命为运营商BG总裁。

为了拓展5G的应用，华为试图与煤炭行业开展合作，充分发挥技术优势，助推煤炭行业的智能化发展与建设。为此，华为成立了"煤炭BU（业务单元）"，邹志磊再次被委以重任，担任煤炭BU的负责人。

如果干部没有成功实践经验作为后盾，很容易陷入想当然的境地，纸上谈兵，这样的人在具体问题面前把握不住成功的突破口，就会循环做功课，指令就会与实际情况严重脱节，这必然会造成组织效率的下降以及运营成本的提高，进而影响企业的整体发展。因此企业必须重视实践，选拔有成功实践经验的员工当干部。

在干部选拔的实际工作中，华为始终秉持着这一理念。华为现在的2/3中高层干部都做过与市场相关的工作，1/3中高层干部都做过与研发相关的工作，所有高管不是做过市场工作就是做过研发工作。可见，在华为，没有基层工作经验的人，是一律不能选拔为干部的，正如任正非所强调的："从现在起，华为选拔的干部必须要有直接的基层实践经验。"

3.2.2 推行赛马文化，让年轻人冲出来

中国民间有一句俗语："是骡子是马拉出来遛遛。"衡量一个人的能力，最好的办法不是听其言，而是观其行。在企业中，如果只依靠一套既定的规则和标准进行人才的选拔，必然会发生滥竽充数的现象，但在赛马制下，这些南郭先生必定无处遁形。是不是千里马，拉出来遛遛就知道了。

2004年，华为埃塞俄比亚办事处的主管被紧急调回国内工作，于是办事处的主管一职出现岗位空缺的情况，当时有两个备选人才符合职位要求，其中一个是在埃塞俄比亚驻守了五年多的资深员工唐家伟（化名），另一个是新锐精英李保华（化名），他们专业能力和管理能力都很强，同时都对办事处主管一职非常向往，且有着自己的管理想法。

一时之间，分区经理犯了难，不知道该选德高望重的老员工还是选择冲劲十足的新生力量。最终分区经理决定给两人分派任务，让他们各自带队做项目，谁能够做出更多业绩，为公司创造更大的价值，就由谁接任办事处主管。

两人都表示认可分区经理的安排，之后唐家伟和李保华进入了战斗状态，都以最佳状态对战，也都取得了不错的成绩，但最终更具冲劲的李保华在业绩上稍胜一筹，赢得了这次比赛，也获得了晋升的机会。经过"赛马"这种选拔方式的历练，办事处的员工对李保华都心服口服。唐家伟也没有气馁，而是知耻而后勇，发奋努力，在第二年的"赛马"竞争中获胜，被调往其他办事处担任主管。

华为在干部任用中，推行赛马文化，将跑得足够快的人交给有关部门进行其他素质的考核。赛马文化实际上就是提倡干部任用要重实绩，要公平竞争，择优录取，选拔出最适合岗位的人才。

除此之外，华为推行赛马文化，也是为了给年轻人机会，让年轻人能够冲出来。任正非曾表示，华为的文化是一个赛马文化，在地区部业务骨干的选拔上，要给"小马"一些机会。年轻人虽然经验不足，但是年轻人有热情、敢打敢拼，有更强的开拓创新精神，也更容易接受公司的文化和价值观。推行赛马文化，看重实绩，不问经验与资历，可以让许多优秀的年轻人有机会脱颖而出。

1991年，胡红卫从中国科技大学毕业，进入华为工作。和其他人一样，他也是先从基层技术人员做起，并参与到第一代数字程控交换机的研发当中的。后来胡卫红因突出的业绩和贡献，陆续获得了在产品试制段长、计划调度科长、生产部经理等职位上进行历练的机会，并且都取得了不错的成绩，进入华为仅四年的时间就荣升为副总裁。

在华为，胡卫红并不是年轻人通过"赛马"被提拔为干部的特例。在华为的市场体系里，四成以上的国家经理是"80后"，而在研发体系里，产品线有将近一半的人是"85后"，部门经理中"80后"的人数也超过六成，研发专家中"80后"的人数更是达到了七成。赛马文化让华为的优秀年轻人冲了出来，使华为建立起了一支年轻化的、充满战斗力的干部队伍。

当然，不同的企业或者企业中的不同岗位，对干部的要求是不同的，有的岗位需要有冲劲的年轻人，有的岗位则更适合有丰富经验和阅历的人，这就需要企业在选拔人才时根据实际情况，具体问题具体分析。但总体来讲，年轻人是企业未来的希望，企业要想持续发展，就要注重对年轻人才的提拔和培养。

3.2.3 选拔一群敢于抢滩登陆的勇士

华为是一家充满狼性进攻精神的企业，这决定了任何时候它都不会坐以待毙，而是主动出击寻找机会、攻破市场，将主导权和操控权牢牢握在手中。

强调进攻与华为"活下去"的创新哲学并不矛盾。在当下的知识经济时代和互联网背景下，竞争日趋激烈，一家科技型企业要想在市场竞争中取胜，除了要有自己的核心技术外，还必须以一种进攻的姿态去快速占领市场，取得先发优势。因此，华为始终将开放进取作为公司文化中非常重要的部分，在实践中培养了一群又一群敢于抢滩登陆的勇士。

在2006年中国信息产业部举办的TD-WCDMA产品论证会上,任正非道出了华为二十年来拓展海外市场的种种艰辛:"从1996年开始,众多华为员工离别故土,远离亲人,奔赴海外。无论是在疾病肆虐的非洲,还是在硝烟未散的伊拉克,或者海啸灾后的印度尼西亚……到处都可以看到华为人奋斗的身影。有的员工在国外遭歹徒袭击,头上缝了三十多针;有的员工在宿舍睡觉,半夜歹徒破门而入拿枪顶着进行抢劫;还有的员工在中东恐怖爆炸中受伤;在非洲国家,有超过70%的员工得过疟疾……"

正是这些勇士敢为人先、不畏困苦,才使得华为经过多年的艰难拼杀,终于从农村走向城市,将众多国际巨头甩到了身后。2013年,华为超越爱立信,走向通信设备行业的巅峰。

企业需要选拔一群抢滩登陆的勇士做干部,这些人会不断激活团队和干部体制,他们在经过培训成长为将军之后,必然会成为战役家,担负起促进组织纵深发展的重要责任。那么在工作中,我们该如何识别这些勇士是否具备成为干部的潜质呢?对这个问题,可以用任正非说的一段话来回答。

一个组织里经常有这样的人:没有谁要求他做,他自己却主动提议做这做那。这时,周围的人会说:"那就由提议者做吧!"

不是只有前辈级别的员工会这样,年轻人中也有这样的员工,他们会召集有资历的前辈们前来,然后提出自己的建议。

比如,面前有一个课题:这个月的销售额要提高。这时,如果一个刚参加工作不久的年轻员工提出:"师兄,董事长说要提高销售额,今天下班后,大家集中讨论一下怎么提高,好不好?"那么,他就是最有希望成为团队的领导者的。

抢滩登陆的就是勇士。对于具备干部潜质的勇士,企业要敢于破格提拔。

在 2012 年 5 月的常务董事会民主生活会上，任正非提出华为在干部提拔方面，可以有一些"不公平"的地方："对优秀干部要敢于破格提拔。我们过去太强调公平了，我们现在已经有公平的基础了，接下来就是要敢于破格。基层员工摆平了，我该给优秀的涨了，有啥了不起的？本来世界就不公平，我们也不怕一般员工跑了。领袖型的人物你不抓紧时间提拔，等到上航空母舰的时候，他都弯腰驼背，指挥不动作战了，人的青春也就这么十几年。人力资源委员会在破格提拔上还是要敢于决策，这样才能留住人心，留住人，否则的话，像有的公司挖我们一个干部过去，就把国际市场做起来了。"

英雄易老，在抢滩登陆的勇士中，常常会涌现出一些领袖人才，对领袖型人才破格提拔，既有益于公司的长远发展，同时也是对他们职业生涯负责的表现。

华为上海研究所所长王海杰早在 2003 年时，就作为谈判组组长率领团队在与摩托罗拉的谈判中取得了胜利。双方谈判组的组长同是 GSM 研发总工程师，王海杰当时不过 32 岁，而对方却已经是一位白发苍苍的老人了。

美国军队在选拔人才时，也有破格使用的案例，诺曼底登陆的时候，李奇微还是个少校，指挥 82 师的一个营；到朝鲜战场的时候，他已经成了"联合国军"总司令；后来他接替艾森豪威尔任北约组织武装部队最高司令。而这期间，不过短短八年时间。

英雄不一定会成为将军，但将军一定曾经是英雄。选拔一群敢于抢滩登陆的勇士，将他们培养成将军，这既是对英雄的激励，也是公司前进的需求。

3.3 不拘一格降人才

任正非说:"如果我们通过任职资格审查选拔出来的干部是一种非常完美的人,这种人叫圣人,或者叫和尚,外国人叫教父。这不是我们所希望的,我们希望选出来的是一支军队,是一支战斗力很强的军队。"华为在选拔干部中秉承不拘一格降人才的原则,用人所长,不求全责备,用组织目标和愿景将不同性格、不同特长、不同偏好的人凝聚起来,使得人尽其才,也让组织目标的实现有了保障。

3.3.1 选拔干部不是为了好看,而是为了攻占山头

在选拔干部上,任正非说:"华为选拔干部的方法一定要变,要看到干部的成长性和优点,不要总抓住缺点,要给予其改正的机会。华为要善于寻找新的、好的干部,要能根据不同的环境、不同的条件,发挥他不同的优势。华为选拔干部不是为了好看,而是为了攻占山头。"

任正非把华为公司里一些"歪才""怪才"比喻成"歪瓜裂枣",尤其是有着特别的个性和习惯的一些技术专家。"歪瓜裂枣"虽然在某些方面不符合人们的预设标准,但在某些特定领域却往往有着优于常人的地方。

2012年,任正非在与2012实验室座谈会上,曾说过这样一段话:"我们公司要宽容'歪瓜裂枣'的奇思异想,以前一说'歪瓜裂枣',他们把'裂'写成劣等的'劣'。我说你们搞错了,枣是裂的最甜,瓜是歪的最甜。他们虽然不被大家看好,但我们以战略眼光看好这些人。今天我们重新看王国维、李鸿章,实际上他们就是历史上的'歪瓜裂枣'。我们要理解这些'歪瓜裂枣',并支持他们,他们可能超前了时代,令人不可理解。你怎么知道他们就不是这个时代的梵高,这个时代的贝多芬,未来的谷歌?"

要成就一番事业，就要网罗天下英才，聚天下英才而用之。"歪瓜裂枣"有其独特的优势和擅长的技能，将他们放到合适的位置上，发挥最大的效用，适当宽容这样的人，才能使他们在工作中做成一些看似做不成的事情。

在华为的某外国研究所，一部分中方主管要求撤换该研究所的一名本地主管，理由是他周边合作不好，经常因业务分工问题和国内的对应部门吵架，并且脾气暴躁、牢骚太多。接到反映后，人力资源部展开了调查。调查组发现该主管的合作性得到了本地团队的普遍认可，只是在与国内的对应部门合作时，有一些业务分工上的问题，并且，这名主管从事的是预研工作，所领导的团队只有六名员工，与国内需要配合的地方很少，脾气虽然有些暴躁，但不至于影响工作，发牢骚也是对上不对下，有问题能与上级及时沟通并不是坏事。

总而言之，虽然这名本地主管与国内吵架吵得比较多，但他的技术水平、管理能力、公正性深深折服着他团队中的每一个成员，并且他也从不对下属抱怨、发牢骚。此外，他所从事的工作需要的是明白人带领团队聚焦于关键技术的研究，而不是与国内部门接洽，因此他的这些缺点对工作并没有产生很大的影响，同时在他的领导下，该团队有着很高的绩效，为公司做出了很大的贡献。

因此，经过一番调查之后，该研究所的AT决定继续留用这名主管，两年后这名主管所带领的团队还获得了公司重大专利奖。

华为在任用干部中，不听信一方之词，而是聚焦于干部的优点和长处，看干部的实际贡献。正如华为《管理优化》中提出的："作为管理者，要在公司价值观和导向的指引下，基于政策和制度实事求是地去评价一个人，而不能僵化地去执行公司的规章制度。在价值分配方面要敢于为有缺点的奋斗者说话，要抓住贡献这个主要矛盾，不求全责备。"

入世谈判首席谈判代表龙永图曾在中国加入世界贸易组织谈判时，选择了一个在旁人看来十分不靠谱的小伙子当他的助理秘书。因为秘书的工作十分烦琐，一般来说都会选择细致谨慎，体贴入微的人来担任秘书这一职位。但这个小伙子做事粗心大意，行程安排、谈判策划等工作都要靠龙永图自己来做，甚至经常弄错日期，得龙永图亲自去他房间通知他才行。

所有人都疑惑不解，但龙永图还是坚持选择这个在其他人眼中是"歪瓜裂枣"的小伙子。

出乎所有人的意料，在世贸谈判中这个名不见经传的小伙子做的工作为这次谈判起到了不小的作用，只有龙永图明白他将这个小伙子的优势完全发挥出来了。

原来这位小伙子虽然不擅长做细致的秘书工作，但他是个十足的世贸专家，对世贸大大小小的问题都十分精通。谈判是非常需要耐心的一件事，这位小伙子的脾气特别好，不管怎么说他，他都不会放在心上，能一直保持客观的角度看待问题，而龙永图需要的正是一个脾气很好且专业能力极强的人来帮助他。

任正非说："华为是一个队列，排兵布阵如果整齐划一了，就不能作战了，不能把公司变成整齐划一的团体操队花架子，我们选拔干部是为了攻占山头。"由此可见，公司在干部选拔任用中要善于发现干部的优点，根据不同的环境、不同的条件，发挥干部的不同优势。

3.3.2 用人所长，容人所短

近年来，华为为了实现全面云化，广泛吸收年轻的、有想法的优秀人才助力华为的科研工作，但华为也注意到，这些年轻的员工不仅具备极佳的创造能力及工作的激情，更是个性各异。在管理人才、发挥人才价值这方面，任正非认为如果磨灭所有员工的个性，无异于将煤炭洗白，是毫无价值且没有意义的，而且在某种程度上，可能会造成组织丧失活力。

华为高级副总裁陈黎芳在一次与新员工的交谈中分享了华为对于员工个性差异的看法，也反映出华为对于员工个性的包容性。她提到人脑分为四个区域，每个区域擅长的领域是不同的，有的区域擅长数据、逻辑和对错等，有的区域关注事物本质及行为习惯给未来造成的影响……同时，每个人的大脑四个区域的偏好度是不一样的，这也就意味着，每个人各有所长的同时由于取向不同导致个性各异，而企业不同岗位、不同职责所需要的员工素质恰恰是不一样的。因此，在尊重和欣赏个体差异的基础上，关注每个员工擅长的领域并利用好他的专长，发挥出员工的价值才是企业真正要做的事情。

高治国是华为的一名管理层干部，他在华为的十几年间曾任测试工程师、测试经理、LM（直线经理）、产品总监，也正是因为他在不同岗位都有过工作经历，所以在管理自己的下属时，他有自己的一番考量。

2013年下半年，UMG产品的开发团队和维护团队合并为一个团队，高治国作为团队的总负责人一直在想着如何让团队更好地融合在一起。当时的维护人员长时期处理老产品现网问题，长期重复的工作容易使他们缺乏工作激情；而开发人员不具备维护工作经验，新特性的维护能力不足。考虑到这两个方面的问题，高治国将开发人员、维护人员有序轮换，合理排兵布阵，使得新特性的开发得以稳定进行，网上问题也持续收敛。

对于UMG重点版本的项目经理、特性SE、项目SE、测试经理、特性经理等重要岗位，高治国采取竞聘制，将空缺的岗位面向全员，不考虑资历等，让全体员工公平竞争。参与者经过答辩和评分后，最优者得到岗位，并公示结果。让员工平等竞选岗位，有能力的人担任重要岗位，有欠缺的人继续努力，高治国用这样的方式真正做到人尽其用。

组织融合的稳定，极大程度上提升了团队全员对未来发展的信心，整个团队的工作热情也再次得到了激发。

金无足赤,人无完人,优点突出的人缺点同样突出。企业不能要求每一位干部都是完人,只要他的价值观正确,能够在适合的岗位上,为企业的发展做出贡献,那么提拔他做干部又有何不可?尽可能地放大干部的优点,创造条件让干部在工作中将优点发挥到极致,并且将其缺点所造成的影响最小化,才是企业用人的关键所在。

鲁迅曾在《战士和苍蝇》里有句名言:"有缺点的战士终究是战士,完美的苍蝇也终究不过是苍蝇。"战士难免有缺点,可是战场需要的是战士,而不是苍蝇,苍蝇哪怕再完美,也没法创造出价值。对此,任正非说:"我们现在录用一个员工,像选一个内衣模特一样,挑啊挑,可结果不会打仗。我们要的是战士,而不是完美的苍蝇。"为此华为在干部选拔中,强调宁要有缺陷的战士,不要完美的苍蝇。

华为曾经投放过一组平面广告,其中有一张是芭蕾舞者的脚部特写,一只伤痕累累的芭蕾脚,与另一只穿着芭蕾鞋的脚形成了鲜明的对比。尽管大多数人都认为跳芭蕾的女孩都身材非常好,腿也很细很长,但事实上跳芭蕾的女孩大部分都有两条有力的腿和一双伤痕累累的脚——因为双腿和双脚是力量的来源。

因此,任正非用"跳芭蕾女孩都有双粗腿"来比喻华为,在华丽的外表下,也一样是伤痕累累、漏洞百出,同时他也用芭蕾脚来提醒华为人不要追求完美。他说:"世界是在变化的,永远没有精致完美,根本不可能存在完美,追求完美就会陷入低端的事物主义,越做越糊涂,把事情僵化了;做得精致完美,就会变成小脚女人,怎么冲锋打仗?华为公司为什么能够超越西方公司?就是因为不追求完美,不追求精致。"

事实上,无论在哪里,企业都无法找到一个完美的员工,就好比造物主赐给我们一个光怪陆离、形形色色的世界,却没有给我们造就一种完美的生灵一样。茉莉有怡人的香气,却无法与牡丹的雍容华贵相比;玫瑰倒是色香俱佳，可是却带着伤人的刺。园艺家对待鲜花的态度是：鲜者，取其鲜；香者，爱其香；有刺者，更宜贵其鲜而香。

对于干部而言，缺点归缺点，成绩归成绩，不会因为做出成绩就原谅缺点，但也不能因为有缺点就不提拔。纵观国内外知名的企业家，比尔·盖茨也好，乔布斯也罢，都有着各种各样的缺点，但并不妨碍他们带领着企业问鼎国际市场。

3.3.3　干部曝光计划，给予人才发展的机会

华为经过三十多年的发展，已经成为一个拥有超过19万名员工的大公司，在这个过程中，难免出现人才结构板结、小马拉大车的问题，同时内部也出现了"阶层固化、人员流动平移化"等各种老化现象。为了打破困局，增强组织活力，华为实施干部曝光计划，让干部被看得见，优化干部队伍建设，保证公司持续有效地发展。

"蒙哥马利计划"就是干部曝光计划之一，旨在给每一位基层员工一个"怀才得遇"的机会。

"蒙哥马利计划"是指每一位华为员工有机会在公司董事会成员面前进行20分钟的演讲，客观讲述自己的工作成绩和感悟。"蒙哥马利计划"打通了上升通道，不过多强调资历，而是实事求是地根据责任结果，让一些优秀的基层员工快速晋升，给他们提供更多机会、更有挑战性的工作。仅2017年，华为就通过"蒙哥马利计划"破格提拔了4500人。

"江山代有人才出。"企业的未来是属于年轻人的，企业要想在未来发展中保持行业领先地位，必须给年轻人机会，让优秀的年轻人脱颖而出。华为高级副总裁吕克曾说："一代代优秀的年轻人才正在群体性崛起，不断走上公司业务、技术与管理的关键岗位。在华为，三年成为将军不是什么

梦想。一场青春风暴正在形成，年轻人正在成为华为发展的中流砥柱。"

在华为，不论学历、不论资历，也不搞论资排辈，年轻人只要有才华，肯干、能干，能独当一面，就能成为"将军"。华为的干部年轻化已成为常态，在华为有"85后"的海外研究所所长，也有"90后"的大国代表处CFO。他们既能担当数十亿美元年收入的大国代表处CEO，也能带领平均年龄28岁的团队突破人像识别难题，让全球许多城市变得更安全。根据统计，担任国家代表处CEO的，41.4%都是30岁出头的年轻人，他们管理的业务规模是10亿~100亿元。

干部曝光计划，让华为这块人才的"黑土地"的土壤变得更加肥沃了，挑战性的新业务也都慢慢发展起来。另外，它也激活了组织的活力，让被提拔的人成为榜样，激发全员的斗志。

3.4 三权分立，分权制衡

在长期的摸索和实践中，华为创立了一套独具特色的"三权分立"干部任用机制，让建议权/建议否决权、评议权/审核权、否决权/弹劾权三大权力分别由不同的组织行使，相互制衡，避免干部选拔"一言堂"，最大限度地保证选对人、用好人。

3.4.1 建议权/建议否决权

华为在干部选拔过程中采用三权分立的机制，三个权力按先后顺序分别被定义在干部选拔的流程中，从提名发起建议，到实施建议、审核评议，最后到通过或提出否决。具体如图3-1所示。

```
         建议
        否决权
      建议权            审核权           否决权
                       评议权           弹劾权

· 负责日常直接管辖的组   · 促进公司成长过程中能   · 保障公司全流程运作
  织具有建议权           力建设与提升的组织具     要求、全局性经营利
· 属于矩阵管理的相关管   有评议权               益和长期发展的组织
  理部门具有建议否决权 · 代表日常行政管辖的上     具有否决权和弹劾权
                       级组织具有审核权
```

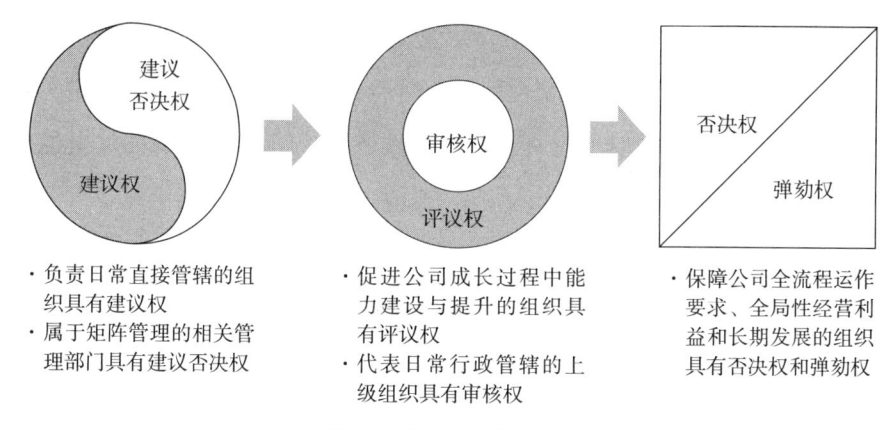

图 3-1　华为三权分立机制

在华为，各类组织在干部任用和员工评议、激励上的分权制衡，是根据该类组织在公司内不同的功能定位和应负责任予以确定的。

负责日常实际运作和员工／干部直接管辖的组织具有建议权。属于矩阵（包括在跨部门委员会中担任成员）的员工，其所属的相关管理部门在相关建议阶段具有建议否决权。特别是针对属于矩阵管理的干部进行任用推荐时，实际管理部门与所属的相关管理部门可互有建议权和建议否决权，但同一部门针对同一事件不可同时拥有这两个权力。

通常来讲，直接管辖的部门对员工实际情况的了解是最深入和全面的，所以在干部的推荐上，其最有发言权。然而，在实际中，许多管理者在推荐干部时往往会受个人偏好的影响，如果直接管辖部门的权力太大，就有可能出现部分管理者任人唯亲，真正优秀的人才无法得到提拔而流失的现象。

任正非说："在目前的干部推荐机制上，行政管理团队推荐意见作用是很大的，且行政管理团队主任的影响力也是很大的，这样在推荐干部时容易产生偏好倾向，可能导致一些干部苗子不被认可，而被边缘化。逐级推荐机制也可能造成一些优秀中基层干部因为各种原因未能被上级主管和公司发现与认可。为此，我们有必要在已确立的干部任用建议机制中建立一些补充机制来解决以上问题。"

华为通过建立三权分立的制度，避免了单方面决策的片面性和倾向性，保证了干部任用工作的客观性、全面性和公正性。在授权的同时，通过分权制度对权力进行制衡，使得权力得以顺利行使，为组织的健康运行提供了保障。

3.4.2 评议权/审核权

在华为，评议权由负责促进公司成长过程中的能力建设与提升的组织华为大学来行使。审核权由进行日常行政管辖的上级组织来行使，也就是由行使建议权的组织的上级部门来行使。

华为大学在行使评议权的同时，也担负着干部能力建设与提升的责任。2011年，任正非在华为内部会议上明确强调：华为大学的办学方针要从"培养制"转变为"选拔制"，督促干部员工有偿学习，不断进行自我提高。

华为大学每年都会针对公司片联组织所提出的干部需求，制定出一个完善的干部培养方案。比如，预计要通过几期课程培养出多少名干部，各类干部的比例是多少，能力水平达到什么程度等，并且依据计划组织相应的培训。在培训的过程中，华为大学还要肩负起考察与评价的责任，对后备干部学员进行打分，对其做出准确的素质模型判断，以便更好地将其推向合适的岗位，保证这些后备干部在走上管理岗位后能够在尽可能短的时间内适应工作，带领员工创造价值，输出成果。

当一个企业经营者试图思考任何关于企业管理的问题时，第一个要想到的必然是"组织问题"。设计干部选拔和管理机制也是一样的。没有一个既定的组织，就无法落实执行责任，选拔就成为一场"秀"，选拔出来的人也很难真正满足企业发展的客观需求。因此，在这一点上，华为明确干部选拔的组织主体及其职责分工的做法，无疑是有借鉴意义的。

华为设立三权分立不是为了确保选拔干部是完全客观合理的，而是在可能的范围内尽可能地增加合理性。三权分立机制的设立，是为了对干部进行更合理的评价，从而杜绝所谓的"跑官"现象，使广大员工和干部把精力放在踏踏实实工作上面，同时促使大家积极思考，有话敢说，加强交流沟通。

员工小周被提名为某二级部门主管，于是地区部人力资源部启动"360度周边考察"，被访谈员工纷纷发表了自己的看法。"小周的业务能力不算很突出，原来是某产品部的，但产品知识掌握得还不够，后来转到某系统部搞客户工作。""小周的工作责任心我觉得还可以，总的表现可以打良好。""小周过于自信，喜欢和上级待在一起，但对下属及一般员工的沟通交流不多，管理风格过于简单，下属感觉难以接触和交流。""小周负责的业务出现过一次较大的失误，在客户方产生了一些负面的影响。"根据对小周的"360度周边考察"及商议结果，干部部否决了对小周的任命。

员工老毕被提名为某二级部门主管，在"360度周边考察"的过程中，有若干访谈者提出了意见，"他对下属过于严厉，他的工作方法我个人认为有问题，'刚性有余，灵活性不足'，致使很多下属害怕他，甚至有人产生抵触心理"。经过进一步分析与调查，干部部了解到老毕工作敬业，为人比较正直，与客户沟通、交流的效果也很好，只是在工作作风上对自己、对别人要求都非常严格，因此，干部部仍然坚持了原任命，同时，也将周边的意见反馈给老毕，让他注意工作的方式和方法。

华为通过"三权分立"让行政管理部门、华为大学以及党委各司其职，这样内部就更加均衡，各部门之间相互制衡，避免了某一部门权力膨胀。可见三权分立的设立，虽然首要目标是提高选拔干部的合理性，但是在这个过程中，也间接地优化了组织结构，打掉了部门之间的屏障。

3.4.3 否决权/弹劾权

在华为，党委作为保障公司全流程运作要求、全局性经营利益和长期发展的组织，在干部选拔任命的过程中行使否决权，在干部日常管理的过程中行使弹劾权。使用否决权和弹劾权要有一定的基础和依据，党委对被举报的干部进行调查核实，查实这个干部确实有问题，就可以行使否决权和弹劾权。

华为通过否决权的过滤作用，让优秀的干部浮上来；通过使用弹劾权，将不称职的干部筛选掉，从而确保了大量优秀的干部朝着华为统一的方向迅速地奔跑。

假如某职位空缺，该部门主管提出要提拔某员工，这个员工是该部门的一员，但是他正参与到某个项目当中，这时项目主管就有建议否决权，因为员工日常都工作在项目上。因此，项目主管的意见很重要，只有获得项目主管的认可才能进入下一阶段，也就是评议和审核阶段。

在华为，通常由二级部门的主管进行集体评议，主要从绩效方面看这个干部适不适合提拔，这就是审核权。评议权是由华为大学来行使的，主要考察他的能力素质。最后就是党委行使弹劾权和否决权，当然，一般情况下党委不会随意使用否决权。华为的干部上任前都要公示，在这期间接受任何人的投诉或者反对意见，只要是实名的，党委都会受理，去调查情况。如果投诉的情况属实，那么党委可能就要动用否决权了，尤其是涉及品德方面的。任正非要求对于有品德问题的干部，要一票否决。可见，华为的党委权力是相当大的。在这之后，干部就能走马上任了。每个干部任命之后还有个适应期，华为会给他安排导师。适应期结束以后，导师和相关部门认为合格了他才能转正。

任正非说："'否决权'和'弹劾权'是非常大的权力，在别的企业，很少有这种组织行使这种权力。党委怎么使用这个权力，怎么选干部，在这方面，华为没有老师，只能摸着石头过河，自己摸索。我们坚信，华为是可以拿出一套有效的管理办法的。"不过，华为强调，在对干部进行弹劾与处理时，要真诚地抱着"惩前毖后，治病救人"的原则，以帮助干部改正错误为目的。

三权分立的干部选拔制度也是华为"以奋斗者为本"的价值观的体现。在实践中，华为通过建立健全各级人力资源组织，对各级组织的授权加强管理，通过流程化、表格化实现了三权分立体系的落实，建立了公平公正的选拔制度，使想升职的员工，不用再花时间搞关系、跑官，而是踏踏实实干活，做出贡献。

3.5 干部配备和任用原则

干部配备的目标是形成能创造商业成功的战斗队列。在干部配备和任用上，华为强调，不虚位以待，先立后破，小步快跑，在实践中选拔和提拔干部，使干部的管理能力逐步提升，跟得上公司规模扩张的步伐。

3.5.1 干部配备的基本原则

毛泽东主席有一句名言："政治路线确定之后，干部就是决定的因素。"干部队伍的建设关乎企业的生死存亡，如何结合企业的发展实际来合理配备干部，成为企业在干部队伍建设中需要解决的首要问题。

为了明确干部配备的基本价值导向，华为提出干部配备必须遵循八大原则。

（1）基于业务发展规划，保证作战队伍编制到位。

（2）优质资源向优质客户倾斜。

（3）根据组织定位和干部优势，合理配备干部。

（4）不虚位以待，先立后破，小步快跑。

（5）正职和副职要有不同的选拔标准。

（6）控制兼职与副职数量。

（7）均衡配备干部，改进短木板。

（8）在同等条件下，优先选拔任用女干部。

在干部配备上，华为与大多数公司一样，秉持务实的理念，基于业务发展规划配备人才，确保作战队伍编制到位。

在被列入美国商务部工业和安全局的实体清单后，为了使公司的业务发展规划不受影响，2019年6月27日，华为向全员发送邮件，披露了任正非在EMT的讲话，希望借此吸引全球范围内的优秀人才加入华为。任正非在讲话中指出：

"公司每个体系都要调整到冲锋状态，不要有条条框框，要发挥所有人的聪明才智，英勇作战，努力向前冲。华为公司未来要拖着这个世界往前走，自己创造标准。只要能做成世界最先进，那我们就是标准，别人都会向我们靠拢。

今年我们将从全世界招进20~30名天才少年，明年我们还想在世界范围内招进200~300名。这些天才少年就像'泥鳅'一样，钻活我们的组织，激活我们的队伍。

未来3~5年，相信我们公司会焕然一新，全部'换枪换炮'，一定要打赢这场'战争'。靠什么？靠你们。"

华为认为价值客户、价值国家、主流产品的格局是实现持续增长的最重要因素，各产品线、各片区、各地区部都要合理调配人力资源。具体来讲，就是一方面把资源优先配置到价值客户、价值国家和主流产品上，另一方面对于明显增长乏力的产品和区域，要把资源调整到聚焦价值客户、价值国家和主流产品上。这样就实现了优质资源向优质客户倾斜，改变了在价值客户、价值国家和主流产品上的竞争格局，支持了业务的持续增长。

华为在配备干部时既考虑组织定位，也考虑干部优势，遵循先立后破原则，给员工提供更多的机会，使员工和公司能够实现共赢。此外，华为在选拔干部时坚持人岗匹配原则，对正职和副职确定了不同的选拔标准。

任正非说："正职要有鲜明的特质：清晰的方向感、正确的策略、周详的策划，擅长组织和能力建设以及敢于承担责任和决断力。在撕开城墙口时，就是比领袖的自我牺牲精神，比决心、意志和毅力。副职一定要讲精细化管理，撕开口子后，要能精耕细作，守得住。"

华为在干部配备上非常注重均衡。"均衡配备干部，改进短木板"就是追求整个公司层面的均衡发展，各部门、各环节均衡建设。一些公司在发展中会存在这样的问题：对重点部门的建设很重视，在干部投入和任用上也非常充足到位，但是对于非重点部门却疏于管理，致使部分干部岗位长期空缺，最后往往是非重点部门这块短木板制约了公司发展。"在同等条件下，优先选拔任用女干部"也是为了追求公司的均衡发展。与男性相比，女性往往思维更细腻，管理更柔性，对事物的看法和思维方式也与男性不同……女性有着许多独特的优点，与男性形成互补，两者合作可以使组织获得更大的竞争优势。

3.5.2 不虚位以待，跑步上岗

企业在进行干部配备的过程中，通常还会面临一个现实问题：岗位缺乏合适人选。具体来讲，就是企业内部的一些岗位暂时找不到合适的人选，而从外部招聘也来不及。在处理这个问题上，华为采取的策略是"不虚位以待，跑步上岗"。也就是说，如果确实没有合适的人选，就暂时安排替补人选到那个岗位上去。对确实存在技能或专业差距的人员，华为会积极帮助他适应新的岗位。

股神巴菲特说："如果你依靠知更鸟来报春，那春天就快结束了。"言外之意是，期待万事俱备后再行动，工作可能永远不会有"开始"。因此在华为没有人会问"准备好了吗"，有的只是对目标永不放弃的执着，对解决问题的锲而不舍。

然而，跑步上岗并不意味着华为会降低对相关人员的要求，而会根据实际情况，让暂时达不到标准的人员先到岗位上去。如果经过一段时间的实践检验，相关人员还是达不到要求，那就必须换人，而不是放任不管。华为执行"跑步上岗"的干部配备原则，给员工创造了成为将军的机会，但是能否抓住机会，真正成长为将军，关键还在于员工的成长速度。

曹贻安初到华为时，是一名技术人员，被安排的工作是做小交换机的优化方案。在曹贻安看来，这些优化方案实际无多大意义，认为研发数字程控交换机更有前途，他甚至多次对任正非说："不搞数字交换机，华为会被竞争对手淘汰的。"

一次，市场部在与任正非讨论产品时，也强烈要求公司研发数字程控交换机。于是，任正非向曹贻安说道："我给你资金，你自己组织人才，你来牵头研发数字程控交换机。"就这样，一名基层技术人员晋升为数字程控交换机部的负责人，研发数字程控交换机的任务就由曹贻安一个光杆司令启动了。

遗憾的是函授大学毕业的曹贻安技术底子还是薄了一点，不久他就离开了数字交换机研发部门。

尽管当时曹贻安的能力还不能完全胜任数字程控交换机负责人的岗

位，但是任正非还是给了他机会。当前有些企业在任用干部时，宁愿岗位长期空缺，也不愿意给员工成长的机会，最后不仅致使优秀的员工因为长期得不到发展而离职，也使企业的发展因岗位空缺而受到制约。任正非说："我们在干部使用上，要贯彻先立后破的原则。不要虚位以待，不可因为干部缺位导致业务或管理的停滞。"华为的做法给了大家很好的启示与参考。

值得注意的是，华为强调"不虚位以待"，是先给上岗的人责任和机会，而待遇维持不变，要等干部经过在岗锻炼、转身后的绩效考核合格，做出实际贡献后，才能给予待遇提升。

3.5.3 华为竞聘与选拔的实践

说到竞聘，大家都会想到华为发展史中经常被提到的市场部集体辞职大事件。上至总裁下至普通员工，全部归零，通过答辩进行竞聘，公司根据情况对干部重新进行任命。

1995年，华为从艰难的创业初期发展到初具规模，内部管理依旧和前期的管理模式没有差别，但处于高速发展时期的华为，内部的员工人数与日俱增，以前的管理模式已经不适用于如此巨大的企业规模了，对此，任正非说："华为初期的发展，是靠企业家行为，抓住机会，奋力牵引，而进入发展阶段，就必须依靠规范的管理和懂得管理的人才。"

于是1995年12月，任正非发表了万言报告，从而引发了市场部集体大辞职事件。任正非发表的这份报告意味着华为干部在1995年年底要交的不仅是年度汇报，同时还要交一份辞职报告。

1996年年初，负责市场部的孙亚芳带领市场部干部集体辞职，然后所有干部都重新应聘，竞争上岗，华为根据这些干部的实际表现、发展潜力及公司发展需要，在他们中选拔出新的管理干部。最终，华为批准的辞职报告大约有30%，这些干部有的被降职后，返回基层重新磨炼自己，而空出来的位置，公司让给了那些既有营销理论知识、又具有实践的经验，通过竞聘提拔上来的一批干部和外企空降兵。任正非曾经在市场部的集体辞职仪式上说："市场干部集体大辞职，就是他们一次思想上、精神上的自我批判，开创了公司干部职位流动的一个先河。"

这次事件推动了华为人力资源管理模式的升级，从此干部能上能下、工作能左能右、人员能进能出、薪资能升能降这"四能"机制开始推行。随着干部管理体系的完善，华为在干部选拔程序上采用三权分立的方式，干部提名及建议权属于负责干部日常管理的组织，不再采用竞聘的方式来选拔干部。

究其原因，一是当年市场部集体大辞职时，华为的干部管理体系尚未形成体系化，能力有限，竞聘的方式可以让更多优秀的人才被看到。华为在借鉴国外优秀企业的经验并不断完善自身管理能力后，已经形成了规范化的干部管理机制，在这种机制下，不需要人才毛遂自荐；二是华为经过三十多年的发展，已经积累了足够多的人才数量，有充足的人才资源，人才可以顺利地被选拔出来；三是华为干部需要去一线艰苦地区作战，如果采用自荐的方式，很有可能大家都只想去一些好的地方。

尽管华为不采用竞聘的选拔方式，但并不是说竞聘完全不好。对于企业而言，是否采用竞聘制度，需要根据企业的发展阶段来考虑。当企业规模较小时，人才脱颖而出的机会可能不太多，需要毛遂自荐，因此竞聘也是一种好的选拔方式；当企业规模逐渐扩大时，竞聘可能就不太适合用于干部选拔了。

第4章
干部使用与管理

"问渠哪得清如许，为有源头活水来。"水之所以清澈，是因为有源头活水不断注入。组织要保持活力，就必须建立起一套能让人员流动起来的机制。因此，华为建立了干部轮岗与流动机制，鼓励干部积极进行岗位轮换，提升综合能力，并打通了横向、纵向和内外流动通道，以此激活组织。

学习导图

横向流动	纵向流动	内外流动
主要描述： 通过岗位轮调中的横向拓展、建立片联组织等方式，防止出现烟囱式干部及干部板结，让干部积累全流程经验	**主要描述：** 通过纵向晋升、干部任期管理机制、走"之"字形成长道路等方式，激活组织，实现干部能上能下	**主要描述：** 通过末位淘汰等方式实现干部能进能出

干部循环机制：打破了企业内部的均衡，激活了组织，提升了干部综合能力

华为干部的三维流动

带着问题阅读：

1. 华为如何强化干部的持续成长？

2. 华为的干部循环流动机制是怎样落地的？

3. 华为的干部循环流动机制背后的管理理念是什么？

4. 华为干部述职的要点有哪些？

5. 华为是如何在干部群体中推行末位淘汰制的？

4.1 干部是折腾出来的

孟子说："天将降大任于斯人也，必先苦其心志，劳其筋骨，饿其体肤，空乏其身，行拂乱其所为也，所以动心忍性，增益其所不能。"为此华为认为，干部要想能担当重任，就要多折腾，敢折腾才有机会，经折腾才能成长，善折腾才会成功。

4.1.1 让干部主动跳出舒适区

在过去三十多年中，华为不断主动适应变化、持续进行管理变革，实现了快速发展和商业成功。任正非说："我们不能等到泰坦尼克号撞到冰山再去调整航向，而是在欢呼声中出海时，就针对长远航程中可能遇到的挑战进行布局，未雨绸缪。功劳簿的反面就是墓志铭，多少行业巨头走向衰弱，就是因为不能适时顺应环境的变化，不能积极扬弃过去，不能主动打破自我舒适区。"

华为深知舒适中蕴含着危险，有的危险甚至是毁灭性的。所以华为要求干部以身作则，主动跳出舒适区，去最需要的地方贡献自己的力量。

1999年，杨友桂应届毕业后加入了华为，随后一直在中国区工作，到2012年，他已经在4个代表处和系统部历练过，在这期间他担任过客户经理、系统部主任、业务助理及地区部代表等职责，积累了战略、客户关系、项目运作和团队管理的能力。

到了2012年，杨友桂被调到联通系统部担任负责人，这意味着他迎来了事业的重要转折点。然而，杨友桂没有独立管理项目组的经验，对于能否真正做好项目运作工作，为组织创造价值，从而获取晋升机会，他毫无把握。为此，他主动申请去往海外小国独立管理项目组。

2012年9月，杨友桂来到了沙特。自此，他走出了舒适区，开启了打磨自己的征程。沙特的业务量特别大，STC系统部沙特子网又是华为最重要的子网之一，竞争异常激烈，这给项目组带来了非常大的压力。杨友桂和项目组成员长期处于战斗状态，经常在片刻的休息之后就要投入新一轮的业务中。在这里，杨友桂感受到了以前在国内没有的紧迫感，但是他始终带领团队坚持高标准严要求，踏踏实实完成工作事宜，以"做实"的理念追求更好的项目成果。

终于，在2014年，杨友桂带领团队一次性拿回了×亿美元的合同，他突然发现，经过这几年的历练，自己的能力获得了快速提升，现在的他几乎可以攻克任何困难，完全能够承担起管理职责。回国后不久，他被提拔为华为的高级干部。

心理学研究表明：走出舒适区进入新的目标领域会增加人的焦虑程度，从而产生应激反应，人对工作的专注程度得到提升，从而提升工作的成效，相应地，人的能力也得到了提升。

干部作为公司的领头羊，要不断走出舒适区，主动去做那些富有挑战性的工作，不断地扩大自己的"舒适区"，只有这样，才能真正成为推动企业发展的中坚力量。

4.1.2 设定挑战性目标，促进干部成长

华为在《致新员工书》中这样写道："在华为，您给公司添上一块砖，公司给您提供走向成功的阶梯。希望您接受命运的挑战，不屈不挠地前进。您也许会碰得头破血流，但不经磨难，何以成才！"

俄罗斯地处北极圈附近，冬季寒冷漫长，冰天雪地。极地气候很单调，

极昼和极夜各占一半。早在 1994 年，华为就瞄准了俄罗斯，虽然那时华为在国内已小有名气，但与世界电信设备巨头相比还是小学生。由于当时俄罗斯经历了痛苦的"休克疗法"，经济动荡，一片萧条景象，因此华为抢占俄罗斯市场的计划被迫延迟了。

1996 年，华为高级副总裁徐直军和几名高管一起去俄罗斯，希望能见到客户，以便推广产品。可是在那里待了两周，连客户的影子都找不到。当时一名负责软件业务的俄罗斯某大型企业负责人见到徐直军说的第一句话就是："俄罗斯根本不会用任何新的交换机，所以不可能与华为合作。"同年 6 月，华为参加了第八届莫斯科国际通信展。在这里，任正非看到俄罗斯的电信普及率很低，市场需求很大。

于是，1998 年，公司一声令下，将当时正负责湖南市场的华为常务董事李杰调往俄罗斯开拓市场。当时，华为的竞争对手已经将俄罗斯那些条件较好的市场瓜分得所剩无几，只有那些条件恶劣的地方才有机会。因此，华为要想在俄罗斯生存下去，唯一的途径就是不放过任何市场，包括寒冷的莫斯科。

刚来莫斯科时，李杰信心十足，他对自己的同事说："我们要把俄罗斯的每一个地区都跑一遍，竞争对手吃饭、睡觉、滑雪和与家人团聚的时间，我们都用来攻取阵地，一定能够闯出来。"可几个月后，他感觉到了市场的寒意，华为的产品几乎没有市场，几个月时间仅仅拿到了一个 38 美元的销售合同。紧接着金融危机爆发了，很多国外的小运营商都面临倒闭，华为这匹狼似乎也要变成一头冬眠的北极熊。

1998 年和 1999 年，当华为在莫斯科连续两年没有订单的时候，李杰却依然带领着华为团队坚守在那里。他们在日内瓦郑重地告诉俄罗斯电信运营商：我们不仅还在，而且还要继续加大在俄罗斯的投入。为了兑现自己的诺言，李杰像蜜蜂一样工作，日复一日地进行着产品推广，并做了大量的准备工作。

终于，经过 6 年的努力和等待，华为在俄罗斯站住了脚跟。2003 年，华为在俄罗斯市场的销售收入超过1亿美元,并承建了俄罗斯3797公里超长距离30G国家传输网。同时,华为在独联体地区声名鹊起。李杰也由俄罗斯经理升为独联体国家区域经理。李杰没有辜负华为的重托,将华为品牌在俄罗斯发扬光大。

商场如战场,机会稍纵即逝。只有敢于接受和设定挑战性目标,全力以赴去拼搏,才能抓住市场机会。对此,任正非说:"我们把目标瞄准世界上最强的竞争对手,不断靠拢并超越他们,才能生存下去。因此公司在研发、市场系统必须建立一个适应'狼'生存发展的组织和机制,吸引、培养大量具有强烈求胜欲的进攻型、扩张型干部,激励他们像'狼'一样嗅觉敏锐,团结作战,不顾一切地捕捉机会,扩张产品和市场。"

设定挑战性目标除了可以驱使我们抓住市场机会,还可以倒逼我们在工作实践中从"延续现有做法"的思维定式中解放出来,对工作进行创新和变革,使我们实现认知的升级和能力的突破。

日本迅销集团董事长柳井正认为,要想进行革新,经营者就必须进行实践,第一步就是要"抱持高远的目标"。他在《经营者养成笔记》中这样写道:

回顾迅销的历史可以发现,在公司需要大胆飞跃的时期,迅销总是为自己制定销售额达到当时3~5倍的长期目标。

在销售额是100亿日元时,我们制定了300亿日元的目标;在销售额达到300亿日元时,我们制定了1000亿日元的目标;在销售额达到1000亿日元时,我们制定了3000亿日元的目标;在销售额达到3000亿日元时,我们的目标就是1万亿日元。目前,我们的目标是销售额达到5万亿日元。

公司一旦树立了被大家视为不现实的高远目标,为了实现它,就不得不进行各种各样的变革。这也使我们意识到"仅仅延续现有的做法是无法实现如此高远的目标的",从而使我们从"延续现有做法"的思维定式中解放出来。例如，当销售额是 1000 亿日元的时候，如果我们制定的目标仅是当时销售额的 1.1 倍或 1.2 倍，那么要实现这样的目标我们只须延续销售额为 1000 亿日元时的创意和举措。但是，那样的创意和举措恐怕其他公司也想得到，做得到。这样一来，就会与其他公司陷入同样的竞争，最终将导致风险增大，甚至连销售额增至 1.1 倍、1.2 倍的目标也难以实现。

每一次挑战不仅是向自己和他人证明自己能力的一次机会，更是自我突破和能力升级的一次机会。企业干部要带领团队冲锋陷阵，勇敢面对工作中出现的一次次挑战，让团队能在风雨之中成长为真正骁勇善战的团队！为此，华为通过坚持为干部员工设定挑战性目标，来促进干部的持续成长。

4.1.3 激活个体，使组织长期保持活力

由于人的天性和组织的固有特征，一个组织如果不采取正确的管理行为，就会朝向涣散、懈怠方向发展，企业中的个体也会逐步贪婪惰怠、使命感和责任感缺失等，华为将这种现象称为熵增。

华为认为，任何企业在发展过程中不可避免地会出现熵增，如果放任组织"循规蹈矩"不求突破地发展下去，那么这个企业极有可能因为积重难返导致熵死，走向瓦解和灭亡。实际上，有很多曾经辉煌一时的企业就是这样败落的，比如，摩托罗拉、诺基亚、索尼……这些都是通信行业的巨无霸，但是都曾失败于"熵增"。

为了让企业持续熵减，华为依据自身企业管理实践，提出了华为组织活力引擎模型，如图 4-1 所示。华为表示，人力资源政策要朝着熵减的方向发展，即要打破人力资源发展的平衡，使组织一直处于充满活力的状态。

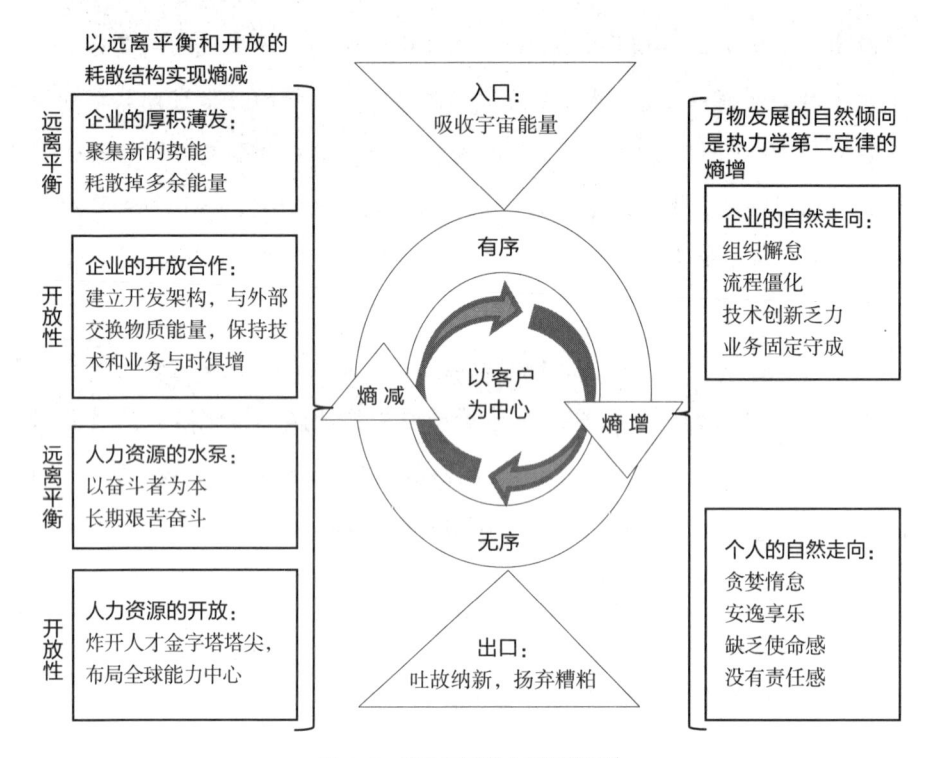

图 4-1 华为组织活力引擎模型[1]

以远离平衡和开放的耗散结构实现熵减

- 远离平衡 | 企业的厚积薄发：聚集新的势能，耗散掉多余能量
- 开放性 | 企业的开放合作：建立开发架构，与外部交换物质能量，保持技术和业务与时俱增
- 远离平衡 | 人力资源的水泵：以奋斗者为本，长期艰苦奋斗
- 开放性 | 人力资源的开放：炸开人才金字塔塔尖，布局全球能力中心

入口：吸收宇宙能量

有序 ← 以客户为中心 → 无序

熵减 / 熵增

出口：吐故纳新，扬弃糟粕

万物发展的自然倾向是热力学第二定律的熵增

- 企业的自然走向：组织懈怠、流程僵化、技术创新乏力、业务固定守成
- 个人的自然走向：贪婪惰怠、安逸享乐、缺乏使命感、没有责任感

任正非强调："我们一定要加强中高级干部和专家的实践循环，在循环中扩大视野、增长见识，提高能力。这就是熵减。万物生长是熵减，战略预备队循环流动是熵减，干部增加实践知识是熵减，破格提拔干部是熵减，合理的年龄退休也是熵减……各部门的循环赋能、干部的循环流动千万不能停，停下来就沉淀了，就不可能适应未来新的作战。预备队方式的旋涡越旋越大，把该卷进来的都激活一下。这种流动有利熵减，使公司不出现超稳态惰性。"

机关干部和国内研究所干部、专家要逐步地循环参战，在循环流动中成长起来。国内研究所一定级别以上的专家、干部，三年必须有半年参加基层实践，取得成功经历。还要限定某个级别以上的高级干部，一定要具备项目全流程的经验，在没有项目的混沌中厮杀出一个项目来，从项目的

---

[1] 丁伟，陈海燕. 熵减：华为活力之源 [M]. 北京：中信出版社，2019.

跟踪、发生、获得、交付到服务,全流程贯通,否则将来就是一批软兵。"

2016年,华为从研发团队集结了2000名高级专家及干部,派往一线。华为希望拥有丰富研发经验的高级专家及干部将其对技术的深刻理解能力,与一线人员的战场掌控能力结合在一起,不断提升作战能力。

根据任正非的观点,为了防止个体持续熵增,一方面,华为通过人力资源的价值分配来撬动更大的价值创造。这个过程是痛苦的,因为人性是贪婪的,而这个过程是反人性的,可是如果这个过程做好了,就会通过激活个体来达到激活整个公司的目的。华为通过全员持股,产生内生动力;通过薪酬分配,拉开差距;通过"给火车头加满油",向奋斗者倾斜,激发员工斗志。

另一方面,华为采用轮岗制度,促进干部体系循环流动,让员工有机会接触第一线的客户和公司不同的业务,不会"一上战场就死"。同时,华为还建立了末位淘汰机制,不断吐故纳新,让已经不再适合的员工能有序离开。华为建立的退出机制包括角色变化(如从一线执行层退出到非执行层)、提前退休、内部创业、转移到非主业等。

综上所述,华为通过不断让干部循环流动,清理掉不合格的干部,使得干部保持危机感并激发他们的活力,从而实现个体熵减。而在循环流动中,华为的许多干部更新了思维,提高了能力,让自己的职业生涯迈上了一个新的台阶。

对于华为的干部流动,很多人都有疑问:华为为什么能够做到让干部流动呢?究其原因,在于一是华为的后备干部数量足够多,当某个岗位上的干部发生流动时,就有合适的候选人及时补充到岗位上来;二是华为构建了完善的干部管理机制,干部必须主动流动才有更多成长的机会。还有人好奇干部流动了以后,会不会影响业务活动的开展?我们要强调的是,华为干部管的是不确定性工作,那些确定性的工作都已经下沉到流程和制度中去了。就像任正非所说的,华为构建了不依赖于人的管理机制。当企业本身的组织能力够强时，即使干部频繁发生流动，也不会影响具体业务活动的开展。

4.2 加强干部的横向流动

干部循环流动能够避免干部由于长期在同一岗位导致的职业倦怠和发展局限问题，而且还能让干部积累全流程经验，有利于激活人才和组织，防止出现烟囱式干部及干部板结。为此，华为在内部广泛推行干部循环流动机制，以轮岗制历练干部，通过纵向晋升和横向拓展让所有干部都流动起来。

4.2.1 通过轮岗管理激活干部队伍

干部在某个地方或某个岗位工作多年之后，容易形成小团体，进而变成"山头"。而这种小团体一方面内部过于稳定，很难激发活力，另一方面干部本人技能比较单一，本位主义很强，不愿意流动。由此导致公司部门逐渐僵化，干部缺乏向上的动力，犹如一潭死水。

为了避免出现这个问题，华为当时的副总裁李一男给任正非写了一份报告，建议公司高层领导一年一换，这样不仅不容易形成个人权力圈，还能激发组织活力，防止干部板结。任正非对这个建议表示认可，并强调："我们要加快干部的选拔和流动，避免地方主义保护、避免烟囱。我们要加紧让一些好苗子到前线去、到实战中去，另一方面又要把有实战经验的人抽回来充实我们的人力资源队伍。"在华为，几乎所有员工都有过轮岗的经历。

华为董事长梁华曾经分享了他在华为的职业生涯和奋斗历程。梁华曾是高校的老师，读完博后于 1995 年加入华为。在华为，梁华先是在研发的结构设计部门工作，华为给梁华安排了导师，导师在设计行业非常有经验，梁华从导师那里从学到了许多东西。5 年之后，梁华被调到供应链部门，对制造、采购、订单、物流等工作都有接触。当时华为的供应能力很难支撑华为的快速发展，在业务模式、供应能力及对市场的快速响应等方面都有着很大的改善空间，梁华认为在这里工作的挑战和压力都非常大，有助于个人成长，于是就在供应链部门兢兢业业干了 6 年。6 年后，他又被调去财经体系工作了 4 年。4 年后，他就被调到了目前供职的全球技术服务部。

梁华说，每一个新的岗位都是一段新的经历和新的挑战，要以崭新的心态去迎接新的岗位。在新的岗位上，努力把当前工作做好，保持对工作的激情，有激情才有可能把工作做好。面对压力和困难，也要保持积极乐观的态度，全情投入。

干部循环流动，一方面，可以给干部或员工带来工作的新鲜感，调动干部或员工的工作积极性；另一方面，对部门来说，优秀的干部或员工被调走后，下面的优秀人才就能得到锻炼的机会，从而激励员工始终保持艰苦奋斗，为企业发展提供持续动力。

在华为，因公司业务发展需要，中高级干部的岗位随时都有可能被调整，部分干部甚至需要到陌生的工作领域。这种跨度极大的动态变化的干部制度，使得华为的所有干部都必须时刻保持备战状态，以饱满的精神面对高强度的工作和学习。

在华为，轮岗并不是简单的岗位轮换，它包括两种形式：第一种是业务轮换，第二种是岗位轮换。华为的业务轮换是单纯地从提升原有业务能力的角度出发的，例如，让研发人员从事中试、生产、服务等，以便使研发人员掌握和领会技术商品化的内涵并用于实践，同时这种交流也使技术人员对其他领域有所了解，以消除技术至上引起的偏见。

　　岗位轮换则是伴随着绩效考核进行的，即不合格的降职，合格的升职。这一举措在许多外行人看来很平常，但华为在执行这一政策时，规模和力度都远超其他企业，例如，1996年华为市场部的集体辞职事件。

　　通过大规模推行轮岗管理，华为激励员工学习更多专业技能，帮助员工拓展了职业宽度，同时，也避免了干部因为工作过于驾轻就熟出现"安于现状"的情况，有效激活了各级干部队伍，保证了华为的人才结构动态化。

4.2.2　建立干部队伍循环流动机制

　　《吕氏春秋》有言："流水不腐，户枢不蠹，动也。"意思是说，水要经常流动才可保持新鲜，门轴要经常转动才不会腐蚀生锈。企业同样如此，只有时常保持人员的流动性，企业的生命力才会更加持久。

　　为了将干部的流动落到实处，华为提出了"易岗易薪"的薪酬制度：对不能胜任工作、不服从调动、不能吃苦耐劳的员工，在调换岗位的同时，薪酬也随之相应调整，以此树立积极的价值观，保证人才的有效利用和公平对待。除此之外，华为在推动员工流动方面还有新的创举。

　　2013年7月19日，任正非在华为内部会议上宣布成立"片联"组织，该组织是个新生事物，甚至连名字都是华为自创的，其主要职责之一是主管华为内部干部队伍的循环流动。

　　根据任正非的论述，片联组织独立于正常公司运营流程之外，但又并联于流程运作，作用是激活干部的流动性。而且片联组织的成员都是华为的老资格，什么叫老资格？就是有资历、经验、威望的人。之所以有这样的素质要求，与片联所担负的责任有很大关系。任正非希望，片联组织担负起历史重任，加强华为干部的"之"字形成长制度建设，帮助华为从实践中选拔优秀管理干部，减少地方主义和部门主义对公司发展所带来的损害，因为这种文化让机关和现场脱节，若形成两个阶级，华为公司迟早要分裂，公司的前途也会被耽误。破除板结就一定要加强干部流动，这是重要的任务，片联在这个历史时期要担负起这个任务来。

尽管华为已经建立了内部人才市场机制，但是公司的干部人才仍然无法实现顺畅流动。其中的原因之一就是部门主义：某些领导为了部门利益而阻挠人才的易换，给公司的人才发展设下了屏障。为此，华为希望通过建立片联组织，选拔优秀人才，盘活人力资源，推动干部循环流动，赋予组织更强健的生命力。其中，片联组织原本组建的时候是为了加快主管干部循环流动，但在实际运作过程中成了区域管理机构。

当然，华为的干部循环流动也有特定的要求，需要遵循以下几点：

第一，干部循环流动要根据业务需要，不能为了流动而流动。干部流动的根本目的，是为了打造一支有实战能力的队伍，拓宽其视野和思路。因此，只有那些有能力担起更多责任，可以"上航母当舰长"的人才会循环流动。而对那些不需要海外经验或其他丰富经验的职位，要固定下来，鼓励员工往深处钻研。

第二，各级组织要对新流动进来的人员赋能，帮助其成长。流动到新岗位上的员工，必然有一个相应的适应期去与新工作和新环境进行磨合。在这个过程中，新部门要积极配合并帮助其适应岗位，如果发现其确实不适合，要及时调整，将其退回到预备队中，或流动到其他岗位上。

第三，片联要加快干部的循环流动，人力资源要善于发现人才。循环流动只是一种形式，其目的不仅是提升干部的宽度，也是深层次地挖掘干部潜力。因此，人力资源部门要善于在循环流动的过程中发现人才，将合适的人才安置到合适的岗位上去。

不仅仅是华为，很多企业在进入一定的发展阶段后，都可能在内部形成部门主义，狭隘地垄断人才，阻挠人才的流动。如果企业放任这样的情况不管，长此以往，就会使机关部门和一线脱节，形成两个阶层，部门间各自为政，导致企业分裂，影响企业前途。

华为通过片联组织推动干部循环流动，就是为了坚持从实践中选拔优秀干部，不让部门利益凌驾于公司整体利益之上，破除地方主义，破除内部板结。对于大多数企业而言，也需要有这样一个类似的"片联"组织，让优秀干部和优秀员工能真正流动起来，并且在持续的流动中为企业输出炮火。

4.2.3 通过轮岗和下放管理来帮助干部成长

华为在发展过程中历经了多次战略调整和组织结构变化。在这个过程中，干部的轮岗和下放管理已成为常态。面对职位的调动、业务的变化和人际网络的改变等问题，如何快速实现转变，成为考验员工担责能力的难题和挑战。尤其是对于在原岗位上有了一定的成就，拥有固定的人际交往圈的资深专家和干部，在面临职业变化的时候往往更为困难。因此，华为鼓励员工以积极的心态应对职业的变化，勇担责任，主动适应新环境，加快自己的成长。

贺晨（化名）自1998年加入华为以来，曾先后在产品研发部、网络营销工程部、网络市场部等多个部门工作过，其间有过IP产品BP/SP设计、竞合管理、数通承载网解决方案设计、路由器规划等工作经验，从一名基层的开发员工到网络技术研发的专家，从项目成员到项目带头人、开发代表，贺晨在华为的成长经历可以说是曲折漫长的，但也称得上丰富多彩。

2001年，贺晨面临职业上的巨变，一直在北研从事开发工作的他被调往印度的偏远地区，负责NE80V2版本的开发工作。当时印度研究所成立不久，缺乏支撑业务的员工，很多设施还不完善。何晨带领印度研究所的员工做系统联调的时候，要从国内调大量的设备，每个人都夜以继日地工作，三班倒是常事。贺晨更是一个人承担了多个角色，身上担子很重，工作压力巨大。好在他的领导经常关怀他，并鼓励他说："当你压力特别大、特别痛苦时，顶过去了，就会发现自己又成长了一大步。"领导的这句话极大地鼓舞了贺晨，他和团队凭借着不服输的精神和对工作的激情，终于按时调通了整个系统，得到了领导的赞许，随后他被调回国内，承担起更多有挑战性的工作。

当贺晨成为华为公司的技术专家和高级干部之后，回顾一路以来自己的成长，他认为每一次转岗都是一次巨大的机会，他说："公司提供了非常好的平台，只要员工自己努力，总能在业务能力和工作方法上获得持续改进。无论在什么岗位，只要你花精力深入探索，就能化例行为精彩，化平庸为神奇。"

华为通过轮岗和下放管理不仅帮助干部快速成长了起来，还让更多人找到了更适合自己的岗位。而且，通过轮岗和下放管理还能考核干部的担责能力，进而帮助公司选拔出一批能为责任结果负责的干部，夯实了公司发展的人才根基。

4.3 激活组织，干部要能上能下

在华为，干部流动不仅包括横向流动和内外流动，还包括纵向流动，也就是"能上能下"。这样一来，干部的流动就实现了"三维立体化流动"，打破了公司内部的均衡，激活了组织，从而为公司实现可持续发展提供了保障。

4.3.1 干部不是终身制,高级干部也要能上能下

干部是组织的第一战略资源,同时也是组织最大的威胁源。组织最大的挑战,往往源自干部不学习,职业能力滞后,领导力不足,无法自我超越。干部在同一岗位或同类岗位待的时间太长,如果没有突破性的思维就容易内卷化,一潭死水。

为此,任正非强调:华为干部的标准是与时俱进的,如果后面的人跑得比前面的人快,那么前面的人不一定能保住自己的位置,为了公司的生存发展,他只能自己退下来,继续学习。这就好像刻舟求剑,华为就是往前航行的船,如果干部不能与时俱进,就成了被华为这艘大船抛下去的剑,华为不会也不可能停下船去捞剑。

任正非说:"我们的干部不是终身制,高级干部也要能上能下。任期届满,干部要通过自己的述职报告,以及下一阶段的任职申请,接受组织与群众评议,重新讨论薪酬。有人说,我很努力,工作也做得不错,思想品德也好,为什么我不能继续任职?因为标准是与时俱进的,已经有许多比你进步快的人,为了公司的生存发展,你不一定能保住职务。大家要学学刻舟求剑的故事,不可能按过去的标准,找当官的感觉。长江一浪推一浪,没有新陈代谢就没有生命,必要的淘汰是需要的。"

在华为,干部能上能下的制度就是自由雇佣制。华为曾明确表示,华为在不脱离中国实际的基础上,主张自由雇佣制。之所以提出这一点,与华为所处的行业及公司性质有关。在中国,有一些企业实行的是终身雇佣制,除非有重大偏误,人才的流动性是非常小的,这在某种程度上保证了企业的"稳定",然而这些企业往往缺乏创造力与组织活力。华为作为创新科研型企业,创造力和组织活力是其核心竞争力,终身雇佣制带来的"稳定"可能会造成企业的衰亡。

华为首席管理科学家黄卫伟曾说过:"日本企业以员工为中心,实行'终身雇佣制',在工资和人事制度上实行'年功序列制',虽然在八十年代辉煌过一段时间,但进入九十年代,日本企业却陷入了长期的萧条。事实证明,企业以员工为中心,是不能长久生存下去的。"

实际上,企业如果采取终身雇佣制,极有可能造成企业内部没有合理的竞争与淘汰机制,致使真正优秀的人才无法发挥出自己的价值,而不能胜任岗位的落后员工却占据企业的重要岗位,造成企业的资源浪费。再加上终身雇佣制导致企业更新人才的速度减缓,新鲜血液不能及时补充,企业的新陈代谢会减缓,企业也将因此丧失活力和竞争力,这也是日本企业逐渐萧条的原因。华为正是意识到这一点,所以明确提出要吸取日本企业的教训,不搞终身雇佣制。

任正非说:"公司的制度也以适应自由雇佣制来制定。例如,公司每年向每位员工发放退休金,建立他的个人账户,离开公司时这笔钱可随时带走,使员工不对企业产生依赖。越是这样员工越是稳定,所有的员工都会想办法不让上级把自己'自由'掉了,上级也担心与员工处不好,不能发挥他的作用,做出成绩来。一旦员工要被'自由'掉了,可先转入培训,由培训大队对员工进行再甄别,看到底是这个员工确实不行,还是领导对员工排斥、打击,所以领导也不会随意挤兑一个员工。对人才没必要一味迁就、承诺,随意承诺是灾难。企业和员工的交换是对等的,企业做不到的地方员工要理解,否则你可以不选择企业,若选择了企业就要好好干。"

在华为看来,自由雇佣制能够促使每个员工都成为自强、自立、自尊的强者,从而保证公司具有持久的竞争力。

任正非曾说:"要保持公司长治久安,就要保持正确的干部淘汰机制。不管你是高级干部还是创始人,都有可能被淘汰掉,包括我。不然公司就不会有希望，公司不迁就任何人。"华为通过实行自由雇佣制，贯彻"干部能上能下"的制度，使公司形成了一种有利于优秀人才成长的机制，使华为这列高速前进的列车始终有人上、有人下，在轨道上持续行进。

4.3.2 任期届满，通过述职报告接受评议

述职是现代大型企业对区域负责人进行管理的一个基本动作，泛指下级干部向上级干部进行工作汇报。通过述职，企业高层得以了解基层的业务开展情况并做出决策，例如，麦肯锡大中华区总裁每年都要去麦肯锡位于美国芝加哥的总部向董事会系统汇报工作并研讨未来发展规划。

华为的述职方式是逐级向上。具体来说，就是二级部门主要负责人向大部门正职述职；各委员会主要负责人、部门正职向总裁述职；各大部门副职则向各委员会述职；总裁向董事会述职。在述职日程上，华为规定在每季度第一个月的中旬进行述职，这使得华为可以及时审视和评估当下绩效，采取应对措施。

华为中高层干部的述职依据是综合平衡计分卡，围绕公司战略目标，从组织绩效、客户关系、内部流程、学习与成长四个层面展开（见表4-1）。

表4-1 华为干部述职内容（举例）

层面	内容
组织绩效	KPI完成情况，与竞争对手的比较，成绩和不足
客户关系	客户满意度，内部客户满意度
内部流程	部门业务策略和工作重点，核心竞争力，项目实施
学习与成长	职业化及技能提升，组织氛围营造

在此基础上，述职干部依据年度（半年度、季度、月度）业务规划、预算和KPI，总结上一期的执行情况，预测年度业务计划和预算目标的完成程度，对下一期的各项目标做出承诺，提出具体措施和资源需求。

华为干部述职的具体内容一般包括以下八个方面：

（1）KPI完成情况。报告上一期KPI完成情况，与同期进行比较，审视本期目标、挑战目标的达成程度。

（2）成绩和不足。总结上一期的业务开展情况，针对KPI目标和影响KPI达成的原因，按照优先次序，列出最主要的不足和成绩，并阐述原因。

（3）与竞争对手比较。通过准确的数据和指标，说明客户、竞争对手和自身的地位、差异、潜力和策略，尤其是变化、动向、机会和风险，以及影响公司和部门KPI达成的市场因素和环境因素。

（4）核心竞争力提升的措施。核心竞争力提升的措施是指完成KPI和强化管理水平的措施。围绕公司目标，回顾和评价部门业务策略、重点工作、业务推进和落实情况。

（5）客户与内部客户满意度。说明和分析内部客户满意度，特别是最满意的比例和最不满意的比例，哪些客户和内部部门最满意，哪些最不满意，如何改进等。

（6）组织学习与成长。提出和检查提高员工技能的计划、措施和效果，报告和分析组织氛围指数，检查公司重大管理项目在本部门的推进计划和阶段目标的完成情况。

（7）预算与KPI承诺。华为要求管理必须形成闭环。各部门根据历史水平、公司要求及与竞争对手的对比，对KPI指标和业务目标做出承诺，提出挑战目标，形成自我激励、自我约束的机制。

（8）意见反馈。提出在运作过程中需要的支持，以便公司协调相关资源。

除了定期的述职，任期届满，干部还要通过自己的述职报告以及下一阶段的任职申请，接受组织与群众评议并重新讨论薪酬。这一规定给了华为干部较大的压力，使干部在职期间不敢懈怠，而是全力工作，鞭策了干部真正做到"在其位谋其政，任其职尽其责"。

华为的中高层述职，使得华为形成了统一、均衡和有效的绩效考核制度，公司在管理上形成闭环，让中高层管理人员在不断向下施压的同时更加关注公司的整体绩效，鞭策了干部不断提升自身的战斗力，有效地保证了绩效目标的逐级落地和公司核心竞争力的提升。而且对于不能完成承诺目标的干部，华为会给予相应的处罚，如扣除年度奖金，分红和职级晋升也会受到影响。

4.3.3 面对挫折永不言弃，烧不死的鸟是凤凰

美国著名作家保罗·斯托茨提出：顺境要 EQ，逆境需 AQ（Adversity Quotient，逆境指数）。EQ 即情商，AQ 即逆商。逆商主要是用来表示挫折承受力的一种指标，反映一个人面对逆境、挫折时的心理状态和应变能力。

逆商的高低决定了一个人深陷逆境时，能否战胜逆境达成目标。华为在干部的选拔中，就非常看重员工的逆商。任正非曾多次在讲话中鼓励员工们奋发向上，不要安于现状，应该在有限的职业生涯中敢于挑战自我，在困境中不断提升自己的工作能力。做人做事，要正确对待压力和挫折，做一只浴火重生的凤凰。

"烧不死的鸟是凤凰"源于华为员工毛生江的经历。毛生江，1992 年参加开发部 08A 型机项目组，后任项目组经理；1993 年 5 月，任开发部副经理、副总工程师；1993 年 11 月，任生产总部总经理；1995 年 11 月，调任市场部代总裁。

1996 年市场部集体大辞职，担任市场部代总裁的毛生江被免去代总裁职务，在 1998 年 7 月，又被调任山东代表处任代表。毛生江不仅要面临降职、降薪，还要放下家庭，孤身去山东闯荡。这样的挫败，几乎没有人能承受，从堂堂代总裁的位置，最终降职到省代表处代表，而且，之前的下属变成了上级，让人很难在公司抬起头来。毛生江选择了乐观面对。

初到山东时，毛生江的工作环境并不理想，市场压力很大。于是，他对办事处实施改革，同时加大了市场开拓力度。仅用一年，毛生江就让山东办事处的销售额同比增长了50%，回款率接近90%。2000年1月18日，华为将毛生江调回公司，任执行副总裁（现任华为海洋首席运营官）。

后来，任正非在内部讲话中说，毛生江从山东回来，不是给我们带来一只烧鸡，也不是给我们带来一只凤凰，虽说烧不死的鸟是凤凰，但凤凰也只是一个个体。他给我们带来的是一种精神，这种精神是可以永存的。

毛生江在八年时间里数易其岗，呈"波浪形"发展。在市场部集体大辞职事件后，他作为曾经的功臣和英雄人物，看着曾经的下属变上级，那种心理上的折磨是可想而知的。但是他坚持下来了，并且还战胜了挫折，朝着更高的目标又迈进了一步。这种面对挫折，不屈不挠、越挫越勇的精神，对华为的其他员工产生了深远的影响。

任何一家企业要发展，要开拓新的市场，都可能遭遇逆境和挫折。无论是华为最初建立时的"一亩三分地"，还是如今的国际大舞台，处处都有竞争和挑战。面对这样的竞争格局，华为人始终不畏艰险，坚持艰苦奋斗，勇敢面对挑战，努力活下去。

2008年年初，李怀（化名）从海外市场调回到了国内，主要负责华为终端的采购业务。对李怀来说，供应链业务是一个陌生的领域，干这份工作有很大的压力和挑战。但是，李怀没有丝毫害怕与退缩，全身心地迅速投入工作中，从头学起，直到熟悉了各个环节。整个2008年，李怀所负责的地区终端业务，不仅实现了业务量的快速增长，而且超额完成了全年任务。最终，他的能力也得到了领导的认可，被调到上海分部。

正当李怀想要在繁华的大都市放松一下，享受自己的劳动成果时，上级领导找他谈话，希望他能够去开发拉美的终端市场。那时，华为终端在拉美的业务被竞争对手压制得抬不起头来，业务量已经出现了严重下滑，很多人都不想去冒险。很多朋友也劝他："国内市场正做得顺风顺水，何必跑到拉美那个'大火坑'去。"但是，李怀那种不服输的个性，以及所秉承的华为人的奋斗精神，使他最终决定接受挑战。

到了拉美市场后，李怀马上就感觉到很大的压力，各种问题层出不穷：巨额库存、团队纠纷、产品缺乏、竞争对手打压等，而最让他头疼的是巨额库存问题。当时，来自拉美不同国家的客户对待产品都有自己的看法与要求，库存清理工作很难开展下去。有一次，李怀让智利客户帮忙清理巴西的一堆 GSM 库存，但是因为这种跨国库存的清理涉及双方的利益，因此两边客户争论不休，李怀的工作根本就没法开展下去。

在那段时间里，李怀几乎每天都会和双方团队进行沟通，有时候甚至被客户大骂，落得"两边不是人"，不过李怀没有愤懑，而是始终微笑以对。最终，双方客户被他的耐心与诚恳劝服，库存清理得以开展下去，在半年的时间里就完成了数千万美元库存的清理。经历了种种困难和挑战，李怀很快适应了拉美市场的工作，开始主动承担起更多的工作，比如，产品布局、重点市场开发、适度交付、后备培养等工作。通过他和同事们的不懈努力，在 2010 年年终，拉美地区部终端业务取得了非常好的成绩，由原来的垫底成功跃居全球市场前列。

在任正非看来，越是艰难困苦的时刻，越能磨炼一个人的品格和意志，越能提高人的能力，也越是打造一支铁军的重要时刻。华为人常说"烧不死的鸟是凤凰"，从哪里跌倒就从哪里爬起来。如果遇到挫折或失败，就意志消沉、浑浑噩噩地过下去，就只会继续失败下去。只有不断总结经验和教训，以坚定的意志与挫折抗争，才能战胜挫折，实现凤凰涅槃。

4.4 不合格干部要末位淘汰

华为认为，干部要踏踏实实、一丝不苟地开展工作，当干部无法发挥好自己的职能、带领团队达成业绩、建设团队并培养人才时，应坚决予以免职，以保证公司的长远发展。为此，华为建立了一套合理、公正的干部评价与考核系统，对不合格的干部，进行末位淘汰。

4.4.1 绩效不达标的团队，干部要降职

在华为早期的发展过程中，规模迅速扩张，大量干部被迅速提拔上来，由于缺乏完善的评价流程和客观的评价标准，被提拔的干部频频出现能力与职位不符，无法胜任岗位工作的情况。为了防止类似情况再次发生，任正非决定对干部队伍进行整顿，强调不打粮食的干部要下台，绩效不达标的团队，干部要降职。

在谈及干部队伍建设时，任正非不止一次强调绩效不达标的团队，干部要降职，并主张使其成为华为公司永久性的制度。

他说："公司一定要铲除沉淀层，铲除落后层，铲除不负责任的人，一定要整饬吏治。对于一个不负责任而且在岗位上的人，一定要把他的正职撤掉，等到有新的正职来时，副职也不能让他干。对于长期在岗位上不负责的人，可以立即辞退。若不辞退，这个队伍还有什么希望呢？若你不能认识到这个问题，你就不会有希望。没有一个很好的干部队伍，一个企业肯定会死亡。"

"不能坐下来讨论干部队伍建设问题，应在战争中调整，不合适的就要下去，包括对所有的高级干部，我们都不会姑息养奸，大树底下并不好乘凉。整改干部队伍的目的，是要让公司活下去。要想活下去，只有让那些阻碍公司发展的人下去，或者把那些不利于我们发展的作风彻底消灭，公

司才能得以生存。这也是我们整改的宗旨。"

对不称职的干部降职，既是对公司负责，也是对干部负责。对公司而言，让不称职的干部下去，让胜任的干部上来，能够提升公司、团队的绩效；对干部而言，增加压力的同时也带来了动力，鞭策着干部不断成长和提高。

值得一提的是，华为强调绩效不达标的团队，干部要降职，而不是犯了错的干部要降职。在华为看来，绩效不达标比犯错要严重很多：如果一个干部在职期间既没有改进行为，也没有犯过错误，那就说明他什么事情都没有做；有些干部在工作中犯了一些错误，但所带领的团队或部门的人均效益有所提升，这样的干部是可以任用的。

"没有不好的员工，只有不好的领导。"华为深知，干部是团队绩效的第一责任人，团队绩效不达标，干部有着不可推卸的责任。在此制度的鞭策下，华为的干部不仅专注于个人的发展，还充分发挥个人领导力，为团队人员赋能，帮助团队成员提升绩效，从而打造出多个绩优团队，为公司的发展提供源源不断的人才保障。

4.4.2 降职的干部一年内不准提拔使用

华为虽然推行末位淘汰制度，但也不是以一刀切的方式淘汰干部，更多情况下，是对干部进行降职，根据干部的工作情况、业务能力等重新调整其工作岗位和工资待遇，让干部在新的岗位上重新提升自己的能力，等到他能够担任重责的时候，华为就会将他调回原岗，甚至给予升职的机会。

然而，已经降职的干部要调回原岗，或者获得晋升机会，是有期限要求的。正如任正非所说："已经降职的干部，一年之内不准提拔使用，更不能跨部门提拔使用，我们要防止'非血缘'的裙带之风。一年以后卓有成绩的要严格考核。"

2001年，程武杰（化名）加入华为，自入职以来，他因为突出的业绩表现，从网优工程师升职为网规网优经理，经历了从服务经理到客户经理的跨越。在随后的工作中，程武杰通过轮岗换位，不断积累经验，快速转身，顺利成为华为的高级干部。

但到了2010年年中，程武杰却被告知自己被干部末位淘汰了。就在他浑浑噩噩沉浸在痛苦之中的时候，他的领导跟他交流之后建议他去埃塞俄比亚从头来过。当时埃塞俄比亚是华为重点市场，长期被友商垄断，如果能够在市场开拓方面为公司做出巨大贡献，程武杰就能够重新证明自己，并重回管理岗。

埃塞俄比亚市场在友商长达四年的封闭式垄断下难以攻克，程武杰知道这是一场硬仗，但对他来说也是绝无仅有的机会，于是他主动申请前往埃塞俄比亚。

在埃塞俄比亚，程武杰认真总结以往的经验教训，以更严格的标准要求自己。在重大项目部的领导及北非地区部和埃塞俄比亚代表处的指导下，他承担起项目团队的日常组织、具体项目运作及部分核心客户关系等工作，开始全面梳理客户关系、分析竞争对手情况，发掘各种可能的机会点。

功夫不负有心人，到2011年8月初，程武杰带领华为工作组将一线工作推向全面拓展的高潮，终于拿下了这块难啃的"硬石头"。程武杰也通过这一役重新证明了自己的实力，得到了晋升。

在华为，末位淘汰制度并非是裁员的手段，而是作为长期执行的激活机制来鞭策干部时刻保持饱满的工作激情。华为推行末位淘汰制，重点并不是放在"淘汰"二字上，而是强调"末位"二字，给那些长期工作状态不佳、绩效评价处于落后水平的干部提个醒，催生他们的危机感。

"降职的干部一年内不准提拔使用，一年后卓有成绩的要严格考核"的规定确保了末位淘汰制度的严肃性，在给予降职干部翻身机会的同时，也使他们受到了更严峻的考验，驱使着被降职的干部沉下心来，抱着"不成功，便成仁"的决心，知耻而后勇，鞭策着他们实现能力突破，涅槃重生。

4.4.3 末位淘汰要静水潜流，持续、例行开展

为了挤压队伍，激活组织，鼓励先进，鞭策后进，选拔出优秀人才，华为坚持实施末位淘汰制度，将干部队伍考核置于群众监督下，贯彻"优者上，庸者下，劣者汰"的原则，不断优化干部队伍建设。

华为的末位淘汰制度主要针对行政管理者，而不是针对员工。例如，华为对12级及以下人员的考核是绝对考核，但对13级及以上的"奋斗者"，实行相对考核，特别是担任行政管理职务的人，更是时刻都面临被淘汰的风险。

具体来说，华为在干部队伍的培养过程中始终贯穿淘汰机制，并且通过对干部的淘汰和动态筛选相结合的机制进行，规则如下：

（1）培养过程中触及公司规定的高压线者直接淘汰出资源池；

（2）培养各阶段考核和考察达不到标准者直接筛选出资源池；

（3）培养周期结束后综合评价排名末尾5%者直接筛选出资源池。

在2014年的后备干部项目管理与经营短训项目座谈会上，任正非说："我们坚定不移地在代表处代表和地区部总裁中贯彻末位淘汰制，经营不好的干部要下台，否则都不改进，都来讲故事，讲故事的钱从哪儿来？下台后，就做专家或普通员工参加重装旅打仗去。若真有本事，一定会脱颖而出。"

为了能够使整个干部体系活起来，华为通过末位淘汰制，建立起了一套干部的新陈代谢机制。设立后备干部资源池，能不断营造危机感，让干部永远处于紧张状态。

2004年4月，任正非在广东省委中心组"广东学习论坛"报告会上做了专题报告《华为的愿景、使命、价值观》，他在报告中指出："华为的干部分为上中下三类，占全部干部前30%的干部，属于干部的后备队，有机会进入华为大学接受管理培训，培训优秀的人有可能在下一届职务上获得实践的机会；最后20%的干部，属于后进干部，是优先裁员的对象。

后进队伍中的干部想要摆脱自己后进、被淘汰的命运，就拼命努力往中间挤，中间的队伍受不了，也就往前跑，层层挤压，互相促进，这样自觉的干部多了，奋斗的干部多了，散布在99个国家的员工自觉奋斗，就造成了公司的繁荣。"

华为认为，无作为的干部比不干活的干部破坏性还大，因为他牵制了五六个相关岗位的效率，所以要坚决从管理岗位上拿下来。华为坚持"以客户为中心，以奋斗者为本"的核心价值观，不奋斗就没有出路，华为要前进，就一定要让末位淘汰持续、例行地开展，让那些不合格的干部调整到合适的岗位上。需要注意的是实行末位淘汰时，不能平时不关注，年底搞运动。换句话说就是，末位淘汰要静水潜流，持续开展。

为了贯彻这一制度，华为规定：连续两年绩效不能达到公司要求的部门/团队，不仅一把手要降职使用，全体下属干部和员工也要负连带责任，而且对不合格干部的末位清理绝不只停留在基层主管层面，对于不合格的中高层干部同样要动真格的，实行末位淘汰。每个层级不合格干部的末位淘汰率要达到10%；对于未完成年度任务的部门或团队，干部的末位淘汰比例还可以适当进一步提高。不合格干部清理和员工末位淘汰要形成制度和量化，立足于绩效，用数据说话。面向未来，要逐步把不合格干部清理和员工末位淘汰工作融入日常绩效管理工作体系中，以形成一体化的工作模式。

在末位淘汰制的持续鞭策下，华为的大部分干部都能够积极表现，圆满完成自己的工作目标，得到理想的绩效评价。末位淘汰制激活了组织，避免了机构的臃肿，使华为能够保持业绩的有效增长以及利润和现金流的稳定，同时，末位淘汰制使干部的责任和权力、贡献和利益对等起来，最大限度地保障了奋斗者的利益。

4.5 走"之"字形成长道路

华为一直要求具有可塑性的干部要流动起来，走"之"字形成长道路。因为干部的"之"字形成长能加强干部的流动性，拓宽干部视野，从而在一定程度上避免原地提拔干部而可能造成的腐败，或者形成"烟囱部门"等现象。

4.5.1 加快干部流动，使之呈"之"字形成长

事物发展往往是曲折前进的，干部的成长也是如此。虽然"直线"提拔更能让优秀干部尽早发挥能量，也能更直接地满足干部的晋升需求，但这种干部提拔方式也存在着明显的弊端。通常情况下，在一个部门或一条岗位线上直线成长起来的干部只对本职工作有所了解，而对于横向业务一无所知，干部只在本部门体系内进行擢升或降职，就会形成所谓的"烟囱部门"，不利于企业的长期发展。

因此，要想打破部门墙，建立网状的组织，确保管理者对业务有全局性的了解，更有利于企业内部协同发展，就要采用"之"字形的干部成长路线。

以华为客户经理的"之"字形成长路线为例，客户经理最初是一名独立贡献者，需要在工作中有突出的个人成就，提升专业能力，才能够进入"之"字形的下一个节点。成长为系统部主任之后，也就意味着客户经理

成为一名基层干部，主要职责是为员工分配工作、评估员工绩效以及及时激励并辅导员工工作，把员工情况反馈给公司。

而要进入"之"字形的下一个节点，需要基层干部跳出舒适区，向销售/行销副代表迈进。这也意味着这名员工从一名基层干部成长为一名中级干部，工作职责变为挑选并培养一批一线经理，并且给予员工信任，充分给下级授权。与此同时，中级干部还需要了解自己不熟悉的业务，了解周边的工作情况，并且开阔自己的视野，培养自己的全局观。

由销售/行销副代表成为代表处代表之后，干部职责也将由培养一线经理变为管理经理人团队，管理不熟悉的功能组合，并把握好短期业绩与长期战略之间的关系，做好两者的平衡工作。

代表处代表进入"之"字形的下一个节点之后，就成长为地区部总裁，也是华为的高级干部。在这个阶段，干部要学习从公司的战略角度思考布局问题，并做好业务架构的搭建工作，做好公司长期发展的路标设计。

企业需要如航母舰长一般见多识广、资历丰富的复合型人才，这类人才积累了各方面的经验，具备多方面的才干，对企业方方面面的业务都有所了解。而如果是直线型成长起来的干部，可能在某一方面十分优秀，成绩斐然，但在需要全面发展、协调性强的事情上，就会因为缺少实践，而出现纰漏。

在华为巴西代表处工作的付旭照，在2008年6月入职后，经历过迷茫和挣扎，也辗转于经营、运作，甚至管过宿舍和食堂。在2011年转岗之后，他坚持沿"之"字形的道路艰难前行着。

2011年年中，付旭照转岗到PMO任区域RPM，参与了巴西的几个交付项目，尽管过程不够完美也算不上标准，但他觉得收获不少，还从项目中所有站点的按时商用中找到了丢失的自信。2012年年初，付旭照转战到了TTM SWAP项目担任项目经理。该项目当时由于资源和物料不足、分包商搬迁经验欠缺、团队磨合度不高等问题，交付异常艰难缓慢，客户还投诉了项目团队的货物供应能力。付旭照将保障货物的供应作为自己项目管理的第一要务，积极确定计划和目标，完善运作流程，基本解决了过去生产环节中经常出现的关键物料短缺问题。

2013年3月，付旭照又被调至华为巴西利亚办事处，负责子项目群交付和平台管理。在这一站，他学会的是客户需求管理和客户关系改善，明白了不要跟客户站在对立面，而要与客户建立统一战线，借助他们提升交付效率。2015年年初，付旭照转任巴西AM子网系统部PD，在巴西宏观经济形势不景气的情况下，经过摸爬滚打，让手头负责的项目成为代表处第一个ISDP成功上线的项目。

自2011年起，付旭照每隔一年左右就经历一次转岗，这无疑使他的积累和经历在短时间内迅速得到扩充，如今，他的"之"字之旅仍在延续。实际上华为的许多干部都是通过"之"字形的流动成长起来的。"之"字形的成长路线使干部能够深入了解其他业务领域，使他们获得了在新的领域不断学习的机会，提高了他们适应新环境的能力，帮助他们快速成长为高级人才。这也意味着"之"字形成长路线能帮助干部主动做好职业生涯规划，因此，华为的干部流动不是随意的流动，是组织规划出来的流动。

4.5.2 完善干部的"之"字形成长路线

对于华为来说，想要源源不断地培养出高级干部人才，就需要完善干部的"之"字形成长路线，不断拓展人才的宽度，为未来成为将军做好准备。对一个企业来说，要想完善"之"字形成长路线，需要注意以下三个问题：

第一，"之"字形成长是为了培养将军的，并非所有人都适用。

"之"字形成长只适合高级管理者和一部分综合性专家，不适合一般干部和员工。基层管理者难以在短时间内成为领袖，因此，基层管理者还是应该在自己较为狭窄的范围内，做到干一行、爱一行、专一行，否则会降低公司整体流程运转的效率。

第二，基层管理者和员工可以在小范围内有弹性地流动和晋升。

虽然跨领域、大范围的流动并不适合基层管理者，但在有了一定的实践基础后，可以在小范围内进行流动，发掘出其他有能力的人，把他们放进资源池中，以备更适合的部门选用。

第三，不同的干部级别应该有不同的要求。

"之"字形成长并不意味着要严格地一级一级提升，有过成功经验的连长可以直接提拔成团长，有过成功经验的团长也可以直接提拔为军长，没有必要一定经过营级或师级。只要带过了一个团，放到军长的位置上也只是加快了步骤而已。

在华为，"之"字形成长路线分为两个方向：一个是技术人员的"之"字形路线，例如，研发人员去往生产、服务、中试等岗位，以便于加深对公司产品的理解，有利于产品的市场化运作；另一个是管理人员的"之"字形路线，中、高级干部的职位在一定体系范围内发生变动，有利于优秀干部的快速成长，同时也能将优秀的管理技巧带到各个部门，有利于公司均衡发展。

与此同时，技术人才和管理人才都能在"之"字形成长的过程中不断积累实践经验，拓展自身的宽度，并且能够有效加深其对公司的了解，对公司的发展方向也能拥有更加清晰的认识。这不仅对公司是一大利好，对公司员工也是有百利而无一害的。从另一方面来说，干部走"之"字形成长道路还能加强干部的流动性，避免原地提拔干部而可能造成的腐败等现象。这一方式是值得广大企业经营者去深入借鉴和学习的。

第 5 章
干部培养与能力发展

华为轮值董事长徐直军说:"环境在变,技术在变,产业形势也在变。尽管我们有高昂的斗志、坚强的意志,但我们的能力跟客户期望比、跟业务发展的阶段比、跟生存环境的挑战比、跟我们的追求比,还有着巨大差距。"为此,华为强调,公司员工要努力提升任职岗位所需要的专业能力,干部要提升领导力、洞察力和综合管理能力,以更好地为客户服务,为公司创造价值。

学习导图

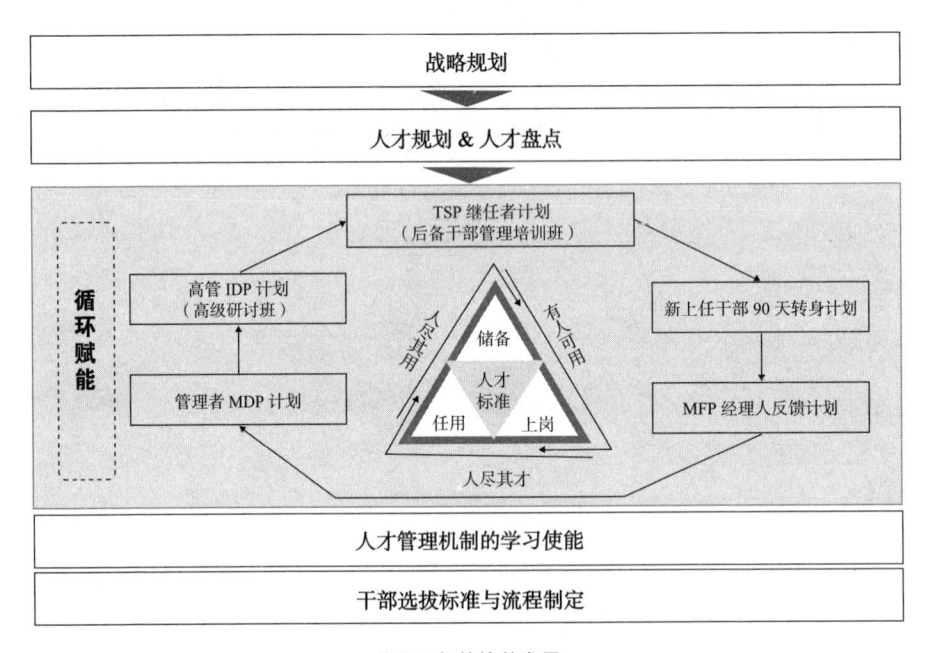

```
                          战略规划
                             ▼
                      人才规划 & 人才盘点

          ┌─────────────────────────────────────────┐
          │           TSP 继任者计划                  │
          │        （后备干部管理培训班）              │
          │                                         │
   循环    │  高管 IDP 计划          新上任干部 90 天转身计划│
   赋能    │ （高级研讨班）    储备                    │
          │              人才                        │
          │              标准                        │
          │  管理者 MDP 计划  任用  上岗  MFP 经理人反馈计划│
          │                                         │
          │              人尽其才                     │
          └─────────────────────────────────────────┘

                   人才管理机制的学习使能

                   干部选拔标准与流程制定
```

华为干部的培养发展

带着问题阅读：

1. 华为员工的成长模型是怎样的？

2. 与华为训战结合的干部成长模式相比，我们（企业）是如何进行人才培养的？与华为相比，还有哪些需要改进的地方？

3. 华为关键岗位的学习地图是如何设计与操作的？

4. 如何将华为针对不同层面管理人员的赋能项目转为己用？

5. 华为是怎样帮助新上任的管理者在新岗位上快速建立信誉，实现平稳过渡的？

5.1 坚持自我优化，成为组织资产

一家企业只有不断吸收先进的管理思想，才能永葆活力，基业长青。一个人只有不断地提升自己，才会有更新的目标，才会真正地自我审视，才会有时代的紧迫感。为此，华为始终倡导干部必须不断自我优化与提升，以保持组织的活力和企业的竞争力。

5.1.1 聚焦作战需要，精准赋能

很多企业领导者很是不解，为什么花了很多钱送中高层干部出去念MBA、EMBA，看上去能力好像有提升，但是对组织业务发展并没有起到实际作用；还有的企业领导者今天看到一本书说华为好，就叫下面的人也都学华为，明天看到一本书说阿里巴巴好，又叫大家学阿里巴巴……诸如此类的现象还有很多。其实，企业需要的人才应与岗位要求适配，如果在人才培养上不精准赋能，漫无目的地培训对业务是没有任何帮助的。

华为强调，干部培养不是针对干部个人的能力提升，而是聚焦业务作战的需要，规划能力提升方案与路径。任正非认为，华为大学作为重要的人才培养的平台，要办成一所不像大学的大学。

关于华为大学的主要任务，任正非指出："华大不是一个正规院校，正规院校是培养大学生、培养硕士、博士的，我们的学员都是完成了基础训练才进来的。华大本质上是对已经受过正规教育的人再教育，再教育应该跟职能有关系，不再与基础教育有关系。我们需要你从事这个工作，就给你赋能，赋能不是全面赋能。华为大学只管教学赋能，要培养作战队伍。华为大学的赋能要支撑公司文化、管理平台和关键业务能力，尤其是战略

预备队的建设。各方面都有预备队，预备队在哪里，华大就组织讲师跟上去赋能。总的一句话，我们要作战胜利。"

前华为大学执行校长陈海燕曾说："华为大学所有教的东西都是打仗用的东西，明年出去打机关枪，就教如何打机关枪。不会教一个小兵如何在航母上开大炮。我们在2014年大规模地启动了战略预备队的项目，开发了680多学时的课程，长达半年工作日的课程。之所以能够开发出这么多学时的课程，关键是因为课程不是理论的堆砌，而是真刀实枪的案例，而这些案例是和业务部门一起花了2个多月的时间整理出来的。换句话说，华为大学不做精品，只做实战。"

在华为，从基层到高层干部的发展分为三个层面：第一是基层历练，只有有基层一线成功实践经验的员工才有晋升为干部的可能；第二是训战结合，当员工通过基层实践被选拔出来以后，将获得跨部门、跨区域的岗位流动机会和相应的赋能训练；第三是理论收敛，干部除了有"术"，还要有"道"，只有把实践经验总结上升到理论高度，才能成为一名真正的将军，例如，高研班旨在促进干部对公司核心管理理念和方法的深入理解与运用。

另外，为了保障学习效果，华为的赋能项目一定会针对学员进行考核。很多企业在做培训项目时，经常把评价重心放在老师身上而非学员身上，认为学员没有学好都是老师的问题。但是，华为强调所有学习责任在个人，每个员工特别是干部，一定要对自己的学习和成长负责，然后在实践中应用、总结和提升。

5.1.2 对自己负责，坚持自我成长

培训要靠自我培训，灌输性培训不是长久之计。"如果不自我提高，甚至重复犯同样的错误，那么再对你培训也没有意义。"

在华为，自我成长是衡量人才的重要标准之一，华为提倡干部不断刻苦学习以提高自己的水平。正如任正非所言，没人培养邓小平，也没人培养毛泽东，因为最优秀、最杰出的人都是靠自我培训出来的。

华为虽然建立了华为大学，但作为华为人才发展的平台，更严格来说，华为大学并不是传授知识的地方。任正非曾在华为大学干部高级管理研讨班上强调：

"我们要从过去的培养制和苦口婆心的培育方式，转变成你爱学就学，不学我们也不会给你穿小鞋，关键是看你工作干得好不好来确定你的去留，而不是看你爱不爱学习。历史上不好好学习最后成了伟大人物的例子有很多，学习不要强求。我们不搞培养制，我们没有责任培养你，我们是选拔制，选拔更优秀的人上来，在全公司和全世界范围内选拔优秀者，落后者我们就淘汰。我们不会派一批老专家苦口婆心地与落后者沟通，迁就落后者，在这个问题上我们要改变过去的一些做法。

华为大学的老师在后备干部培养中，是组织者，不是传授者，如果他们是传授者，水平就限制在一定高度了。我们的学习就是启发式的学习，这里没有老师上课，只有'吵架'，吵完一个月就各奔前程，不知道最后谁是将军，谁是列兵。相信真理一定会萌芽的，相信随着时间的久远，会有香醇的酒酿成的。"

华为强调选拔制，但绝不代表不培养。华为认为培养可以加速各级干部的领导力发展速度。先选拔好苗子，然后再浇水施肥，这样就会长得更快更好。可以说，华为是一个选拔制和培养制并存的企业，要选拔，也要培养，但培养并不是等待被培养，而是自我培养、自我成长。因此，华为改变了华为大学的办学方针，开放课程，让有意愿的干部自我学习。长期下去，那些坚持不断自我培训的人，就会逐渐脱颖而出，而那些只是被动等待培训的人，会慢慢被淘汰掉，进而使得整个组织持续保持先进性与活力。

在华为成立之初,要想从一流大学,尤其像北大这样的学校招到学通信的人才是非常困难的,即使从一般的大学招到学通信专业的学生也不容易。所以华为在2000年之前招收的理工科生,绝大多数都不是学通信的。但是,就是这批年轻的知识分子,因为有强大的饥饿感和求知欲、成就欲,所以他们一边工作一边学习,从通信的ABC学起,从西方公司的设备说明书学起,对着字典一个词一个句子地啃,每天工作学习十七八个小时。一年下来,人人成了通信技术的内行,许多人后来甚至成了业界专家……这是专业方面的学习。同时,他们也会广泛地涉猎文史哲各类知识。华为有一位高管,一年读书量在100本左右,如饥似渴地向历史学习、向社会学习、向一切有益于组织和个人成长的知识宝库学习,这在华为是一种普遍现象。

高级人才光靠企业培训是培养不出来的,必须依靠他们自我培训。华为表示要给员工提供学习的渠道,为他们准备优秀的导师带领他们入门,但更强调培养他们主动学习的意识。任正非说:"关于员工的提升,我认为一定不能完全依赖公司,公司再卖力搞培训,员工主观上不愿意学习,也是没有用的。所以,一定要让他们形成主动学习的意识。"

现代管理学之父彼得·德鲁克说:"真正的培训从来都是自我培训。"干部要对自我成长负起责任,利用学习和工作中的每一次机会进行自我培训,快速成长为企业的栋梁之材。

5.1.3 自我优化,成为公司的资本

华为一直以来都强调眼睛要盯着客户,不要盯着竞争对手,但这并不表示华为不重视竞争对手。用任正非的话来说,就是要干部多思考,不要

总用竞争对手的短处比自己的优点，然后沾沾自喜。"为什么思科领先我们二十几年呢？不要总看到别人的组合方式是有缺点的，我们埋头苦干就是对的。"

任正非告诫专家和各级管理者，不能盲目自大，不能认为美国、俄罗斯的公司不如中国的。中国出不了苹果、脸书，出不了特斯拉，恰好说明中国是落后的。而中国之所以落后，原因就是"我们没有仰望星空，没有全球视野""你看不见世界是什么样子的，就把握不住世界的脉搏，容易被世界所抛弃"。在这种认知之下，他主张华为要多向竞争对手学习。

任正非表示："我们提倡自觉地学习，特别是在实践中学习。你自觉地归纳和总结，就会更快地提升自己。公司的发展，给每个人都创造了均等的机会。英雄要赶上时代的步伐，要不断地超越自我。"为此华为强调，每个员工都要坚持学习，学会总结、写案例、相互培训，不断实现自我优化，实现能力提升。

1994年，程然（化名）成为华为的一员，被安排在交换机装配中粘贴板名条。三年后，程然凭借优秀的表现晋升为部门主管。成为主管以后，程然很快发现，自己麾下的新员工们每天都机械式地重复工作，很努力，但工作效率都很低。

程然决定改变这种低效的工作状况，他买了一些关于交换机、排队机相关知识的书籍，然后利用业余时间认真研究学习。同时，他还主动找到一些熟悉产品的老员工，了解一些产品知识，并且把老员工所教的知识进行总结。终于，他弄清楚了交换机的所有配置，然后将学到的东西传授给下属，新员工们的工作效率一下子得到了很大的提高。

没过多久，华为无线接入系统（ETS）正式进入试生产阶段，程然被安排到ETS车间，负责ETS基站装配工作。由于自己此前对装配工艺不是很了解，他就主动学习总装车间装配工艺的设计，每天都坚持学一点，并对当天的学习成果进行总结，直到掌握了一整套工艺体系的基础知识。

当时在装配车间工作需要一些工作指导图，因为那时候装配区还没有配备电脑，只能用手制图，所以速度很慢而且效果也不好。程然充当了"先锋官"，自己花"血本"买了一台电脑，开始自学 Auto CAD。后来，他从一个对 Auto CAD 一窍不通的人，成长为车间里仅有的 Auto CAD 软件应用专家，设计工作的效率和质量都得到了提升，装配区的指导图也得以"改头换面"。

程然身上具备一种自我优化的意识，同时能够积极主动地付诸实践，不但自己学习总结，还把学到的东西教给下属，从而实现了自身的不断优化升级，并最终成为"公司的资本"。他后来回忆说："在华为六年，我一刻也没有停止过学习，我并没有什么崇高的理想和远大的目标，学习的目的就是想将手头上的工作做好，干活时轻松些。"显然，干部想要不断进步和成长，就要坚持勤思勤学并学以致用。

社会在不断进步，每一家企业都希望自己的干部能够掌握新的知识和技能，给企业带来更多的价值。干部与企业是命运共同体，在不进则退的市场竞争中，干部只有不断优化自我，才能与企业一同成长、存活，推动企业不断向前发展。

5.2　构建关键岗位的学习地图

为了支撑公司的快速发展，满足公司在关键岗位上的用人需求，华为基于关键岗位的能力要求和员工职业成长路径，设计了一系列针对性的学习活动，构建了关键岗位的学习地图。

5.2.1 基于战略和人才特点选取关键岗位

关键岗位是指对企业当前业务运行和未来业务成长起着至关重要作用的岗位。企业要构建关键岗位的学习地图，首先就要确定哪些岗位是企业关键岗位。华为在基于战略和人才特点选取关键岗位时，主要遵循以下三个基本原则（见图 5-1）：

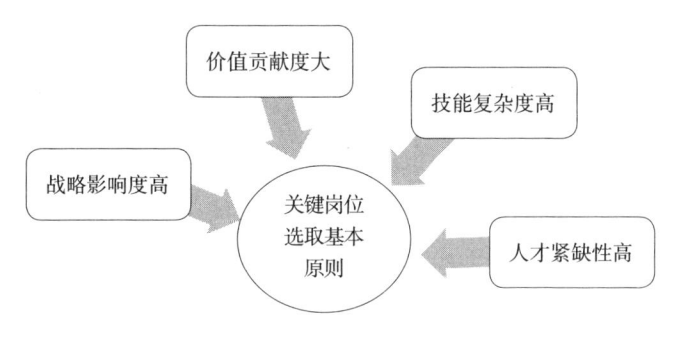

图 5-1 关键岗位选取基本原则

第一，战略影响度高：其核心能力对企业战略目标的实现影响度高。

第二，价值贡献度大：影响企业近期的效益，且是企业营收和利润的主要贡献者。

第三，技能复杂度高：培养周期长，能力复杂度高，并且要求经验丰富，专业比较难替代。

第四，人才紧缺性高：同行业内企业间对该类人才竞争比较激烈，导致人才容易流失。

明确了关键岗位的选取基本原则后，华为会对所有岗位进行盘点，评估每个岗位与本原则的符合程度，据此选出关键岗位。

在确定了关键岗位后，企业还会从"核心期望""专业能力""特质要求""经验要求"四个维度来说明对关键岗位任职人员的具体要求，如表 5-1 所示。

表 5-1　华为对关键岗位任职人员的要求

维度	具体说明
核心期望	清晰定义组织对该岗位最主要的绩效贡献期望值和职责要求
专业能力	该岗位须具备的专业领域的关键知识与技能，以有效履行职责要求
特质要求	某些典型性格特征、思维或行为模式，将对成功履行特定业务/专业领域职责带来或产生必然性影响
经验要求	承担该岗位应该具备的过往成功的工作经历和专业积累，以牵引专业人才在合理的发展路径中走向成功

明确的任职要求为关键岗位的人选确定提供了标尺，有利于实现关键岗位的人岗匹配。同时，员工也能够对照关键岗位的任职要求，找到自己的差距所在，明确奋斗前进的方向。

对于关键岗位，一方面，华为在强化考核的同时也会为他们提供更好的物质报酬与非物质报酬，避免关键人才流失；另一方面，华为会构建关键岗位的学习地图，做好关键岗位的人员储备，以确保在关键岗位空缺时能够得到及时的补充，对企业业务不至于产生较大影响。

5.2.2　构建关键岗位的学习地图

企业的关键岗位具有较大的战略价值，并且可替代性小，外部稀缺性高，为此企业必须投入资源来培养关键岗位所需的人才，为企业的战略实现提供人才保障。构建关键岗位学习地图就是培养关键岗位人才的最有效方式之一。

所谓学习地图，就是指以员工能力发展路径和职业规划为导向而设计的一系列学习活动，体现了员工在组织内学习发展的路径。通过学习地图，员工可清晰了解自己从一名底层的新员工成长为公司高级专家或者管理者所需具备的能力以及可以获得的学习资源。

腾讯学院 Q-Learning 平台为每个员工都配置了"个人学习地图"。"个人学习地图"将员工的发展通道、个人职级、素质模型与课程匹配，员工进入系统就可以知道自己该学习什么课程。"公司学习地图"将整个公司的职级、通道、素质模型与课程匹配，这样员工可以根据"公司学习地图"，确定自身的发展方向和目标。而借助平台，培训部门也知道应该开设什么样的课程。

目前，国内外知名企业都对学习地图展开了不同程度的研究。总的来说，根据学习地图的覆盖范围，学习地图可以被划分为不同的类型，包括整体型、群体型、岗位型，具体如表 5-2 所示。

表 5-2 学习地图的类型

类型	具体说明
整体型	体系覆盖范围涉及企业各个业务部门、各个层级，是关注整体的学习地图
群体型	体系覆盖企业中的一些特殊群体，这些群体具有自己鲜明的特点，群体型学习地图为他们提供具有针对性的学习指南
岗位型	体系覆盖企业中的重点岗位，这些岗位对于企业的业务发展具有重要作用

基于关键岗位构建的学习地图就属于表 5-2 中提到的岗位型学习地图。华为在快速扩张时期，营销岗位是公司的关键岗位之一，以营销岗位所需的能力为基础，华为明确了营销岗位的职业发展路径，为营销岗位员工规划系统的学习路径和丰富的学习内容，使员工在职业生涯发展的每个阶段都有充分的学习资源支撑，如图 5-2 所示。

通过学习地图，员工可以清楚地知道自己要成长为营销岗位所需的人才或者要胜任营销岗位工作，需要经历的职业发展阶段，应该具备的能力、学习的内容，从而构建自己的"个人学习发展计划"，提升自己的能力，快速成长为组织所需的关键人才。

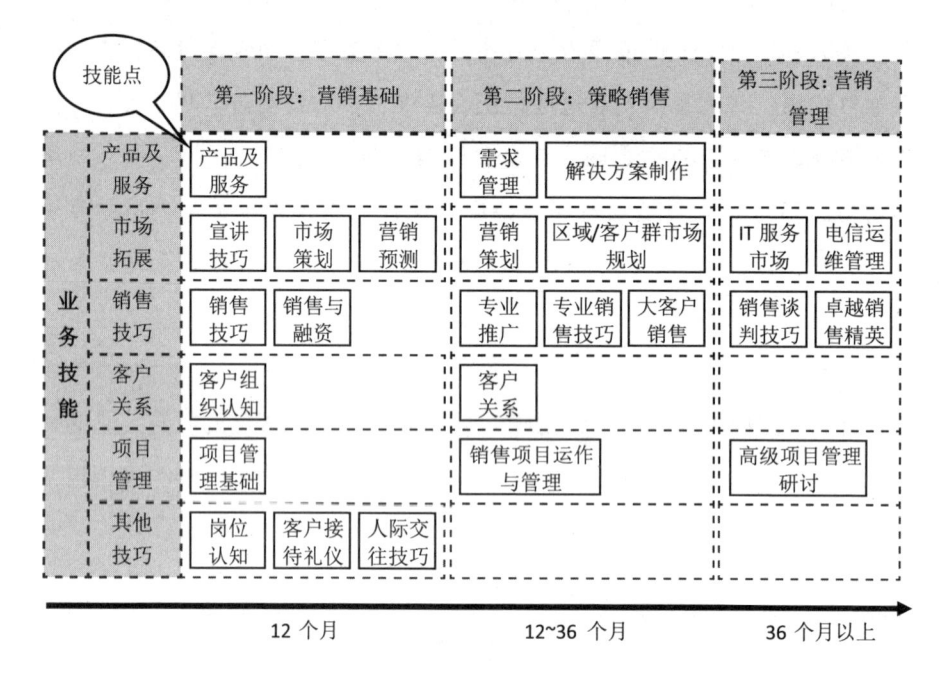

技能点		第一阶段：营销基础			第二阶段：策略销售		第三阶段：营销管理	
业务技能	产品及服务	产品及服务			需求管理	解决方案制作		
	市场拓展	宣讲技巧	市场策划	营销预测	营销策划	区域/客户群市场规划	IT服务市场	电信运维管理
	销售技巧	销售技巧	销售与融资		专业推广	专业销售技巧	大客户销售	销售谈判技巧	卓越销售精英
	客户关系	客户组织认知			客户关系			
	项目管理	项目管理基础			销售项目运作与管理		高级项目管理研讨	
	其他技巧	岗位认知	客户接待礼仪	人际交往技巧				
		12个月			12~36个月		36个月以上	

图 5-2 华为营销岗位学习地图

5.2.3 干部必须在宽度上不断拓展自己

21世纪什么最重要？人才。但是人才不能一概而论，不同的企业、不同的岗位需要不同类型的人才。对于技术岗位来说，专业型人才更加受到青睐，而对于管理岗位来说，复合型干部是企业真正需要的。

从表面上说，复合型干部有利于不同的职能组织之间换位思考、相互协同，有助于打破部门墙，使企业流程运转更加顺畅。从根本上说，复合型干部是企业真正践行"以客户为中心"原则的基础，有助于提高业务发展方向及成果的市场针对性和有效性。

以下是2018年华为校园招聘中客户经理、渠道销售经理以及合同商务经理的招聘要求：

（1）客户经理。要求具备良好的沟通理解和人际交往能力；拥有丰富的学生会、社团组织、社会实践经验；志存高远、乐于挑战、渴望成功，并希望在不同国度、不同文化中积累跨国工作经验；计算机、软件、信息技术、互联网、通信、电子等理工科专业优先。

对于客户经理，在华为的成长路径是：能成长为销售大咖、战略专家、经营大师、项目管理专家，最终成为商业领袖。

（2）渠道零售经理。不限专业、不限学历，无论本科生，还是硕士生，只要热爱这个行业，就热烈欢迎；要求学习意识和能力强，动手能力强并且富有创新精神，具备丰富的社会实践经验；有比较强的销售人员潜质和良好的与人连接力，目标导向强。

对于渠道零售经理，在华为的成长路径是：成长为销售"大咖"、零售"达人"、市场操盘手。

（3）合同商务经理。要求对于合同商务工作感兴趣；志在四方，愿意在不同国度体验生活，拓宽自己的全球化视野，并且要求具备优秀的组织协调能力和良好的沟通能力。

对于合同商务经理，在华为的成长路径是：可以成长为商务解决方案大咖、谈判专家、合同专家。

从以上不难看出，华为需要的是各语种与其他技术性专业复合的人才，而且从近十年华为的招聘来看，华为的复合型人才需求量呈现上升趋势，尤其是随着5G快速发展时代的到来。

任正非一直认为，视野的宽度决定着事业的高度。用他的话来说，未来公司需要的管理干部是"对市场有深刻体验、宽文化背景的人"。因此，在华为，想要成为高级干部，就要进行必要的循环，拓宽自身的事业和文化背景。

任正非所说的宽文化背景就是"大杂烩"，历史、哲学、军事、天文、地理、古今中外的大事小情等，什么都懂一点。三十多年来，任正非一直倡导干部的知识要"大杂烩"，要成为高级干部就要有宽文化背景。

同时，任正非对机关行政管理的部门也有同样的要求。管理者见的世面越多，学习的知识越庞杂，文化背景就越宽厚，思维方式就会更加多元化，在实践中就越能够应对和处理复杂的局面。

一般来说，拥有宽文化背景的干部，不仅能够带领团队取得较好的成绩，同时也能对企业的发展起到至关重要的作用，甚至可以敏锐地发现未来发展的新方向，这一特质对科技创新型的企业十分重要。日本索尼公司的前总裁大贺典雄就是这样一个有着宽文化背景的人。

大贺典雄是日本索尼公司的前总裁，同时也是声乐家、指挥家。原本学习音乐的他能够进入索尼公司一部分得益于索尼创始人的器重。大贺在大学二年级时获得了参观东京通信工业（索尼前身）的机会，他在技术专家面前显示了他专业水准的工学知识储备，还指出了产品的技术缺陷，这让在场的技师和专家都吃惊不已。

在德国留学期间，索尼公司聘请大贺为"特邀职员"，不用上班，也可以拿工资。索尼在第一批晶体管收音机刚问世的第一时间就把它寄给了他，他一边学习古典音乐，一边向索尼公司寄送产品报告。但是回国后的大贺典雄却没有加入索尼公司。经过盛田昭夫十年的不懈努力，29岁的大贺典雄加入索尼公司，并担任专业产品部门总经理，领导着索尼产品设计，他在几年后成为索尼公司的最高领导者。

大贺典雄被称为"技术人中最懂艺术的，艺术家中最懂技术的"，他敏锐地看到了CD的音质优越性，坚持认为CD将成为音乐的主要载体。1982年，在大贺典雄的力推下，索尼卖出了全世界第一张CD，大贺典雄也因此被誉为"CD之父"。他还推动了索尼进军游戏产业，并购电影公司，为索尼公司的综合发展做出了巨大的贡献。

大贺典雄专业的音乐基础、丰富的工业知识储备以及对企业管理的独到见解，是促使他成为索尼最高领导者并带领索尼不断发展的根本动力来源。不论缺少这其中的哪个部分，大贺典雄都很难创造出这样的丰功伟绩。

被誉为"全球第一女 CEO"、惠普公司前董事长兼首席执行官卡莉·菲奥莉娜女士，同样也是一名具有"宽文化背景"的公司领导者，她同时拥有斯坦福大学的中世纪史和哲学学士学位、马里兰大学 Robert H. Smith 商学院的工商管理硕士学位以及麻省理工学院斯隆学院的理科硕士学位。

可见，复杂的知识结构与宽文化背景是成为一名出色管理者的基础，企业在选拔高级管理者时不应当只关注他的本职工作的业绩，还要关注其在同领域内的其他方面，或是与该领域相关的其他领域中的建树。而对于干部本身而言，想要在竞争中胜出，跻身高级管理者行列，就必须在宽度上不断拓展自己，开阔自己的视野，努力成长为复合型人才。

5.3　训战结合的干部成长模式

在人才培养方面，华为信奉实战出人才，采取训战结合的方式，提高人才打胜仗的能力。

5.3.1　通过课堂培训学习应知应会

课堂培训有着受众广、系统、全面、高效、低成本等优势，是运用范围最广的培训方式之一。虽然课堂培训偏重于传授理论知识，难以直接带来能力的快速提升，然而，通过课堂培训掌握的理论知识却可以为实践奠定坚实基础，让员工在投入实践时，有思路和方法，并能更从容地面对实践中的种种挑战。

任正非相当重视课程的形式，在他看来，好的培训课程就应该让员工学完之后真正被赋能，像军校的学员一样，学完就可以直接投入一线实战，输出价值。

以华为大学为例，任正非要求让培训高度接近实战，所有训练用的表格和华为实际操作中用的一模一样，包括代码、标识符号。

课堂培训除了被广泛运用于干部的应知应会培训，在各类培训中也被运用得最为广泛。比如，华为大学和各部门学习发展部组织开发的一系列课程，会通过 E-learning 系统提供给员工学习，实现对员工持续赋能。就如任正非所说："为帮助团队成员不断超越自我，公司建立了各种培训中心。培训很重要，它是贯彻公司战略意图、推动管理进步和培训干部的重要手段，是公司通向未来、通向明天的重要阶梯。"除此之外，华为还搭建了很多在线学习平台。

作为全员可学习的自主学习平台，华为的 iLearning 上有两万多门课程，还包括各类视频、资料等，适用于有多种学习场景，员工可以通过平台学习最热门的技术，了解跨界技能等。此外，华为还开发了 App，让员工可以随时随地使用，堪称指尖上的大学。

Hi 社区被称为华为人的知乎，拥有 18 万名用户，2000+ 个牛人博主，900 多万条知识……在这里，员工可以随时提出问题，与专家交流；也可以分享自己的知识，成为明星博主。

作为拥有海量下载资料的宝藏地，3MS 拥有 100 万篇精品资料，年下载量达到 600 万篇次，年浏览量高达 1000 万次。在这里，无论是业界大牛写的报告，还是手机新品发布会的 PPT，都可以找到。

综上所述，干部要充分利用好课堂培训的机会，努力学习先进的科学技术和管理技能、科学的思维方式和工作方法，持续进行自我赋能，提升自身综合能力；干部也要在培养下属中运用好课程培训的方法，督促下属养成自我赋能的习惯，为企业的持续发展输出人才。

5.3.2　在实战中提升关键能力

在任正非看来，将军不是培养出来的，而是打出来的。正如南宋著名诗人陆游所说："天下之事，闻者不如见者知之为详，见者不如居者知之为尽。"

因此，华为不断优化培训体系，在培训中更加强调"实践出真知"，通过轮岗、挂职锻炼、项目制工作/跨部门工作等方式为员工提供更多实践机会，帮助员工快速成长起来。

轮岗：有计划地调换干部的工作岗位，以培养干部的总体能力和素质。

挂职锻炼：在保留现有职位的基础上，让干部兼任其他单位或部门的管理副职或助理岗位，增加干部的管理实践。

项目制工作/跨部门工作：让干部参与重大项目，特别是管理变革类项目，并有针对性地安排相关工作，提升其综合素质和能力。

任正非指出，华为要培养优秀的科学家、营销专家、管理专家，但整个培养工作要实行"低重心"战略。训战的重点在于"战"，而非"训"，"训"是手段，是过程，而"战"是目的，是结果。无论是管理者，还是某一领域的专家，都是在实践中成长起来的。只有通过不断的实践，在实践中锻炼，在实践中成长，一个人的能力才能得到提升，潜力才能得到激发。

张泽波是华为GTS员工培训平台部硬装工程营教师，担任硬装培训教师已经5年了。每当面对新面孔时，张泽波总是以同样的开场白迎接他们："大家好，我是基地的培训老师。只有上过战场、打过枪的，才能当将军。在这里你们要牢记'品格、体格、意志、视野'这八个字。硬件安装看似简单，却是工程交付项目的短板，尤其是海外海量交付项目的最大困难。要珍惜公司提供的到一线实践的培训机会，只有真正动手干过，才能更好地了解公司产品及一线交付流程。"

为了让广大华为员工发扬艰苦奋斗精神，深入一线了解站点交付流程，华为建立了训战结合的培训平台。张泽波所在的培训部在各个区域都搭建了硬装培训基地，他带领学员到站点进行理论和设备安装知识传授，其实跟合作方的施工队长差不多。

培训部的站点选址可谓上天入地，因此，张泽波带领学员们奔跑在连绵起伏的高山上，穿梭在万木争荣的森林里，出入高耸入云的高楼，钻进阴暗潮湿的地下室……

经过培训和重新赋能，有的学员回到了原来的岗位，也有的学员去了新的岗位，利用全新的知识，在新的舞台上发光发亮。

华为之所以人才"倍"出，正是因为它给员工提供了很多的实践机会，正如任正非所说："将军是打出来的，而不是纸上考出来的。再好的课堂培训效果，离开教室后不去实践，过一两个月，也就都还给老师了。华为给人才最大的发展机会就是实践机会，当下的战场就是我们要交付的项目。我们要敢于'亮剑'，不但要交付价值令客户满意，也要把利润带回公司，赢得军功章。"

最有效的学习就是在工作实践中学习，我们要珍惜工作中每一次面对挑战的机会、遇到困难的机会和解决问题的机会，在一次次的实践中总结积累，实现能力的突破和提升。

5.3.3 通过互动交流收获成长

我们提倡从实践中学习，在课堂上学习，但是往往忽视了互动交流也是一种非常重要的能力成长方式。在每一次互动中，可以实现思维的碰撞，打开干部看问题的视野。

伟大领袖毛主席说："要做人民的先生，先做人民的学生。"群众的智慧往往是无穷的，如果我们善于在每一次互动交流中向他人学习，吸取每一个人身上的优点，持续改进，我们的能力就能够得到快速提升。

为了增强新老员工之间的交流，提升人际学习效果，华为在内部设立了导师制，大力提倡员工保持开放的心态，积极向自己的导师学习。任正非曾经对华为员工说："每个人都必须开放自己，善于吸取他人的经验，善于与人合作并借助别人提供的基础，那么进步就会很快。"

除了对新上任的干部进行工作指导、岗位知识传授，华为的导师还会特别关注新上任干部思想上的动向。因为对于新上任干部来说，来到一个新的岗位，可能存在不适应或者需要提升的部分方面，可能有很多想法，并且希望得到解答，这时正需要有人能够指引他们，帮助他们看清前进的方向。

华为通过导师制不仅能提升干部的人际学习效果，及时、准确、有针对性地为干部成长提供指导，而且能帮助干部尽快适应岗位要求，融入公司，提升其胜任能力。

在华为，除了导师制，内部会议、正式研讨交流、项目复盘、辩论赛、沙盘演练等都是华为干部获得成长的重要方式。对于沙盘演练，任正非表示公司内部要积极利用沙盘演练："GTS（全球技术服务部）可以自己建立教导队，干部进入你们 S2/S3 推行的资源池，进行沙盘演练赋能。考试就按你所在国的项目进行沙盘推演，无论是计划，还是预算、核算，都以真实的场景来进行，这样对回去作战有帮助，再考核你实战后的结果，这样员工的成长快。"

"三人行，必有我师焉；择其善者而从之，其不善者而改之。"如果我们善于在互动交流中借鉴参考别人的做法，做到互相学习，取长补短，善于在合作中吸取他人的经验或指导，再加以整合，变成自己的知识经验，那么我们的能力就会与日俱增。

5.4 针对不同层面管理人员的赋能项目

任正非说："公司在发展过程中到处都缺干部，干部培养不起来，我们就可能守不住阵地，可能要败退。"华为管理者的成长大致遵循"士兵（基层员工）—英雄（骨干员工）—班长（基层管理者）—将军（中高层管理者）"的职业发展路径。基于发展路径，华为针对不同层面管理人员设置不同赋能项目，帮助干部实现由士兵向将军蜕变。

5.4.1 后备干部项目管理培训班

项目管理是华为公司管理的基本细胞，被视为公司最重要的一种管理。任正非说："美军从士兵升到将军有一个资格条件，要曾做过班长。将来华为干部资格要求一定要是成功的项目经理，有成功的项目实践经验。"于是，华为将项目管理经验作为干部选拔的资格要求。

"项目管理做不好的干部，去管理代表处和地区部就是昏君。"由此，华为设置了后备干部项目管理培训班，也就是华为人口中常说的青训班，对公司的后备干部进行培养。青训班项目是一个包括应知、应会、实战等环节的系统赋能项目，如图 5-3 所示。

第 5 章 干部培养与能力发展

网课自学	沙盘演练	项目实践	结业答辩
应知	应会	实战	应用
• 提供网课，开放自学，在线培训 • 让员工能够基本明白项目管理中各个环节的知识点	• 用一线实际案例 • 以沙盘演练的方式展开，进行演练、对抗 • 模拟不同角色，组建项目经营团队	• "脱岗"到一线交付项目中实践，尽量安排跨岗位实践 • 上战场，到一线承担项目管理过程中的一个关键角色	• 参与答辩评估 • 人力资源部备案，为其日后岗位晋升发展提供参考依据

自测 → 评价 → 绩效、答辩 → 发证

图 5-3　后备干部项目管理培训班

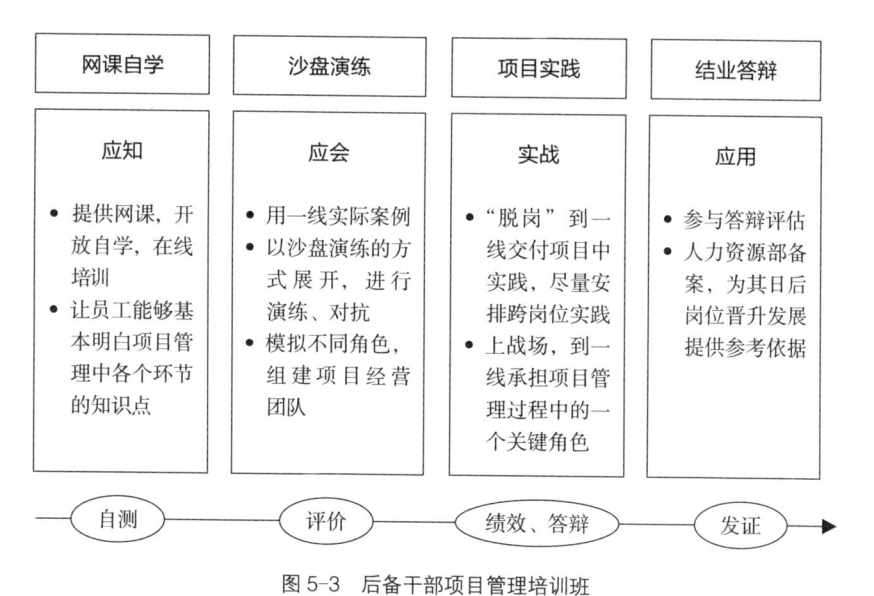

青训班项目主要包括以下内容：

（1）应知。通过网课自学，每个学员初步掌握项目管理中各个环节的知识点，并通过测试。也就是每个参与青训班的人，在集训前自己先学习基础知识，在后续的研讨和演练中才能跟得上节奏。

（2）应会。用沙盘演练的方式展开，模拟组建项目团队，采用一线真实案例模拟训练，辅以导师讲解，了解项目经营和管理的要点，以达到"培训完就能上一线作战"的效果。

（3）实战。走上战场，"脱岗"到一线交付项目中实践 2 个月，尽量安排学员跨岗实践；通过承担项目管理过程中的一个关键角色，输出结果，检验学习效果。

（4）应用。前三步都做完后，学员接下来就是参与结业答辩，结业成绩由人力资源部门备案，为其日后岗位晋升提供参考依据。

青训班以拉通端到端项目管理与经营为主要培训目标，采用训战结合的方式对后备干部进行培训，为华为未来开展以项目为中心的管理夯实基础。

另外，为了做好公司重大项目部的转型工作，多方位培养能打胜仗的将军，华为还从青训班中选拔20%的优秀学员进入解决方案重装旅，让他们进一步接受实战训练。

为了能够从培养斗士转向培养将军，华为特别规划了"2周总部集训营训练+6个月一线作战训练"的解决方案重装旅训战。

前2周集训营的训练内容包括标准化技能训练、场景化实战演练。这个模块的培训重在模拟一线的实际工作情景，针对一线作战的标准动作和场景、工具和模板，以课程讲解、案例分享、项目复盘、对抗演练等方式，让员工能够身临其境、真枪实弹地训练，并通过模拟训练补齐能力短板，提升核心作战能力。在这一阶段所有的训练内容都是每位学员进入集训营时携带的一线重点案例。

接下来就进入一线作战营，开始为期6个月的实战训练。接受集训营的实战演练后，学员要在一线战场将在集训营掌握的关键动作都应用到一线实战项目中，并且要根据一线业务的作战地图，调整在集训营准备好的作战计划，投入一线实战中。与此同时，公司会派有经验的营长在学员战斗过程中提供及时的辅导，帮助员工巩固集训营期间所学的作战方式，并且从一线作战角度出发，帮助学员优化与客户的沟通方式，切实提高一线的作战能力。

经过重装旅训战后在一线有突出表现的学员，华为一定会给机会让他晋升提级，以此培养出更多将军，把整个公司的干部队伍盘活，让干部队伍循环流动起来。这样就使得华为拥有大把三四十岁的将军，干部队伍也能不断壮大。

通过青训班、重装旅等培训方式，华为持续对后备干部进行赋能。通过训战结合学习闭环，学员们在训练过程中承受各种挫折和磨难，在一线实践中承受压力和挑战，由战士蜕变为能打胜仗的将军，整个干部队伍充满能量。

5.4.2 基层干部角色认知和在岗实践项目

华为对于基层管理者有一个定义：基层管理者是指在一线的管理者，但不仅仅是指业务的一线，更多的是指在管理的一线，或者说是通过管理为企业做贡献的人。

在不同层级管理者的角色转换中，基层管理者的角色转换是最难的。从个人贡献者到一线经理，管理者的自我认知、能力和时间的分配，都必须进行调整，这样才能够适应新的岗位要求。

华为非常重视一线基层干部转身的过程，开发了基层干部角色认知和在岗实践项目，通过这个项目让基层干部进行为期一周的核心价值观的学习研讨、角色认知研讨，之后再进行半年的在岗实践，然后再进行述职与综合答辩，合格的人才能够进行人岗匹配。基层干部角色认知和在岗实践项目如图5-4所示。

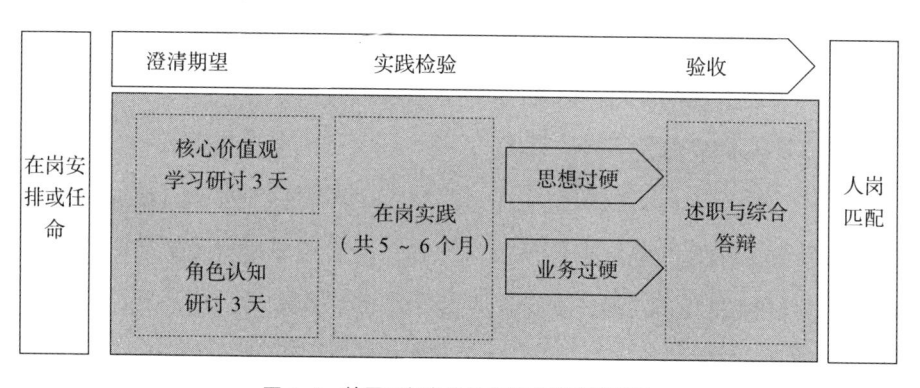

图5-4 基层干部角色认知和在岗实践项目

在澄清期望阶段，通过对核心价值观的学习和角色认知的研讨，将公司对于岗位的期望明确传递出去，让员工知道公司希望自己做什么，建立起对岗位的清醒认知；在5～6个月的在岗实践中，员工把学到的知识带回到工作岗位上进行实践的同时，还要去采编管理与文化案例，通过具体实践固化行为，真正做到训战结合；在述职和综合答辩中，只有"思想过硬"和"业务过硬"的员工才能通过考核。

许多企业的管理者培训，大多采取知识考试的方式以检验学员的学习效果。但是管理技能并不能只考核学到了什么，应该重点考核用上了没有、用的效果如何。因此，在述职与综合答辩中，华为强调的重点是"学以致用"的过程和结果[1]。

基层干部角色认知和在岗实践项目基于干部在岗位上的实际责任结果来验证干部对核心价值观和岗位角色的理解与践行，强化干部选拔的导向，提升干部队伍整体质量。通过这个项目，华为帮助学员完成了从骨干（个人贡献者）到管理者的转身，并点燃了华为所有基层管理者的内心之火。

在华为看来，新的岗位、新的要求，往往能够激发干部的斗志和潜能，也许短期内他们的适应性还不够，但是通过积极的引导，帮助他们根据岗位要求调整工作方式方法，既提高了他们的适岗性，也为岗位注入了新活力，促进了人岗动态匹配性。

基层管理者被称为"兵头将尾"，是一线生产的直接指挥者和组织者，在组织中起着承上启下的关键作用，基层管理者的管理水平直接影响企业的经营绩效。华为的基层干部角色认知和在岗实践项目从干部与岗位动态相适的角度推进人岗匹配，充分激发了干部的工作动力，值得其他企业借鉴与学习。

5.4.3 国家总经理发展项目

为了给华为公司输出全球化的优秀经营人才，华为推出了国家总经理

---

[1] 吴建国. 华为团队工作法 [M]. 北京：中信出版社，2019.

发展项目（GMDP）。国家总经理发展项目成功后，全面推广到各关键岗位，至今相关项目仍在例行运作。

国家总经理发展项目的开发步骤如下：

（1）总结实践经验

> 梳理地区部、代表处等区域主管在实践中积累的大量管理经验。

> 明确 GM（国家总经理）角色职责和定位。

（2）设计角色模型

> 根据大量访谈、研讨，制定角色素质模型和培养方案。

（3）制定培训课程

> 模块一：概论（角色认知）。

> 模块二：关键业务活动课。

> 模块三：团队使能课，项目整体研讨。

其中，培训课程设计的逻辑是首先认清岗位角色，然后厘清业务关键活动，最后针对性地提升岗位所需的核心技能，包括能力与经验两方面，如图 5-5 所示。

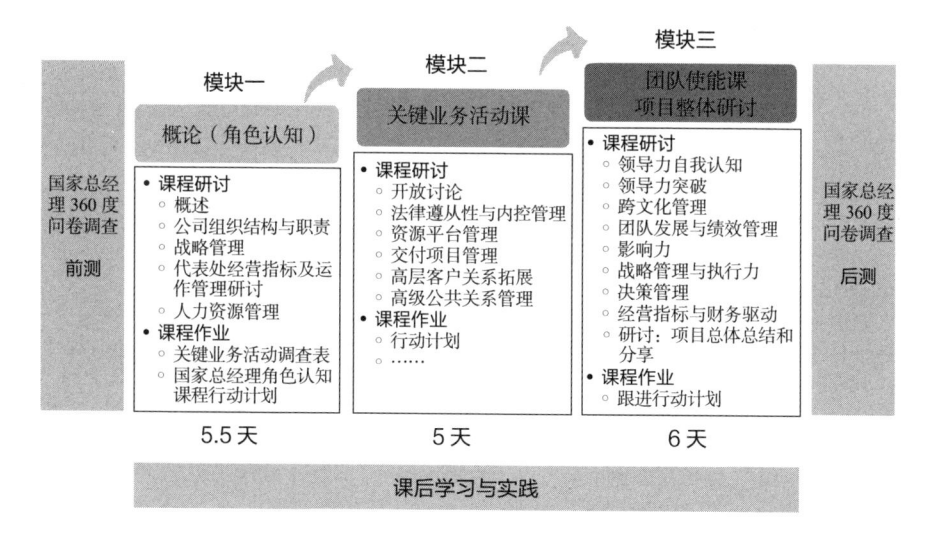

图 5-5 国家总经理发展项目

在整个项目过程中，还会有两次问卷调查，即项目开始前的 360 度问卷调查和项目结束后的360度问卷调查。每一阶段的学习结束后，学员都必须完成相应的课程作业，确保学习内容能够有效转化。

5.4.4 华为干部高级研讨班

在华为，从基层干部到高层干部培养是不断收敛的，会逐步挑选出越来越优秀的人员。走过训战阶段进入高级阶段，华为干部要想成长为真正的将军，并进一步成为思想家和战略家，帮助公司抢占世界市场的机会点，就需要眼界更宽阔一些、思想更活跃一些。于是，华为大学特意为公司中高级干部开设了高级研讨班，简称高研班，其堪称华为的"抗大"。华为规定公司所有一定级别以上的干部均需要参加高研班的研讨学习，培训周期为10天。

高研班的开设，不仅仅是让学员理解并应用华为的干部管理政策、管理方法和工具，更主要的目的在于，通过对公司核心战略和管理理念进行开放式的研讨与交流，传递公司的管理哲学和核心价值观。为此，华为搭建了高研班的思辨研讨模型（见图5-6），高研班的教学方式以研讨和交流为主，鼓励彼此思想上碰撞。

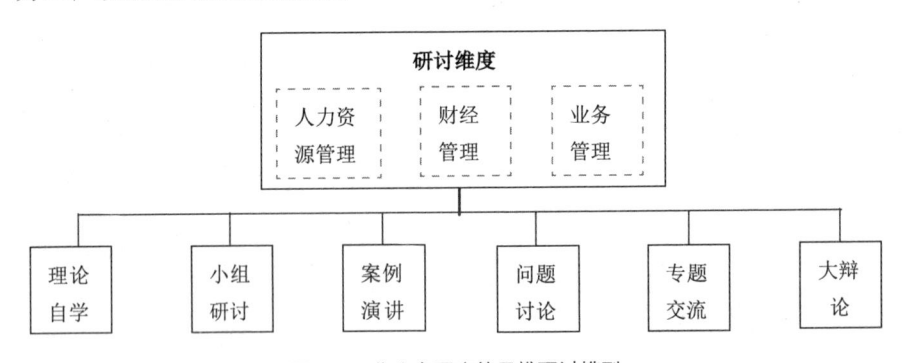

图5-6 华为高研班的思辨研讨模型

华为高研班的学习分为理论自学、课堂研讨、论文答辩、深度发酵四个环节，详细介绍如表5-3所示。

表 5-3 华为大学高研班学习的四个环节

环节	内容
理论自学	华为公司的核心管理理念及管理方法是理论课程的主要内容，源于华为的核心价值观，是公司级的管理哲学和文化，学员在入学之前须自学这些内容
课堂研讨	分别围绕《人力资源管理纲要》《业务管理纲要》和《财经管理纲要》这三个公司级的纲领文件进行研讨。一般先进行分组讨论，再进行全班讨论。在研讨中，会设置引导员，由公司高层担任，负责对学员们的观点进行点评
论文答辩	至少写一篇真实的案例及分析作为结业论文，并进行答辩，强化对理论的学习与应用
深度发酵	学员在华为大学的案例平台"管理视界"上发表自己的案例和心得，使更多的干部和员工了解学员的见解，然后进行学习和讨论

王文（化名）是华为大学的专职讲师，她讲述了 2010 年为高研班设计课程的故事。由于那时华为大学尚未有高研班的经验，因此，华为大学专门成立了项目组进行课程的方案设计。

参与项目的基本上都是 2000 年以前加入华为的老员工。他们要从梳理华为 20 年的管理精华开始，从大量华为公司的文件中厘清核心思想，并且要逻辑严密，可读性强，最重要的是，要考虑到项目的可执行性。

高研班课程的设计用了将近一年的时间，项目组负责人坚持认为，项目不单单只是普通的课程设计，而是影响几千名干部思想的大事。在设计过程中，要将那些具象感性的故事升华为抽象、逻辑性强的课程，并不是一件容易的事情，而且还要思考有些内容是不是适合放进课程。方案经过反复的推倒重来，终于通过了公司高层的评审。

另外，华为的高研班和华为大学其他培训项目一样会收取学费。高研班刚刚开设时，每期的学费是 2 万元，学费由学员个人承担，而且参加培训的高管从世界各地赶到华为总部参加培训的吃住行费用自理。培训期间，他们还会被停发半个月的工资和补贴。据悉，自 2010 年 12 月高研班第一期开班以来，已经陆续培训了管理者 5300 人次。

华为的中高级干部通参加高研班的培训，视野不仅得以极大地开拓，而且对公司战略的洞察能力有了显著提升,管理理念也得到了更新,有效地承载了华为全球化的发展战略。

5.5 用最优秀的人培养更优秀的人

"用最优秀的人培养更优秀的人。"华为秉承这个理念,用最优秀的干部为公司培养更出色的接班人,为公司发展注入源源不断的活力,从而有力地支撑了公司的可持续发展。

5.5.1 华为导师制

用最优秀的人培养更优秀的人,是华为始终奉行的人才培养理念,也是华为人才"倍"出的主要原因之一。其富有特色的全员导师制,将这个理念落实到了每个管理干部,甚至每个新员工身上。

在华为,公司会给每个新员工都安排一个导师。通过这种捆绑式的"导师制"实现"一帮一,一对红",使新员工迅速成长起来。为了推动导师制真正落到实处,华为对担任导师须符合的条件做了明确说明,也制定了相应的导师激励政策。

华为规定导师必须符合两个条件:一是绩效必须好,二是内心充分认同华为文化。如果不认同华为"以客户为中心,以奋斗者为本,长期艰苦奋斗、坚持自我批判"的核心价值观,是不可能有机会成为员工的导师的。华为同时规定,一个导师最多只能带两个新员工,目的是确保成效。

华为对导师有以下激励政策:一是设立晋升制,只有担任过导师的人,才能得到提拔;二是给予导师补贴;三是开展年度"优秀导师"评选活动,以及导师和新员工的"一对红"评选活动,在公司年会上进行隆重表彰。这些激励措施，激发了华为人踊跃担任导师的积极性和带好新员工的责任感。

在华为，导师和新员工之间是一把钥匙配一把锁的关系，导师不仅要关注新员工一时的绩效和表现，还要通过长期的观察，发现新员工的长处，并通过循循善诱的方式指导这些员工在完成工作时发挥自己的长处。

华为导师对新员工的指导可以分解为两个动作，就是先教后做。要让新员工在工作上有突出表现，导师就要先教会他什么是应有的表现，什么是应做的贡献。传递完这些信息之后，还要帮助新员工熟悉工作，真正掌握工作技能。然后就是带着新员工操作，让他明确应该如何将自己的长处发挥出来，这些动作就是所谓的"传，帮，带"。

2004年，李扬（化名）加入华为，当时他只是对机械领域非常感兴趣，对于职场、交付等完全没有概念。所以，当他被车间主任问到有没有兴趣做3001C无线基站的维护工作时，他毫不犹豫地答应了，但真正面对3001C无线基站的时候，却不知从哪里入手。

3001C无线基站是华为的第一代无线产品，也是当时华为公司体积最大、结构最复杂、维保年限最长的产品。面对这些机器，李扬充满了工作的激情，但是这个工作对于一个刚入职的新人来说，无疑是一个巨大的挑战。李扬担心自己完不成任务，甚至想打退堂鼓。这个时候李扬的导师及时对他进行了鼓励，并告诉李扬，自己会带着他一点点熟悉业务处理方式。导师的鼓励和支持让李扬充满了信心。李扬在跟着导师学习一段时间后，没多久就能够自己动手做3001C无线基站的维护工作了，这让李扬感到非常开心。

然而，没过多久，新的问题又来了。由于3001C无线基站已经停产，维修时没有足够的配件可供更换。导师安慰李扬，并给他提供了一个解决方案，同时也教导李扬要转换思维，自己思考一个更好的解决方案。李扬认为导师的提议很好，因为要解决根本问题还需要更深入研究。于是，李扬开始试着自己摸索，以找到更好的解决方案。在这个过程中，他养成了收集配件的习惯。一段时间后，李扬对维修作业中需求量大的小配件都进行了临时编码，并且在一次维修时顿悟到可以直接按临时编码领用配件，这样一来就能完美解决问题。李扬的这个方法不仅提高了维修成功率，而且还降低了维修成本。

一位担任过导师的华为员工说："每个人都是一步步成长起来的，每个人都有自己的特点，要发挥自己的特点并不容易。看见新人，就像看到了当年的自己，觉得自己有责任帮助他们，让他们少走些我当年走过的弯路。担任导师的过程，也让我不断去完善自己。只有自己不断进步，才有底气去辅导他们进步。"

在华为，不仅新员工有导师，所有老员工都有导师，而且几乎所有华为干部都有过当导师的经历和被导师手把手传授技能的经历；导师制不仅在生产系统实行，在研发、营销、客服、行政、后勤等系统也实行；导师职责比较宽泛，不仅在业务、技术上"传，帮，带"，还在生活细节上加以指引等。

通过推行导师制，不仅大大缩短了干部与员工进入新环境的"磨合期"，使其迅速适应新岗位，同时也拉近了干部和员工之间的距离。借助"导师制"，华为培养了一大批后备人才，为公司的持续发展打下了坚实的基础。

5.5.2　领导者需要培养接班人

在华为，各级干部都必须努力培养超越自己的接班人，这是华为业务持续高速发展的重要推动力。没有前人为后人铺路，就没有人才"倍"出。只有人才"倍"出，继往开来，才会有事业的兴旺发达。

企业的发展离不开人才，而企业想要人才，就离不开干部对下属员工的培养。当每个干部都能发现和培养比自己更加优秀的接班人时，整个企业就会呈现出进步的态势。

华为要求每位干部都要认真地培养接班人。华为在干部的责任中有一个明确的要求：要有意识地培养接班人。培养接班人已经被华为写入了《华为基本法》来贯彻实施，同时它也是干部任免的一个重要指标。

《华为基本法》第一百零一条明确规定："进贤与尽力是领袖与模范的区别。只有进贤和不断培养接班人的人，才能成为领袖，成为公司各级职务的接班人。中、高级干部任职资格的最重要一条，是能否举荐和培养出合格的接班人。不能培养接班人的领导，在下一轮任期时应该主动引退。仅仅使自己优秀是不够的，还必须使自己的接班人更优秀。"

英国学者贝尔纳天赋极高，是一名科学天才，有很多人看好他在晶体和生物化学领域的研究，认为他能够获得诺贝尔奖，但贝尔纳没有按照旁人预期的那样走上科学的高峰，而是走上了另一条道路，尽自己所能将一个个开拓性的课题提出来，指引其他学者登上科学高峰。这一举措大大推进了世界科学的发展，他这种伯乐精神和牺牲精神也被称为贝尔纳效应。

实际上，在企业中也需要管理者具备贝尔纳的这种人梯精神，为更多有才干的下属创造脱颖而出的机会。华为基于贝尔纳效应提出了要让优秀的人培育新人，指导更多有才能的人为公司做出贡献。在华为，有许多资深专家和优秀干部都甘为绿叶，将培育更多出色人才当作自己的责任，敢于提拔任用能力比自己强的人，积极为有才干的下属创造脱颖而出的机会。

2014年，华为维护部的资深专家马华（化名）远赴秘鲁，除建立和完善代表处的网络信息数据库，做好网络分析和预防工作之外，马华的主要任务是带领好资历尚浅的本地团队，培养更多维护人才。

当时，华为的本地团队对于网络信息库领域没有深入的了解，对于网络信息库建设工作的理解比较肤浅，对于如何整理信息数据、如何应用好这些信息并借此创造价值，还没有准确的认识。为此，马华耐心地带着团队所有成员一点点熟悉网络信息知识，并为他们进行讲解，从基础的网元信息到网络拓扑，再到网络承载的业务、用户和流量信息，以及复杂的网络性能和用户体验等，每一个细节马华都讲解到。

经过一段时间的培训，团队成员们对于网络信息等有了较深的了解，并且熟练掌握了信息的分析与应用，处理工作得心应手。在本地团队的整体工作能力大幅提升之后，马华为能力突出的员工进行了更进一步的指导。在他的帮助下，本地成员能够独立做好各方面的工作，通过熟练操作使得网络性能指标和SLA满足率稳步提升，得到客户的认可和支持，为公司创造出更大价值，团队中也有许多优秀人才逐渐成长为能够独当一面的"小专家"。

在华为，像马华这样除了个人业务能力突出，还能为组织培养更多出色人才的专家还有很多。正是因为这些优秀的人以培育更多出色的人才为己任，给新人创造脱颖而出的机会，才使得华为能够人才"倍"出。在华为，培养不出接班人的干部，是不能被提拔的。华为通过机制的力量，牵引着人才培养工作落地。

5.5.3　新上岗干部 90 天转身计划

拉姆·查兰在《领导梯队》一书中提出：一个员工在职业生涯的发展中，从最初独立贡献者，到进入整个组织中的最高层，在这个过程中员工会进行 7 次转身。华为以此为理论指导，制订了新上岗干部 90 天转身计划（见图 5-7）。

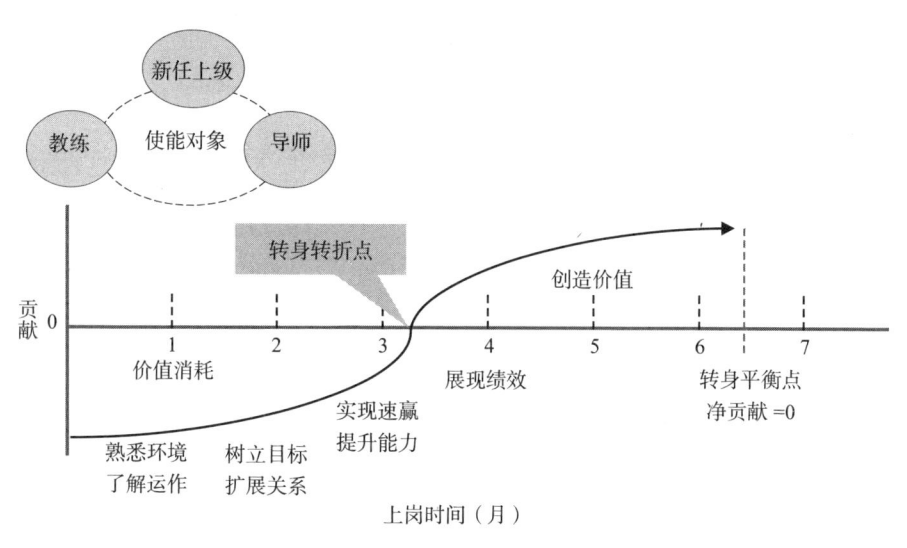

图 5-7　新上岗干部 90 天转身计划

对于关键岗位的干部，如果管理跨度比较大，华为会单独给他们制订新上岗干部 90 天转身计划，以帮助他们快速认知岗位，实现角色调整。

华为新上岗干部 90 天转身计划包括以下几个步骤。

1. 角色认知

华为要求每个新上岗的干部都要进行角色认知的培训，并且要在 90 天的时间内完成学习，无论是基层的项目主管，还是某一国家代表处的业务领导人。角色认知培训项目能帮助干部认清其在新的管理岗位上要承担什么角色，需要做哪些关键动作，以及需要发展哪些方面的能力。

华为的角色认知培训项目用混合学习方法设计，包括短期的封闭研讨学习和大量的实践。

2. 转身教练

在转身计划 90 天内，华为的每一个新干部都会被分配一个转身教练。转身教练通常是之前在该岗位上有经验的干部，他会给予新干部各项精细化的指导，包括从哪里开始了解新的环境，如何建立新岗位的人际关系和协同性的互动关系，如何规划与上级的关键对话，最关键的是帮助新干部快速达到近期绩效目标，与员工建立信任关系。

3. 任前管理

90天转身计划结束之后，这些新人将要参加转正答辩。在一小时内与包括HR在内的管理团队成员进行互动，向他们介绍在三个月的时间里做了哪些工作，产生了什么变化，取得了什么样的成果及未来要采取什么样的业务策略等。通过答辩的干部才能正式上岗。

在华为的新上岗干部转身计划中，他的直接主管、导师和转身教练将起到关键作用。直接主管负责把握方向，给予必要的支持，比如，日常辅导、绩效辅导及进行反馈等。导师起到的作用主要是分享新岗位所需的特定知识和经验，及时提供指导、响应求助。转身教练作为干部转身计划的专业指导，将跟踪整个转身过程，并对干部进行一对一的教练辅导。在实施转身计划的过程中，这三人会时常保持沟通交流，并就干部在工作中的表现交换意见，给出具体的改进意见。

当然，干部转身计划同时也需要干部自身的努力。一般来说，干部想要成功实现转身，必须经历四个阶段。

第一阶段，干部必须清楚地认识转身计划，并做好几个方面的准备，如表5-4所示。

表5-4 华为新上岗干部实施转身计划的准备工作

准备事项	内容描述
思想转身	了解新角色应该做什么，不应该做什么
时间转身	重新分配自己处理每项工作的时间
技能转身	了解新岗位所需要的技能，并与自己已具有的技能进行比较，针对性地补足自己欠缺的技能
人际转身	良好的人际关系网是成功转身不可或缺的一部分，要重新建立新的人际关系网

第二阶段，找准确切有效的目标，带领团队迎接挑战和战胜困难，达

成目标。

第三阶段，有效加强自身的影响力，不仅影响所领导的团队成员，也影响周边团队的成员。

第四阶段，在成功转身的基础上，寻求向下一阶段转身。

高圆圆（化名）大学毕业后加入了华为，经过大队集训、岗前培训和业务实习等流程，成为一名客户经理。正式入职并被派往越南后，高圆圆正好赶上一个项目的谈判。为了确保项目谈判成功，整个代表处全体出动，连高圆圆这个新兵也不例外。为了一改自己懵懵懂懂的局面，高圆圆在工作之余恶补专业知识，经过300多小时的自学，高圆圆终于赶上了大部队。然而随着该项目的顺利交付，她面临了一个新的选择。

马来西亚代表处为了完善行政平台、提升员工服务水平，需要设一名专职的行政主管，亚太区的行政主管找到高圆圆，询问她是否愿意换一个职位。经过仔细的权衡之后，高圆圆办理了工作交接，来到马来西亚。

从客户经理到行政主管的转身并没有难倒高圆圆，在老员工的帮助下，她对公司内部的各个部门进行走访、交流，同时对外部资源进行考察，在充分熟悉了各项业务流程后，高圆圆还与老员工一起对原有的行政服务进行了完善。

2009年，经过高圆圆与部门同事的共同努力，马来西亚行政服务上了一个新台阶，行政服务满意度居于南太地区部首位。2015年，高圆圆成为华为马来西亚办事处的一个重要主管。

在从客户经理到行政主管的转身中，高圆圆在自己和部门同事等多方的努力下，实现了完美的过渡，并且在新的岗位上做出了突出的贡献。通过这次转身，不仅华为马来西亚代表处收获了一名优秀的行政主管，高圆圆也找到了能够更加发挥自己才能的工作。

在大多数企业发展的过程中，免不了要进行各种各样的岗位调整和人员调动。在进行调整和调动时，新上岗的干部难免出现进入角色慢、不能快速融入新团队等问题，企业可以借鉴并参考华为的做法为干部制订转身计划，帮助他们更好地适应新环境，避免和减少失败的风险，赢得各方的信任和支持，最终实现顺利过渡。

第6章
干部评价与激励

当前市场竞争激烈,要塑造一批能打胜仗的干部队伍,企业就应该建立有效的干部评价与激励制度。作为世界领先的通信设备制造商,华为取得成功的原因有很多,其中之一就是有独特的干部评价与激励方式,它充分激发了华为干部的工作积极性和潜能,推动了公司的成长与进步。

学习导图

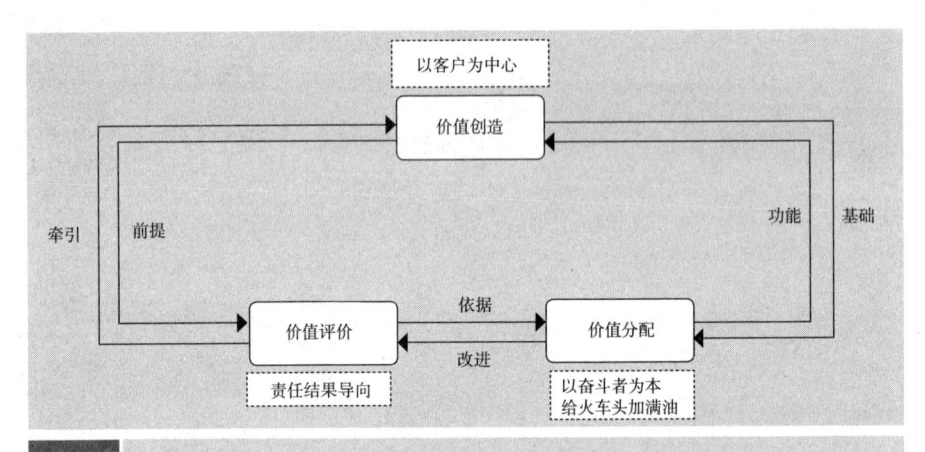

华为干部评价与激励方式

- **分层分级考核**：高层关注长期目标；中高层兼顾中长期目标和规划落实；中基层员工关注短期目标和过程行为规范
- **正向考绩 + 逆向考事**
- **绩效改进**：坚持述职报告制度，坚持通过比较制度考核和识别干部

干部评价

图中要素：
以客户为中心 → 价值创造
牵引、前提、功能、基础
价值评价 —依据/改进→ 价值分配
责任结果导向
以奋斗者为本 给火车头加满油

带着问题阅读：

1. 华为的责任结果导向与结果导向有何区别？
2. 对于绩优管理者和绩效不达标的管理者，华为是如何处理的？
3. 华为的分层分级考核评价模式是如何设计与操作的？
4. 如何做好责任目标的结果衡量及差异化管理？

6.1　全方位评价干部

任正非说:"怎么对待一个干部的考核呢?我认为永远不会有科学的方法,永远做不到真实合理地判断,我们只能相对准确地评价干部。"为此,华为采用多种工具和方法对干部进行全方位的评价与考核,以保障判断结果的相对准确性。

6.1.1　华为干部考核与评价的工具

干部在一个企业中扮演着非常重要的角色,干部的作风会影响整个团队的作风,决定团队的执行力和战斗力。因此,如何评价干部、考核干部就显得尤为重要。

干部标准是企业进行干部评价的基础,本书第 2 章阐述了华为干部的通用标准,那么华为针对每项标准采用了哪些评价工具?其评价主体又是谁?具体答案如图 6-1 所示。

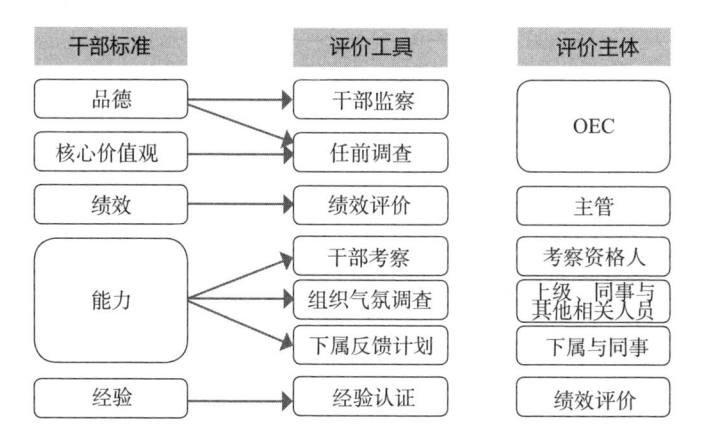

干部标准	评价工具	评价主体
品德	干部监察	OEC
核心价值观	任前调查	
绩效	绩效评价	主管
能力	干部考察	考察资格人
	组织气氛调查	上级、同事与其他相关人员
	下属反馈计划	下属与同事
经验	经验认证	绩效评价

图 6-1　华为干部标准、评价工具与评价主体

在进行干部考核时，华为采用正向考绩与逆向考事相结合的方式，并且通过监察管理，在公司内形成一种积极进取的氛围，使得干部队伍始终保持强大的战斗力。华为干部考核的工具如表 6-1 所示。

表 6-1 华为干部考核的 13 种工具

维度	内容	工具
正向考绩考能	考绩	组织绩效管理与评价
		高中基层干部 PBC（个人绩效承诺）管理与评价
		中高层述职与评价
	考能	高中基层干部任职资格认证与复核
		组织氛围调查与评价
		领导力素质 360 度调查与评价
关键事件逆向考事	从成功/失败项目中发现优秀干部	成功/失败项目人才发现流程
	从影响公司长远发展的关键事件中考察和选拔干部	关键黑/白事件清单与档案管理
		关键事件人才发现与调查流程
干部监察	—	专兼职干部监察队伍建设
		干部监察范围与标准
		干部监察制度
		干部监察 360 度调查

6.1.2 以正向考绩考能为主

任正非认为，一个完整的考核应该包括正向考绩和逆向考事两个方面：正向考绩是指按照华为责任结果导向，完成系统考核；逆向考事是指关键行为过程考核。

素质的评价与领导者的个人喜好和对事物认识的局限性有很大关系，能力、行为、态度并不必然带来高价值，只有业绩和结果才是实实在在的，是客观可衡量的。因此，华为构建了以责任结果为导向的评价机制，号召员工勇担责任，聚焦价值创造，持续为客户输出有益的结果。

对此任正非表示，华为要构建以责任结果为导向的评价机制。一方面，因为以责任结果为导向的考评具有客观的衡量标准，可以把华为所重视的"公平"真正落到实处；另一方面，可以对干部的行为进行有效约束，确保干部聚焦在为客户创造价值上。这样一来，公司那些追求形式、搞关系、讲苦劳的人就会越来越少，公司也能形成一股干事创业的务实之风。

华为考核部门及其领导者的工作，最终看的就是减人、增产、增质、增效，以及核心竞争力的提高。华为通过坚持述职报告制度及比较制度，考核与识别干部。

干部工作到第二年，会对比其第一年与第二年两份述职报告，看其做好了没有，存在的问题是什么，这就是比较考核识别干部。不能改进工作，不能提高人均效益的主管干部，不一定马上撤下来，可先给予警告。警告不行，就要撤职。撤职不是目的而是手段，它迫使公司各级干部都有危机意识。

部门述职抓核心指标。把今年的指标和去年的指标相比，指标不好就要被降级。和同行比会掩盖自己的问题，自己与自己比就会着急。一年改进10%就很不错了，改进5%也能接受，改进3%看情况是否接受，不改进就要被撤掉，而且易岗易薪，工资马上要降下来。

对不能直接进行效益考核的部门，自己和自己比，今天和昨天比。你一定要有进步，不进步就下台。一天一天挤，水分越挤越少，挤到一定程度，你就会真正进行末位淘汰，你就不会在你管辖的范围内袒护落后了。

为了牵引干部不断提升自己的绩效水平，除了要求其自己和自己比，华为对干部的绩效考核还有三比：一是跟友商比，也就是说，你要跑得比友商的相同部门的主管快；二是跟周边的部门比，华为会把同类组织不同的区域、不同的产品线放在一起比；三是跟公司的期望比，也就是跟战略比。华为通过这种比较管理体系，牵引所有干部专注自己的绩效改进，不断提升自己的绩效水平，带领团队践行公司以客户为中心的核心价值观，为公司的可持续发展注入源源不断的活力。

6.1.3 抓住关键事件逆向考事

华为在坚持以岗位责任结果为导向对干部进行评价的同时，还抓住关键事件逆向考事，也就是通过逆向考事来评估干部的忠诚度和业务能力。

作为干部，其忠诚度和业务能力必须能够经得起考验。当企业经营出现危机、需要做出战略调整等关键事件发生时，就需要干部牺牲一定的个人利益。除此之外，在这些关键事件中，干部也要发挥出骨干的作用，带领团队完成任务。

值得注意的是，逆向考事要以正向考绩的结果为基础，也就是说，当企业评价或提拔一个人时，要在有结果的情况下看这个人是怎么做的，是否在关键行为中表现出高素质。

由于在逆向考事过程中存在比较多的人为因素干扰，企业在进行逆向考事时，需要注意：

（1）逆向考事要实事求是。逆向考事的目的是更科学合理地对一个干部任期内的业绩进行评价，或对其称职与否进行认定。逆向考事重在"考事"，重点考核干部在任期内所负责的事务。通过对事情的成功和失败进行认定，进而分析与评价干部的业绩与能力。假如一个干部在任期内"群众基础很好"，但是没有做成一件事情，或者仅仅做了一些"形象工程"，那么企业就能得出结论：该干部是不称职的。

（2）逆向考事要注意严肃性。逆向考事由于其手段的特殊性，更容易陷入"找毛病""挑刺"甚至"打击报复"的误区。在这种情况下，从事逆向考事的组织或者个人，要充分认识到逆向考事的科学性与独特性，在坚持实事求是的前提下，用唯物辩证法来分析问题。同时，逆向考事不仅对规定的考核事项要找缺点、找原因，同时也要找优点、看成绩，通过实事、客观、公正地做出认定与评价。

（3）逆向考事要坚持严格的程序。逆向考事因为其严肃性、敏感性，在操作过程中一定要坚持严格的程序。首先要确定主题。主题来自上级部门下达的各项任务，来自其任期内带领员工所从事的工作，来自员工要求其解决的问题或应该解决的问题，来自其出自主观决断、个人喜好而做的事情。其次要确定内容。考事，必须要有事，在众多事项中一定要选出待考核的事，可能是全选，也可能是有针对性、有目的性地选。最后要明确考事的目的与意义。

（4）逆向考事要注意公正、公开和公平。任何形式的暗箱操作、任何形式的责任追究、任何形式的打击报复与逆向考事的初衷都是水火不容的。

华为认为，采用正向考绩与逆向考事相结合的办法，对干部的考核会更加客观公正，干部会一茬胜过一茬。为此，任正非表示："我们要推行以正向考核为主，但要抓住关键事件逆向考事。事就是事情的事。对每一个错误要逆向去查，找出根本原因，以便改进，并从中发现优秀的干部。我认为正向考核很重要，逆向考事也很重要。要从目标决策和管理的成功，特别是成功的过程中发现和培养各级领导干部。对于失败的项目，我们要善于总结，其中有不少好干部也应得到重视。"

6.2　分层分级考核干部

华为的干部考核最具特色的是分层分级的考核评价模式。对于高层管理者的考核，关注的是战略发展和长期目标；对于中高层主管，要求其兼顾中长期绩效目标的达成和业务规划的有效落实；对于中基层管理者，关注其本职岗位上短期绩效目标的达成和过程行为的规范，进而牵引干部聚焦价值创造，有效激发其工作热情，使得公司始终保持强大的市场竞争力。

6.2.1　高层关注战略发展和长期目标

华为认为，企业高层应该有前瞻性眼光，要对企业未来的发展投入更多精力，以确保战略和方向的正确。对此，任正非表示："如果我们都只会英勇奋战，思想错了，方向错了，我们越厉害就越有问题。所以希望你们中间能产生思想家，不光是技术专家，要产生思想家，构筑未来的世界。"

在华为，有一句很流行的口头禅："屁股决定脑袋。"意思是一个人的屁股"坐"在什么位置（职位）上，脑袋就"想"什么事，即所坐的位置决定了其思维方式。

任正非对于坐在高位的管理层的要求就是"脑袋"要发挥作用，具备前瞻性的技术洞察能力和市场洞察能力。他提出华为的轮值董事长要做思想家，手脚都要砍掉，只剩脑袋；首席××官要做战略家，应该以全局视野看系统结构，先将他们的屁股砍掉，让他们不能坐在局部利益上。

此外，华为经常向公司的管理层贯彻一个理念，即"仰望星空"。对此，任正非表示："高级专家与干部要多参加国际会议，放下手中一些繁杂的琐事，去领悟世界最高层的人讲话的真谛，打开国际视野，把目光放长放远，把握住公司未来的方向。

都江堰从两千年前到现在，水还在这么流动，为什么我们总是落后？就是因为我们没有仰望星空，没有全球视野。你看不见世界是什么样子的，就把握不住世界的脉搏，容易被世界所抛弃。IT和存储产业其实没有那么复杂，是很有希望的产业，突破了就有大市场，要么就是死亡，没有什么小市场给你。希望你们能成就巨大的产业！"

就高层管理者而言，想要带动团队和企业的发展，便不能缺乏远见和洞察力，只有视野开阔，方能看得高远。如果高层管理者将自己置身于隧道当中，那么他只能看到身前的一点光亮，必然无法做出高瞻远瞩的决定。

高层管理者要想扩宽视野，就必须开放自己，主动与外界交流碰撞，并时时审视自己。

2013年，任正非在无线业务会议上讲话："高级干部要少干点活，多喝咖啡。干部的战略视野很重要，关在家里埋头苦干是农民。美国是很开放的，这是我们不如美国的地方。"

华为轮值董事长胡厚崑也在《数字社会的下一波浪潮》一文中指出："过去拥有的知识已经没有意义了。"知识不是最重要的，重要的是掌握知识和应用知识的能力和视野。

对此，任正非举了一个例子。假设让一群之前对榴弹炮完全没有概念的工人制作榴弹炮，他们可以上网搜索原理和图纸，只要弄到原材料和设备就能做出榴弹炮了。任正非以这个例子来说明开放交流的必要性。他要求华为的高级干部与专家要多参加国际会议，"多喝咖啡"，与不同的人碰撞，说不定就擦出火花来。就算没有火花，也是很有裨益的。这样的智慧交流和碰撞只要有人成功了就是很大的贡献。

由此可见，一名合格的高层管理者，应该以更开放的心态兼收并蓄，把关注点放在战略发展和长期目标上，使自己的视野宽广一些、思想活跃一些，站在长远、未来的角度看问题，进而成为战略领袖和思想领袖，立于金字塔尖，带领公司稳步发展。

综上所述，华为对高层管理者的考核关注点是其在公司战略目标的达成和对公司长期利益的贡献上，以及其对团队建设和干部后备队建设的重视程度。同时，华为还要求高层管理者不断提升领导力素质，以确保公司实现可持续发展。

6.2.2 中高层兼顾中长期目标的达成和规划的落实

战略目标确定后，中高层管理者要回答"我们应该怎么做，要达成什么成果"的问题。这就要求中高层管理者进一步将战略目标分解到各个业务领域并制订行动计划，以明确的中长期目标引导员工的行为。为此，华为对中高层的要求是兼顾中长期目标的达成和规划的有效落实，提高业务和干部培养的成功率，使团队持续产生更大的绩效。

英国马狮公司的前身是创建于1884年的一元便利店，1915年它发展成为一家零售连锁店。1924年，马狮公司将公司的主要目标定为社会革命（也就是靠给下层人士提供物美价廉的衣物来突破社会阶层的壁垒，这与英国当时的社会现实——人的阶层靠穿着来区分有关），而不仅仅是普通的零售业务，由此创造了马狮公司的增长奇迹。

当时的马狮公司决定通过给下层人士提供物美价廉的衣物来突破社会的阶层壁垒。在确立了战略发展方向后，马狮公司继续确定了清晰的不同领域的目标。

（1）营销目标：将客户定位为工人和低级职员，去了解他们的偏好以及在服装方面的购买力。

（2）创新目标：公司决定开发新的织物和漂染原料，提供有吸引力的廉价服装。为了确保所提供衣物的质量能够不断改进，公司成立了质量控制实验室。

（3）人力资源目标：公司特别注重招募、培训和发展管理人员，是英国第一家委派女性经理人来管理女性雇员的公司。

（4）财务资源目标：公司非常注重原材料的采购，为产品选定合适的品牌，确定商店的最佳地理位置和布局。

（5）生产力目标：公司采用了一个自己的衡量指标——商店中每平方英尺（1平方英尺≈0.09平方米）销售面积的销售额，这种衡量生产力的手段既简单也有价值，计算结果一目了然。

（6）实体设备的生产力目标：公司将存货的确认转换为较简单的实物确认，让员工摆脱枯燥的案头工作，极大地鼓舞了士气。

（7）利润目标：公司没有强制要求达成任何特定的利润目标，但还是取得了远高于行业平均水平的利润率。

（8）社会责任目标：公司不会利用和它有供货关系的厂商的弱点来赢利，而是特别注重供应商的稳定和发展。

战略依靠中长期目标的达成来实现，马狮公司将战略目标细致划分到每一个模块，使公司员工清楚自己的目标，并且能依据清晰的计划完成自己的工作。这就是马狮公司能逐步成为英国最大的零售集团的关键原因之一。

2007年，第一代iPhone发布之后大获成功，苹果、三星、HTC等手机厂商竞争如火如荼。由于客户接纳度、研发技术等方面的原因，当时的华为还无法追赶上它们。于是华为战略部刘南杰另辟蹊径，提出做电信网络"端管云"，但是并未被纳入公司的主航道。

华为的消费实验室经过研究发现，2G的GSM快速普及时其价格在170美元左右，那么随着3G的快速普及，其价格应该在150美元左右，于是向战略部提出启动智能手机战略，将主力放在150美元的智能手机上，在国内也叫作千元智能机。

从2009年到2011年，华为全力推广千元智能机，得到了运营商的认可，也培养和积累了客户群。但之后各手机厂商为迎合消费者，纷纷推出千元智能机，导致智能手机同质化严重，种类繁多，消费者选择也越来越多元化。

在这时华为制订了制造高性价比手机的战略计划，加大对手机业务的投入，并成立独立的手机业务部门。秉承着质量好、服务好、价格低的理念，华为推出荣耀系列、P系列等，大获成功。在接下来的几年中，华为手机业务在低、中、高段三线发力，全力超车。在手机芯片上，华为更是投入巨额资金，不惜一切代价进行研发。最终研发成功，打破了西方对手机芯片的垄断，也使得华为手机获得了越发明显的优势。

如果华为只是确定了战略方向，却不集中力量去达成中长期目标，那么也就不会有今天华为的成功。良好的执行力，使得华为一步步完成了战略计划，落实了战略意图，成长为今天的通信行业巨头。

任正非说："好的企业，不是看领导者有多英明神武，而是看其在执行力上有没有建树。执行力是企业高效运营的根本。"中长期目标的达成情况无疑就是衡量企业执行力强弱的一个重要指标。为此，中高层领导者要兼顾中长期绩效目标的达成，通过提供有效的支持和实施有力的监督，引导员工的行为，打造具有良好执行力的团队，确保企业的战略计划落实到位。

6.2.3 中基层关注短期目标的达成和过程行为规范

对于中基层员工，华为在绩效考核中关注其本职岗位上短期目标的达成和过程行为的规范，强调实际任务的完成和绩效不断提升。

2008年，华为员工李晓（化名）被派往赞比亚，担任MTN 300站点全Turnkey项目合同经理，负责合同履行和变更。这是该地区部第一次交付的大规模Turnkey项目，客户要求12个月内完成交付，包括挖地、打地基、做塔、立设备和开通业务。由于缺乏前期经验，加之当地交付资源不够，项目进度缓慢。项目组每天都要开会讨论项目进展和解决方案，如此持续了近半年，项目组成员身心俱疲。李晓和站点设计人员张毅（化名）决定想办法改变这种局面。

5月，李晓和张毅向赞比亚代表处立下"军令状"，承诺60天内交付13个站点。代表处于是便把赞比亚Kabwe区域的项目全权交给他们负责。他们启程前往Kabwe。车上除了电脑，只有水和饼干。为了赶工期，经常要连夜加班。Kabwe站点交付区域非常偏僻，没有市电，站点混凝土浇筑期间需要用发电机提供照明，发电机还经常"罢工"。混凝土浇筑一旦启动就不能停止，李晓和张毅想了个办法，用车灯提供工程现场照明。最终，他们兑现了诺言。

正是这样一张不给自己留后路的"军令状"，让李晓勇敢地向前冲锋，最终取得了项目的成功，也因此改变了他的人生轨迹。众多的华为中基层员工就是这样通过一张张"军令状"，确定了自己的工作目标，把压力转换为工作动力，把责任转换为工作使命，真正做到"言必行，行必果"。

2011年11月，华为客户经理胡毅被调往乌鲁木齐办事处。工作没多久，他就发现一些责任心强的客户经理，接手工作之后需要"清淤"：一步步地清理前任的遗留问题，然后才能顺利开展后续的工作。

很快，胡毅就找到了原因所在。他发现：每个销售员都背负着高目标。这些销售员为了能拿到高额的收入，不断地搞定客户，即使客户没资金也先跟他们签合同。就这样，销售员不断冲订货目标，挖新坑填旧坑，新坑再由后人填！这种不按流程办事的行为造成了积淤难清的现象。胡毅同时发现，如果不及时清除出现的问题，积累的问题会越来越多，到时办事处需要花费几倍精力去解决！

为了杜绝这种现象，胡毅要求每一个销售员都按照华为已有的流程及流程下的问责制度去处理现有的问题，及时清淤。在这次清理后，如果再发现类似问题，就会第一时间给予针对性惩罚并向全员警示。时间长了，那些销售员就慢慢开始重视这个事情，并形成了自我约束意识。

在半年的流程优化、内控管理后，胡毅带领的销售团队养成了按流程办事的良好习惯，违规操作和开展界面外业务行为受到很好的管理，工作效率也随之提升。

华为之所以在中基层员工的考核中重视过程行为规范，是因为每一个人负责的都是工作流程的某一个环节，只有按照公司统一的行为规范完成工作，中基层员工才能有效快速地完成工作，做出符合公司要求的工作成果，实现工作效益的最大化。

6.3 绩效牵引，给火车头加满油

任正非说："华为缺少火车头。我们一定要坚定不移地贯彻倾斜政策，向更大价值创造者倾斜。要在很长一段时间维持这种倾斜，要保证优秀员工的受益最大。"为此，华为以绩效为牵引，推行薪酬分配差异化，逐步拉开员工之间的差距，提高优秀人才的待遇，让火车头先跑起来，并带动后面的车厢一起前进。

6.3.1 按贡献拿待遇，采取差异化的薪酬策略

在华为，任正非曾专门强调，以奋斗者为本，就是与奋斗者分享利益，让贡献多的人拿到更多的钱，这是华为一个大的策略。华为要有自己的评价体系，不能以固有观念评价员工的业绩，而要看员工的实际贡献，让那些干得好的人真正得到利益，"绝不让雷锋吃亏"。如果这些努力贡献者没有得到利益，那就是华为的失败。

曾有人向任正非反映："好几年没涨了，是否要涨一点工资？"任正非立即回复他说："我们从来不强调按工龄拿待遇，要涨工资，先要看这几年

他的劳动质量是否进步了？该承担的责任是不是承担了，贡献是否大了？如果没有，为什么要涨工资？我们有的岗位的职级要封顶。有的岗位的贡献没有变化，员工的报酬是不能随工龄增长而上升的。只要你的贡献没有增大，没有承担好责任，就不应该多拿。"

在华为，每一个员工的薪酬待遇都是根据他对公司的贡献决定的，任正非在《华为的红旗到底能扛多久》一文中是这样阐述的："各尽所能，按劳分配。怎么使员工各尽所能呢？关键是要建立公平的价值评价和价值分配制度，使员工形成合理的预期，他相信各尽所能后你会给他合理的回报。而怎么使价值评价做到公平呢？就是要实行同等贡献，同等报酬原则。不管你是博士、硕士，还是学士，只要做出了同样的贡献，公司就给你同等的报酬，这样就把大家的积极性都调动起来了。"

在华为，员工对公司做出了什么样的贡献，就能够取得什么样的回报。即使在一线奋斗的普通员工，只要他能做出巨大的贡献，他的薪酬待遇完全有可能超越办公室里业绩平平的高级主管。

华为曾经用40万元的年薪聘请了一位从事芯片研发的工程师。来到华为以后，这位工程师凭借着自己的努力，为华为攻破了一道道难关，明眼人都能看得出，他为华为做出的贡献远比40万元多。公司得知此事以后，立即给他加薪，并且一次性将他的年薪涨到了50万元。对于这件事，任正非说："拿下'狮子'周围那些领地，会有你们各自的份额。"

从上述可以看到，华为是强调按贡献拿待遇的。与按贡献拿待遇对应的是华为差异化的薪酬策略，具体来讲，就是高贡献者与低贡献者在工资、奖金、利润分红与福利上，会存在较大的差距。比如，华为的年度调薪政策，就很好地体现了差异化的薪酬策略（见表6-2）。

表 6-2　华为的调薪比例（举例）

绩效水平	薪酬水平较低	薪酬水平居中	薪酬水平较高
A	2.2% ~ 2.5%	1.8% ~ 2.0%	1.2% ~ 1.5%
B+	1.8% ~ 2.0%	1.2% ~ 1.5%	1.0% ~ 1.2%
B	1.0% ~ 1.2%	0.5% ~ 1.0%	0% ~ 0.5%
C/D	0% ~ 0.3%	0%	−0.5% ~ 0%

$$薪酬水平比率 = \frac{岗位任职者现有的薪酬水平}{岗位任职者所在级别的薪酬目标水平}$$

由表 6-2 可以看出：

（1）华为是在充分考虑员工的贡献和绩效结果的情况下来调整员工薪酬的。确切地说，在相同薪酬水平下，绩效越好，则调幅越大。

（2）华为的薪酬调整是以员工现有的薪酬水平为依据来调整的。确切地说，在相同的贡献和绩效结果前提下，员工薪酬水平比率越低，则调幅越大。这意味着，当员工现有的薪酬水平相差其所在级别的目标薪酬水平越多时，员工能够获得越大的调幅。

由于不同企业的薪酬理念和实际情况不同，薪酬并没有完全统一的标准。强调内部公平性的企业倾向于采用趋同的薪酬策略；强调业绩导向的企业，则会突出个人的贡献，采取差异化的薪酬策略。

华为差异化的薪酬策略体现了华为"效率优先，兼顾公平，可持续发展"的价值分配基本原则，激励员工努力成为奋斗者的同时，给予奋斗者更为公平的待遇，形成"高能力、高绩效、高报酬"的良性循环。

6.3.2　拉开差距，价值分配向优秀人才倾斜

除了差异化的薪酬策略，华为会在利益共享的基础上，打破"平衡"，拉开差距，用薪酬差距来鞭策员工持续奋斗。关于拉开薪酬差距的意义，任正非说："我们要敢于拉开分配差距，破格提拔贡献者。优秀员工要多拿

钱、快速提拔。选出几个优秀人员来树立标杆，大家看到了榜样，就会开始争着上战场冲锋，去超越标杆，这样队伍的士气才能起来。"

1996年，华为开始进行薪酬政策改革，由原来的部门领导定薪酬，逐渐转变成"以岗定级，以级定薪，人岗匹配，易岗易薪"。为了科学地安排员工薪酬，拉大差距，激励员工持续保持艰苦奋斗，华为此后又对薪酬体系进行了数次改革。

2001年，华为开始逐步制定透明有效的业务部门奖金方案，形成激励和约束并重的可持续发展机制。在此之前，华为的奖金分配多少还属于"大锅饭"的形式。哪个部门业绩好，就集体奖励；哪个部门业绩差，就集体受罚。随着华为不断发展，不断提高认识，华为管理层意识到，当公司发展到一定规模时，这种集体奖惩对人才的激励效力很小，实际上失去了活力，集体奖励和集体受罚近乎没奖没罚，无法体现出每个员工的个体差异。

2007年，华为开始对英国本地员工进行双轨制考核，将短期奖金激励与个人业绩承诺的考核相统一，保证"有差距"的薪酬有章可循，让本地员工奖金透明化，员工能拿多少钱自己一清二楚。

2009年，华为继续对薪酬体系进行优化，使奖金评定流程简易化、明确化。当期贡献大，当期就发奖金。

时至今日，华为依然在对薪酬体系进行着优化。华为对优秀人才在价值分配上的倾斜不仅体现在收入上，还体现在给予特许权、特殊待遇等。

在华为，一个部门级别最高的不一定是主管，而可能是专家，"Fellow"是华为内部最高级别的专家。例如，某海外研究所的所长是22级，但是研究所里的"Fellow"级别为22～24级，比所长还要高。所长出差不能坐飞机商务舱，"Fellow"可以坐商务舱。工资待遇，这些专家比所长还高。

除了给"Fellow"很好的薪酬回报，华为还在荣誉感等方面给"Fellow"

以精神激励。美国加州大学伯克利分校有一个政策，如果某教授获得了诺贝尔奖，学校便给他一个离办公室很近的专用停车位，车位上立一块牌子，上面写着"NL"（诺贝尔奖得主）。

华为借鉴了加州大学伯克利分校的政策，评选出第一批"Fellow"时，定了一个政策，规定"Fellow"可以坐商务舱。当然，实际上这些"Fellow"很少坐商务舱，但这是对他们能力极大的肯定。

任正非曾表示，我们一定要保证个人收入的增长率低于经济增长率，这样才能可持续发展。然而如果公司分配给员工的价值在市场上没有足够的竞争力，就很有可能造成优秀人才流失。因此，华为在坚持价值分配向优秀人才倾斜的同时，开创性地在公司内部推行全员持股制度，以增强公司凝聚力，与员工共担风险、共创价值、共享利益。截至2020年12月，任正非持股比例仅为0.88%，剩余的99.12%由104 572个员工共同持有。

华为从1990年起，实行全员持股制，让员工享受公司的资本增值。每年年底公司在发放奖励时，授予在华为工作超过一年的骨干员工一定数量的认股权，员工可选择用奖金认购股份，称为内部股，每年按经营业绩进行分红。股份不允许内部流通，员工离开公司时华为将以现金回购其持有的股份。

通过员工持股，员工由被动的"为人打工"转变为"为自己打工"。当他们用自己的收入购买了公司的内部虚拟股后，公司会对他们过去的奉献支付相应的报酬。

企业的资源是有限的，我们该如何解决干部员工与企业的矛盾，让有限的资源最大限度地发挥效用呢？华为价值分配向优秀人才倾斜的做法值得我们借鉴，在价值分配中，将资源更多地投到优秀人才身上，拉大优秀人才与普通员工的薪酬差距，既能对优秀人才起到激励和保留的作用，也能将员工收入的增长率控制在合理的水平,对企业的持续发展具有重要意义。

需要注意的是,企业通过收入分配制度对干部进行激励的时候,不要将企业利益与员工利益对立起来,而要将两者的利益紧紧捆绑在一起,这样才能够产生良性循环。

6.3.3 以业绩论英雄,多劳多得

"以业绩论英雄,多劳多得"是华为在价值分配上一直坚持的准则。有能力、有贡献者,就让他们"发财",给他们"升官"的机会。任正非曾经感慨说:"公司发展了,最大的问题是如何'分钱'。华为摸索了二十年,能做到的也仅仅是把钱分出去而已。"

2012年年底,华为在某国中标近10亿美元,终于攻克了这座多年都未能拿下的"大粮仓",参与竞标的团队获得700万元奖金。第二年合同顺利签订后,任正非决定再奖励1000万元。

时任所在地区部总裁得到消息后,就对任正非说:"任总,公司已经奖励过了,这次您请大家吃个饭意思意思就行了。"任正非听了很生气:"奖金的事情怎么能意思意思,该发就发,绝不能含糊。你自己吃饱了不管兄弟们死活,那就把你的奖金、股票、工资都给我,我天天请你吃饭。"

在这之后,任正非又连打5个电话给地区部总裁:"你要认真想想,弟兄们在一线干活不容易,要给大家分好钱啊!"地区部总裁又说:"任总,1000万元太多了,我不敢要,压力太大,过去哪有一个项目奖这么多的?虽然我一分钱都拿不到,但我心里还是过不去啊。"任正非说:"那你告诉我多少合适?"最后在任正非的坚持下,签订合同后,公司又给项目组发放了700万元奖金,等于项目组获得的奖金翻番了。

华为运营商业务集团总裁邹志磊曾这样评价任正非:"我们要一碗米,

他给你十斗米；你准备吃一顿大餐，他给你十根金条。一个项目怎么干他不关心，他给你政策、资源，只要结果。"华为文化很简单：坚持以客户为中心的价值创造原则，坚持以奋斗者为本的价值分配原则，提拔有能力、有贡献的人，让奉献者拿到合理的报酬。这种文化是根植于华为的基因中的，一般的企业很难模仿。

2013年1月14日，华为召开了2013年市场大会，对过去的一年工作进行总结。在会上，除了对取得优秀经营成果的办事处进行隆重表彰，还为徐文伟、张平安、陈军、余承东、万飚五人颁发了"从零起飞奖"。

尽管在2012年华为终端取得了十分巨大的进步，企业业务BG也取得了重大突破，但这些进步并没有达到这五个人最初的设想，因此这些高级干部自愿放弃奖金，来鞭策自己在日后获得更大的起飞。

公司2012年的销售收入任务差两亿元没有完成，轮值CEO郭平、胡厚崑、徐直军，CFO孟晚舟，片联总裁李杰，甚至包括任正非和孙亚芳，都没有获得年度奖金。

2012年华为的年终奖共计发放了125亿元，但是多位高管没有拿到一分钱的奖金。没有完成既定绩效目标就没有奖金，连高级干部也不例外，这样就在公司内部形成一种对责任结果负责的态度，牵引华为干部努力工作，成为奋斗者。

华为强调以业绩论英雄。然而，在实际工作中，业绩除了受员工努力的影响，往往还会受市场机会与市场环境的影响。

1993年，张建国被派往福建开拓市场，并且一待就是三年。由于他在福建市场部表现出色，华为将张建国调回了深圳总部，在人力资源部担任总监，负责人力资源工作。那时，张建国最主要的工作就是"分钱"。奖金怎么分，这是一个大问题。奖金分不好，员工就没有积极性，不愿意往前冲。但是，当时的华为人大部分都没有什么经验，真正到分奖金的时候发现"分钱"这件事太难了。

有一年华为的奖金制度出来以后，出现一个很大的问题。当时有两个销售人员，一个在上海开拓市场，华为当时还没有真正打入上海市场，所以业务很难开展。另一个被派到了乌鲁木齐，那时候刚好赶上农话（固定电话中的区间通话，收费按照农村标准收取）大力发展期，所以这个销售人员的业绩很好。按照原本的奖金分配方案一算，乌鲁木齐的销售人员奖金是20多万元，而上海的销售人员奖金不到1万元。这个问题让张建国为难了。

张建国和各个办事处主任反复讨论，奖金该发还是不该发及怎么发。这时候，他们的意见也不一样，有人说要发，否则以后就没人相信华为的制度了，公司就没有信用了。但是如果发的话，谁还愿意去上海呢？如果上海这么重要的市场没人去，华为就进不了大城市。战略市场没人去开拓，华为就永远上不了高层次。

最后华为给上海办事处的销售人员发了3万元左右的奖金，而给乌鲁木齐的销售人员发了10万元左右，是公司最高的。

从这个案例中可以看出，在利益的分配上，要做到绝对的公平是很难的，但是只要是关乎员工利益的事情，都不是小事。所以在针对特殊区域的特殊情况时，华为干部常常会集体讨论寻找解决方案，争取不违背"多劳多得"的原则，让员工得到相对公平的对待。

6.4 机会驱动，把工作当作报酬

在索尼流传着这样一句话："工作的最大报酬就是工作本身。"对此华为深以为然。华为深知一份有价值的工作对员工成长和发展的意义重大，也深知按照员工的特点安排工作，为员工提供施展才能的平台可以极大地提高员工的工作热情，充分激发员工的潜能。于是，针对员工的职业发展，华为在公司内部提出了"机会驱动，把工作当作报酬"的理念。

6.4.1　提供发展计划和关键岗位机会

为了更好地留住人才，做到人尽其用，华为在给绩优员工提供更多机会的同时，也会给那些能力和潜质都较为优秀的员工提供发展计划和关键岗位机会，充分激发他们的内在潜力，让他们在实践中得到锻炼，成长为绩效顶级人才。

华为员工梁宇是2013年年底入职的"90后"员工，勤奋好学，但梁宇对PL工作安排有很大意见，因为PL老是安排他做一些非挑战性的工作，梁宇认为这导致他绩效一般，由此感觉自己发展无望，决定提出离职。

项目组骨干老赵反馈，PL给他安排了太多工作，他曾多次向PL反馈有困难，希望调整一些工作给别人，但每次PL都以"能者多劳"为由婉拒了他的请求。项目组其他员工也表达了对自己绩效的担忧，因为PL把项目组的"要事"都安排给了老赵这样的骨干员工，其他人得不到锻炼的机会。

经过一番详细的沟通，PL做了反思。为了留住梁宇这样优秀并且有潜力的员工，部门进行了一系列改革，提出全新的解决方案：

一是结合业务规划，制定每个员工长期职业发展规划，与员工充分沟通，在日常安排工作时与员工发展方向相结合。

二是安排工作时采用"认领""竞聘"等方式，最大限度地激发员工的主观能动性，对于技能匹配确实存在差距的人员，通过安排骨干给予辅导的方式降低业务交付风险。

部门改革之后，团队氛围得到了明显改善，梁宇竞聘FPM成功，找到了自己的发展方向，打消了离职念头，也取得了满意的绩效。

陈春花教授在《管理的常识》这本书中提出："下属的绩效是由管理者决定的，也是由管理者设计的。管理者要向下负责，为下属提供机会。"案例中的 PL 通过给员工制定发展规划和提供岗位机会，激活了团队，也让新人有机会取得高绩效，他的做法值得管理者借鉴。

在日常工作中，管理者要主动承担起自己的绩效管理责任，利用好组织提供的资源，针对员工的特点和特长提供发展计划和关键岗位机会，牵引员工成长为绩效优秀人才，推动组织效益不断提升。

6.4.2 通过业务机会牵引人才持续成长

华为认为，机会、人才、技术和产品是华为发展的主要牵引力，而这四者之间存在着相互作用，即"机会牵引人才，人才牵引技术，技术牵引产品，产品牵引更多、更大的机会"。人才在企业发展中处于重要的位置，要通过业务机会吸引人才流动，让机会、人才、技术和产品这四者彼此作用，并实现有效循环，让人才充分释放潜能，更有力、有序地推动企业前进。

华为强调要通过业务机会吸引人才，实现人才在全球的流动，同时牵引技术和产品在全球流动，实现华为的全球战略目标。

2005 年 4 月，刚从电子科技大学毕业的何祖浩（化名）成为华为的一员。在参加新员工培训时，他听说当时华为员工总数已经超过了 3.5 万人，这让他感到未来的职业发展机会非常有限，所以他一直在主动寻找机会展现自己。

新员工培训结束之后，何祖浩被分配到华为的光网络国际行销部网络规划和设计部。这个部门是支撑市场拓展的，员工发展的机会要比其他部门少很多。同时，这个部门的产品技术非常高，所以对员工的要求非常苛刻。虽然发展机会有限，但何祖浩认为新员工的首要任务就是在工作中积累经验，学习更多技能，于是他沉下心来投入工作，逐渐成长为部门的优秀员工。在不断学习积累的同时，何祖浩也一直在等待着一个能够让他在职业道路上有所突破的机会。

2006年，华为的海外市场进入快速发展阶段，光传输产品成为各个国家开拓市场的首推武器，尤其在欧洲市场上广受欢迎，特别在传输项目多且网络复杂的西欧地区，机会非常多。当时，地区部向机关反映需要一名对网络设计工作非常熟悉的员工外派西欧，听到消息的何祖浩立即抓住机会主动请缨，在得到组织的认可后，他随即被派往西欧支持项目。

在西欧参与多个项目之后，何祖浩又等到一个很好的业务机会。当时华为的意大利代表处拿下了瑞士电信下一代全国传输项目，这个项目规模庞大，是地区部和代表处尤为重视的高价值项目。经过对项目的分析和前期规划，华为项目组发现该项目的客户对于网络规划和设计的要求非常高，且实现难度也很大。何祖浩因为有丰富的网络设计经验，被委以重任，成为项目组的产品经理，被派往瑞士现场支持项目。

之后，何祖浩开始了长达9个月的项目支持工作。在不断完善本地平台和改进产品的过程中，何祖浩每一次都用最专业和最快的响应速度赢得客户的认可，推动项目最终实现完美交付。这个项目的完成意味着华为成为当时瑞士电信传送网领域的独家供应商，实现了华为网络产品在瑞士市场零的突破。

何祖浩也通过一次次抓住业务机会实现了自己的职业理想，成为当年的金牌产品经理，得到了公司的嘉奖和表彰。

从何祖浩的成长中，我们可以发现，人才的流动不是依靠上级的命令实现的，而是靠业务机会的吸引力牵引人才流动的。所以，任何企业想要通过人才的力量实现企业的战略目标，都要善用业务机会的牵引力，通过为员工提供锻炼和发展的机会来吸引人才，将人才往企业需要的地方牵引。

华为在为各级人才提供业务机会的同时，也鼓励员工积极主动地去迎接挑战，在实践过程中实现自我价值。

2005年胡栋梁在应届毕业之后加入了华为，从学校的学生转变为公司职员，这让他一时间难以适应。但是胡栋梁每天都保持积极的心态应对新的挑战，对于全新的业务知识和财务实践，他都投入十二分的努力。很快，胡栋梁就适应了华为的工作环境，并且在工作上取得了很好的成绩，得到了上级的重视。胡栋梁工作一段时间之后，已经能又快又好地完成自己的工作任务了，于是他开始寻找更具有挑战性的工作。在这个过程中，胡栋梁养成了思考工作背后的逻辑，以便找到更好的工作方法的习惯。

2008年，胡栋梁因为出色的业务能力被华为调去IFS项目组，这个项目极具挑战性，胡栋梁虽然有些忐忑，但仍然选择勇敢地面对。很快，胡栋梁发现项目组分析问题、做解决方案、写项目总结有一套成体系的方法论做指导，于是他抓住机会投入实践与学习中，并在自己的工作中应用这套方法论，根据自己的思考和总结，学习以一个全新的高度去分析与总结业务和工作。

胡栋梁在IFS项目中的成长速度非常快，他的经验、眼界、做事情的系统性、方法都有了一个质的变化，而积极主动地迎接挑战正是他能够获得工作机会，实现快速成长的重要原因。

通过业务机会牵引人才持续成长，既要求企业向员工提供更多的业务机会，也要求员工主动争取，全力去把握好机会。正如任正非所说："我给你机会，你打下了50万元的仗，我再给你500万元的仗的机会；你打下了500万元的仗，好，再给你另一个更大的实践机会，机会都是自己争取过来的。证明是不是好种子，要看实践，实践好了再给机会，循环起来越做越大，将来承担更大的责任，十年下来就是将军。"

6.4.3 用表彰激励，牵引员工实现自我价值

在任正非看来，要让公司实现人才"倍"出，除了物质激励，更重要的是要用好非物质激励——表彰，把英雄的盘子划大一些，通过荣誉奖励让更多人成为英雄，牵引员工聚焦自我价值的实现。

为此，华为强调要"遍地英雄下夕烟，六亿神州尽舜尧"，保证公司60%~70%的高英雄比例，剩余的30%~40%要通过末位淘汰剔除一部分，从而逼着全体员工朝英雄的方向前进。同时，要多花一点儿钱把表彰大会和颁奖典礼做得隆重一些，因为精神激励的影响是长期的，有利于员工形成长期的自我激励。

华为的非物质激励是多方面的，除公司对员工的认可，以及给员工提供舒适的工作环境，使员工保持良好的工作心情外，还包括提供学习和发展的机会，如表6-3所示。

表6-3 华为非物质激励手段

类 别	激励手段
认可	荣誉奖、荣誉证书、奖杯、嘉奖函、通报表扬、明星员工、杰出地带宣传、与总裁合影、共进晚餐
工作环境	主管的关心和认可，主管与下属的单独深度沟通，和谐的工作环境，关心员工健康，节日、生日祝福和问候
学习和发展	承担更大的责任，主管关心员工的个人发展，绩效管理的沟通和辅导，轮岗的机会，奖励性培训

除了上述各种非物质激励手段，华为还多次召开表彰大会及颁奖典礼，庆贺每一年在全球奋斗的华为人做出的成绩。在表彰大会和颁奖典礼上，华为将根据团队成绩和个人成绩颁发众多奖项。

例如，有最佳销售项目奖、战略竞争奖、竞争优胜奖、优秀小国经营奖、区域优秀业务集团、最佳交付项目、战略项目奖、区域能力提升奖、最佳机关支持、最佳专业支撑、优秀大T及子网系统部、优秀单国运营商

系统部、特别贡献奖、代表处经营优秀奖、地区部综合绩效奖等重量级大奖，有蓝血十杰、明日之星、天道酬勤奖等重量级的个人大奖，甚至还考虑到员工家属，为他们颁发各类奖项，以此感谢华为员工背后默默支持的家人。

此外，华为每年都会有数百支金牌团队获得表彰，数百名员工获得公司级的金牌个人奖。

华为抓住了非物质激励的关键作用，让更多人变成英雄，让更多人看到机会，从而拼命去奋斗、去努力，实现那些"近在眼前"的成就。任正非曾明确提出要在华为增加各类奖项的比例，让华为的员工都成为先进人物和优秀分子，不管是在表彰大会上的公开表扬，还是在颁奖典礼上的一枚奖章，一定要让更多人感受到非物质激励的作用。

2015年，华为人力资源管理部对西非地区部获得"明日之星"奖励的员工进行了深入采访，通过这些获得奖项的员工的真实感受，了解表彰对于员工的作用，并希望借此改善公司的表彰大会和颁奖典礼。

获得"明日之星"奖项的员工方骏（化名）表示获得奖项之后，他感觉到前所未有的激动和感恩，因为他意识到公司了解他为组织做的贡献，并且充分地信任他、认可他。在他看来，这个奖项和公司的表彰对于他的意义远远超过物质激励，他说："我感觉到我不只是要做好自己的工作，我还必须做得更好。因为现在我知道，大家在看着我，我要更加努力地工作。就像一个家庭，你知道家人喜欢你、相信你，你就会更努力，做更多的事情。"

另一个获得"明日之星"奖项的员工表示，这个表彰活动对于自己、对于公司都是一件非常好的事情，因为公司充分肯定了自己的价值，让他更有激情、更努力地投入工作之中，为公司创造更大效益，为身边的同事提供帮助。对于公司而言，表彰不仅激励了获奖者，也激励了更多想获得事业成就的员工，因而所有的员工都会奋发向上，争取项目成功。公司和员工都会因此而成功。

华为运用表彰的形式，形成"员工得到肯定，从而获得成就感，更投入地工作以获得下一次肯定"的良性循环，让员工养成了自我激励的习惯。通过这种做法，华为不仅培养了一批英雄人物，也在公司内部营造了一种积极正向的文化氛围。

第 7 章
后备干部队伍建设

对于公司领导者的头等大事——后备干部的选拔和培养，华为明确指出："我们要加快后备干部的选拔，要给新人机会。后备干部的提拔是公司的一项战略政策。公司在发展的过程中到处都缺干部，干部培养不起来那我们就可能守不住阵地，可能要败退。"为此，华为坚持在关键岗位储备干部人才，并不断完善后备干部机制，以保证干部人才能不断涌现。

学习导图

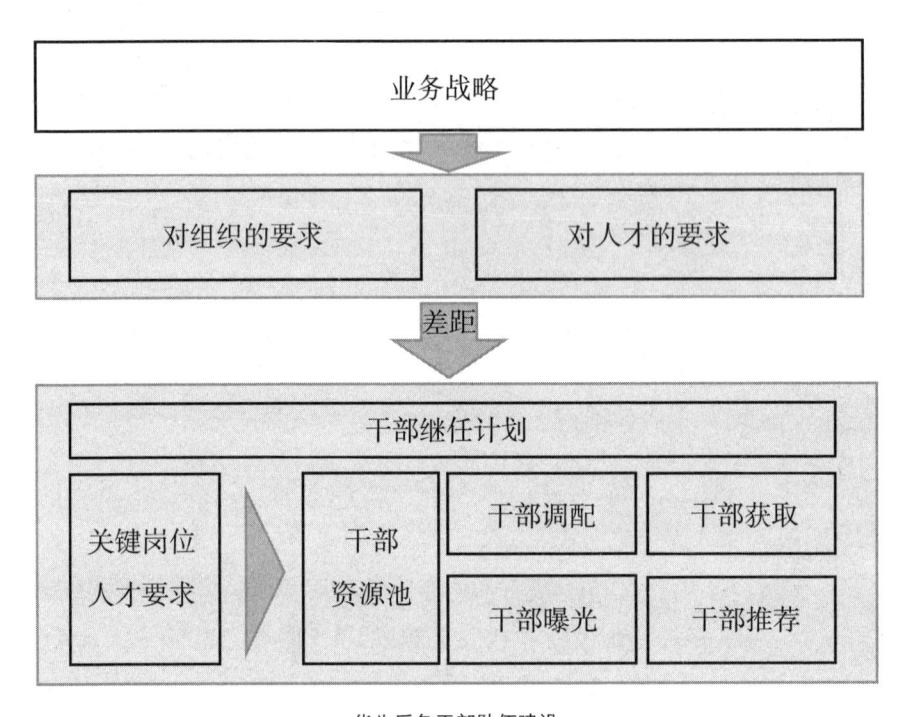

```
                    ┌─────────────────────────────────┐
                    │           业务战略               │
                    └─────────────────────────────────┘
                                    ↓
        ┌──────────────────┐         ┌──────────────────┐
        │   对组织的要求    │         │   对人才的要求    │
        └──────────────────┘         └──────────────────┘
                              ↓ 差距
        ┌─────────────────────────────────────────────┐
        │              干部继任计划                    │
        │  ┌──────────┐   ┌──────┐  ┌──────┐ ┌──────┐ │
        │  │ 关键岗位 │ → │ 干部 │  │干部调配│ │干部获取│ │
        │  │ 人才要求 │   │资源池│  ├──────┤ ├──────┤ │
        │  │          │   │      │  │干部曝光│ │干部推荐│ │
        │  └──────────┘   └──────┘  └──────┘ └──────┘ │
        └─────────────────────────────────────────────┘
```

华为后备干部队伍建设

带着问题阅读：

1. 华为人才梯队建设是如何设计与建设的？

2. 华为是如何为各关键岗位储备后备人才的？

3. 华为后备干部培训从何处切入，从哪个层面突破？

4. 华为如何激发干部队伍的狼性？

5. 华为对待年轻人才的态度是怎样的？

7.1 全公司一盘棋建设干部梯队

在后备人才梯队建设上，华为以公司一盘棋的思想来规划，要求各级行政管理团队、人力资源部、华为大学、公司党委承担各自的责任，跨级、跨部门对人才进行推荐和规划，让优秀的干部苗子能被看得见、出得来。

7.1.1 多部门联合推进后备干部梯队建设

一个企业的干部少则数个，多则成百上千，甚至上万个。在企业中干部会流动，也有正常的职业发展周期，所以大部分企业都非常重视干部队伍的管理。而在干部管理中，比较重要的就是后备干部梯队的建设。随着公司规模的不断发展壮大，华为逐渐意识到，后备干部梯队正在成为公司持续成长的瓶颈。正如华为在 2007 年的 EMT 会议上提出的："当前我们面临的主要问题是在职干部达不到岗位任职要求，后备干部配置跟不上。缺乏撕开城墙口子的干部，在有些地方城墙口子撕开了，没有足够的后备队去纵深突进，巩固并扩大战果。没有职业化队伍跟进，对占领的地盘进行精细化管理，提高盈利能力。"

为了构建让后备干部持续涌现的机制和体系，华为对各个部门的人才培养都提出了新的要求。简而言之，就是明确规定各部门在人才建设中应承担的责任和扮演的角色，实现各部门协同配合，推进后备干部梯队建设。

翻看 2005 年到 2007 年华为 EMT 的会议纪要，我们会看到华为对后备干部梯队建设的要求：

推荐、选拔和评价后备干部，公司应该三权分立；华为大学与人力资源部共同讨论出流程体系,党委统一管理档案体系。

各业务体系管理团队作为干部后备梯队选拔的执行机构,管理团队主任是第一责任人,要对选拔过程和结果承担责任。

人力资源委员会要承担起选拔干部的职责,关注那些高层看不到、行政管理团队看不清的干部苗子;高层行政管理团队也要通过隔级推荐中基层干部人选,承担起选拔干部的职责。通过常规选拔制和破格选拔制的相互补充,保证机制的健全。

后备干部梯队的培养要结合公司的业务发展战略和规划,根据业务发展规划,基于管理岗位需求,做好后备干部培养计划。各级AT要把各个管理岗位的干部继任计划做出来,不仅要关注第一梯队,还要关注第二梯队。

从上述要求可以看出,在华为,后备干部梯队建设并不是某一部门的职责,而是需要各个部门协同配合,共同推进的。

另外,为了确保后备干部梯队建设的效果,华为从公司整体的角度,对后备干部梯队建设进行全局把控。在后备干部梯队建设上,华为主要抓住两个点:一是在目标关键岗位上,借鉴IBM继任计划。例如,在市场体系中,有客户经理和销售代表这两个关键岗位,华为对这些关键岗位的继任者提前做继任计划方案,重点关注部分优秀人才的培养和发展,待岗位空缺时便能及时进行人员对接。二是设置人才资源池,有意愿的员工都可以进入资源池,当一个岗位出现空缺时,便从资源池中的员工中挑选合适的人才。

综合来看,华为赋予各部门后备干部梯队建设的职责,实质上是要各部门管理者承担起培养人才的重任。正如任正非所说的:"广大干部要甘愿做后来人的铺路石,这是很光荣的事情。要承认长江后浪推前浪,后来者肯定比先来者优秀。要是后来者不如先来者,那就说明你的工作没有成效,华为就不能继续往前发展,未来就看不到希望。华为的希望寄托在年轻人身上，只有培养出超越自己的接班人，华为的未来才大有希望。"

7.1.2 建立多梯队、多梯次的人才管道

如今，越来越多的企业家意识到，企业的竞争说穿了就是人才的竞争。为了获取人才优势，提升企业的核心竞争力，大部分企业都会选择建立一支人才不断层的阶梯队伍，确保企业有人离职时，不会对企业的业务产生影响；同时，在企业内始终保有一批训练有素、经验丰富、善于自我激励的优秀人才接任未来的重要岗位。但是，仍然有不少企业出现了人才成长的速度和储备的数量，满足不了企业快速发展的需要。那么华为是如何实现在快速发展过程中确保人才不出现青黄不接的呢？

华为通过建立多梯队、多梯次的人才管道来确保公司每个岗位都有继任者。任正非曾在2017年的继任计划工作汇报会上提道："公司一定要具有人才可替代性，不能产生人才稀缺性，所以我们一直贯彻'多梯队、多梯次'管理。要有计划地培养多梯队、多梯次人才，朝着同一个方向，几个梯队同时冲锋。当一个梯队冲不上去时，换另一个梯队继续冲锋。将人才管道变长、变粗，其实不产生浪费问题，因为每层梯队的继任者都是实战者。"那么，华为是如何开展多梯队、多梯次人才管道建设的呢？

首先，建立后备人才梯队管理机制，提高各类人才的积极性，在保留人才的基础上，有计划、有步骤地对后备人才进行加快、加强培养，确保各类人才持续供给。对相关岗位制订储备人才计划，建立公司的人才梯队资源库；设计人才测评方法和工具，挑选有潜质的人才进行测评，使测评合格者进入人才梯队资源库，为进入人才梯队资源库的人才进行系统、有针对性的培养打好基础。

后备人才梯队的作用在于，当现有人才出现变动时，能及时将储备人才补上去，保证公司人才有延续性，从而不断提升公司核心竞争力和可持

续发展的能力。

其次，推动不同层次人才的流动，除了重视领军作战的人才的成长，基层人才也要盘活。比如，从制造、服务等领域抽调一批人员走向财务支付、核算岗位……会计专业毕业的人员，对业务可能没有制造、服务岗位的人员了解。随着生产过程自动化和服务的进步，这批浴血奋斗过的人员只要踏踏实实、认真负责，就可以去华为战略预备队参加账务培训。他们将来对账务的真实性有帮助，只要考试合格，就能去担任项目精算师、工程概算师；考试不合格，也可以回原岗位工作。

华为的继任计划会交给一个群体，群体下面还有群体，一个群体套着另一个群体，像链式反应一样，是一个庞大的继任计划，不是针对一个人的。这种群体继任的模式可以降低个体继任的风险，值得其他企业借鉴与学习。

7.1.3　从梯队人才到组织发展的全面规划

面对新时代的挑战，华为能否用好人才，做到人尽其才，是华为能否在未来持续平稳发展的关键。为此，华为从促进组织发展的角度，对人才进行全面规划，以满足新时期人才匹配战略的诉求，形成人尽其才、人才"倍"出的局面。

为了实现人才匹配战略，使得人尽其用，人才"倍"出，华为从三个方面入手：

（1）通盘考虑

◆ 根据战略重点、业务目标及执行策略，思考组织和人才策略。

◆ 明确需要通盘考虑的关键岗位，包括一定层级以上的管理岗位和至关重要的业务岗位。

- ◆ 思考岗位对人才的需求。
- ◆ 通盘考虑每个关键岗位的若干潜在候选人。

（2）集中决策，最优配置

- ◆ 先看岗位需求，选出最满足岗位需求的候选人。
- ◆ 候选人的弱点不是选择中重点考量的因素，除非其弱点是限制因素。
- ◆ 最终决策应该基于候选人的优势，只有运用其优势才能对组织绩效产生积极结果。
- ◆ 考虑到最佳配置是相对概念，重点在领导团队的深入沟通与共识。
- ◆ 把晋升和发展机会给最好的人才，将填补空缺岗位的讨论转变为专注于组织能力建设的积极研讨。
- ◆ 鼓励跨部门人才流动，促进组织协同。
- ◆ 基于事实坦诚讨论，避免印象和偏见影响决策。

（3）跟踪使能

- ◆ 充分准备高质量上岗谈话。
- ◆ 与周边干部沟通，持续跟踪及时修正决策。
- ◆ 实施关键岗位新任人才转型期使能计划，帮助其度过 90 天过渡期，适应新环境，建立信任，成功转型。

除了做好公司内部的人才匹配工作，华为还将目光投向外部，将华为在全社会、全球对多学科人才的吸引也纳入规划中。

华为认为，要在未来实现更为科学化的管理，就需要构建面向未来的人才结构，通过吸收多学科的人才，让这些掌握不同领域的人才拼凑出一幅完整的发展版图，支撑华为未来的发展。

华为目前要吸收多学科人才，构建面向未来的新的人才结构。任正非说："华为公司在建立一个新时代的时候，要构建未来新的人才结构，就要重视有理论素养的人才进入公司。因为懂理论的人转过来学技术很快，搞技术的人很难转到理论研究上。照抄只是反向学习，它不是一个最简洁的方法，你不知道构建这些东西的理论基础是什么，人才与技能是什么，知识结构是什么。前几年，GTS 招聘了一批搞卫星遥感、遥测的测绘专业人员，现在对三朵云的贡献就能看出来。你看珠峰这个事情，如果让学测绘的人去做，他把谷歌地图一套，就知道这个站点要翻过几座山。他把地图和我们的站点一重叠，就知道这个工程的难度有多大，就不会出现一个站点报价大错误的问题。

我们需要多种学科的人才，构筑对华为有长远影响的技术知识体系，不能只局限在对通信、电子工程类的招聘。公司可以招聘一些学神经学、生物、化学、材料、理论物理、系统工程、控制论、统计学等专业学科的人才，甚至包括牙科专业的。你们知道，当年华为最早的电源团队的一个主力曾经是牙科医生。这些人只要愿意从事通信技术，到了我们的员工群体里面，他们的思想就会在周围有所发酵。"

华为将多个领域、多个学科的顶尖人才聚集到自己的旗下，借助这些来自不同领域、有创造性见解和多角度思考能力的人才实现突破，在未来竞争中独占鳌头。

当今企业之间的竞争日益激烈，对于人才素质的要求也越来越高。企业唯有以组织发展的视角，兼顾内部的人才匹配与外部的人才吸纳，对人才进行全面规划，才能在竞争中抢占先机。

7.2 面向未来培养后备干部

在后备干部队伍建设上，华为坚持以业务战略牵引人才发展。也就是说，企业的人力资源规划要为企业的经营战略服务，人力资源政策、措施以及系统解决方案都要围绕企业的业务发展战略来制定。

7.2.1　面向组织发展建立人才梯队

在华为，建立人才梯队重要的导向之一就是要满足组织发展对人才的需要。组织战略确定后，通过战略解码可分解出人才战略，而梯队人才建设作为实现人才战略的重要举措，往往是通过对人才战略强有力的支撑来作用于组织发展的。

为了构建华为在全球的核心能力，华为实行人才本土化战略，在全球各地广纳英才。华为依据以下两点来全方位培养本地高端人才，建设本地人才队伍。

第一，和本地员工共享价值，不对本地员工的职业发展设置天花板。

任何国家的优秀人才加入华为之后，都可以获得最好的职业发展机会。以华为比利时代表 Pedro Ferreira 为例，2004 年，Pedro 在葡萄牙加入华为之后，成为华为的一名客户经理。在工作一段时间之后，Pedro 因为出色的业绩和组织管理能力，快速克服了职业发展的障碍，从客户经理被提拔为销售总监，随后又担任葡萄牙副代表。其后，Pedro 很快又因为表现突出，被提拔为华为比利时分公司的 CEO。

截至 2019 年，华为的业务遍及全球 170 多个国家，全球员工数量接近 20 万人，160 多种国籍的员工海外本地化率约 67%，而 Pedro 不过是华为本地化战略的一个标杆。

第二，和国内采取的人才政策相同。对于海外员工，华为依然采取"英雄不问出处，贡献必有回报"的价值分配体系。

在华为，员工的年龄、工龄、资历、职称等都不是评价的关键要素，真正影响评价结果的只有唯一的一个要素——责任结果。华为是基于责任贡献评价人才，用全球机会和获取分享机制回报人才的。2017 年，有统计数据显示，华为市场体系担任各国办事处 CEO 的，41.4% 都是 30 岁出头的年轻人，他们管理的业务规模达 10 亿～100 亿元。在研发领域的专家中，

70%都是"80后"。这些数据印证了华为不以资历评价人才，仅凭个人责任贡献培养人才、提拔人才。

华为通过为本地优秀人才提供优质发展平台，制定高端人才的培养方案，使得华为在全球各地都建立起了人才梯队，大幅提升了华为在全球市场的核心竞争力，也为全球的通信行业构建了更优的人才生态链。

事实上，面向组织发展建立人才梯队并不意味着在人才建设上采取一刀切的方法。随着华为快速发展壮大，华为在全球各个领域以及多个市场收获了越来越多的大型项目。每个项目的要求不一致，要想全方位满足客户复杂多变的需求，提供全面解决方案，就要根据客户的需求及业务需要快速搭建人才梯队，以便迅速调动资源，集中兵力实现项目目标。

2011年，华为某代表处的业务团队因为没有根据业务发展调整人才数量、质量和结构，导致团队存在一些问题，首先，没有统一的解决方案销售部，当客户需要固定网、传送网及业软的综合解决方案的时候，由于是根据上级的指令调整人才结构和人才数量的，代表处只能让每个产品部都行动起来，这使得每次行动都显得笨拙且耗力。其次，代表处的用户服务部只有独立的产品部，这也就意味着交付时由大的产品部牵头，交付后就由另外的产品部负责维护，这种过于局限的运作模式不利于信息流通，也导致很多客户对华为的售后产生顾虑……诸如此类的问题迫使代表处不得不向上级申请调整团队结构，得到上级的允许后，代表处做出了相应的改变。

首先，代表处根据业务发展需要设立了统一的解决方案销售部，负责整合跨产品的综合解决方案，并且在交付与服务部下设立了工程交付中心和维护中心，共同解决网络部署和交付以及客户网络的日常运维等问题。紧接着，代表处加强客户群系统部的建设，当客户进行网络建设时，AM、SM、DM立即组成临时项目铁三角AR（客户经理）、SR（解决方案经理）、FR（交付经理）。围绕业务发展需求做了种种调整后，代表处终于能够灵活调动资源和人力，并且提升了业务团队的灵活性。

由此可见，企业应根据组织发展和业务需要建立人才梯队，通过对人才数量、质量、结构的调整来实现人力资源需求与供给的平衡，为经营活动提供直接快捷的支持，更好、更快地实现企业的总体工作目标。

7.2.2 干部队伍建设要全力支撑业务发展

作为人才梯队建设的一部分，干部队伍建设还要能全力支撑业务发展，也就是说，干部队伍的建设要基于当前和未来企业业务发展的需求。企业需要什么样的干部，需要干部具备哪些能力，就要从这些方面来建设队伍，使人才建设与企业的发展同频，从而对业务形成强有力的支撑。

2010年，华为决心做大企业业务模块。由于当时华为的员工在企业业务方面普遍缺乏专业理论和实战经验，于是华为启动了大规模的外部招聘，并且聘请了猎头在行业顶尖企业内挖人。

当时在华为威望较高的徐文伟被安排到企业业务模块担任统领人，时任华为高级副总裁的洪天峰也空降到了中国区企业业务部。这两位高管接受任命后，在短短10日内就召集了6000~7000人，华为海外各个地区部也纷纷组建企业业务部，在当地大规模招聘，印度几天内就招了近200人，西欧的企业业务部更是在短短几天内达到500人的规模。

前后不过几个月，华为企业业务模块的员工数量就扩充到一万多人，后来还并购了赛门铁克公司，将其原有的5000人收编，到2011年年底，华为的企业业务模块已有两万多人。与此同时，华为耗费重金从IBM、惠普和思科等西方巨头企业挖来了一群高端专家。

充足的人力资源使得华为的企业业务模块一度呈现出一派繁荣的景象。

在上述案例中，华为为了做大企业业务，一方面，将内部优秀的干部调往企业业务部；另一方面，通过外部招聘的形式，吸引了一批在企业业务领域具有扎实专业知识和丰富实践经验的人员加入华为。华为通过内部调动和外部招聘相结合的方式，建立了人才队伍，较好地支撑了业务的发展。

在一份 EMT 纪要中提道："后备干部和梯队的培养要结合公司的业务发展战略和规划，根据业务发展规划，基于管理岗位需求，做好后备干部培养计划。"业务发展战略和规划既是干部培养计划的出发点，也是干部队伍建设要全力支撑的目标。企业的人力资源部必须了解业务发展情况，结合战略目标，预测出每一步需要什么样的人才做支撑、人才需求数量是多少、何时引进比较合适等，然后才能有针对性地进行干部队伍建设，最终实现对业务发展的有效支撑。

7.2.3　强化资源池管理，激活沉淀人才

企业在加强干部队伍建设、培养更多人才的同时，也要强化资源池的管理，给人才提供发挥才干的机会与平台。这样，干部建设与人才任用之间才会形成一个正向的循环。

为了充分运用好公司内部的人才资源，实现"在正确的时间，把正确的人才，运用到正确的地方"，从 2013 年开始，华为 GTS 开始着手建立服务人才供应链，上线资源管理系统，3 万名员工的经验、技能、特长及忙闲状况在资源池中可视可查。谁会说葡萄牙语，谁有非洲的项目经验，谁的技能合适，谁有空，资源库都可清楚显示，项目组可以从中找到符合自己需要的人才，可以根据项目情况做 3~6 个月的人力需求计划，实现人员快速精准获取。

2015 年，华为的墨西哥 AT&T 项目便利用内部人力资源池极好地完成

了人员调度。墨西哥 AT&T 项目相当复杂，项目一启动，项目经理李隆兴便利用内部人才资源池，仔细甄选合适的人才，广招人马，两个月的时间就从中、美、印度、马来西亚等国，集结懂西班牙语的人员、懂北美标准的专家及各类网络专家 455 人，很好地保障了项目的顺利推进，顺利地交付了 AT&T 项目。

人才资源池的建立，促进了人员的循环流动，为人员的优化配置创造了良好的条件。

为了进一步激活人才，华为还建立了内部人才市场，通过部门内部人才和外部人才的置换，促进优秀人才脱颖而出。

在华为，符合条件和要求的优秀员工能够自由地在公司内部选择岗位和工作内容，只要他所选的岗位是空缺的并且原部门同意放人，接收岗位也做好了相应的资格审查，那么华为内部的调配就可以顺利进行了。

除此之外，员工还能够通过公开透明的信息平台自由应聘公司的空缺岗位，其过程和公司外部招聘是一样的，但这种方式的差别在于，内部员工还没离开原岗位就能够先联系目标岗位应聘，实际上属于带薪应聘，甚至在没找到新工作前先离开原岗位，进入内部人才市场池，华为会给他一个月的转换时间，在这一个月的时间内他都是带薪的。

华为通过强化资源池管理及内部人才市场的运作，最大限度地促进了员工的流动。通过内部人力资源的有序流动，以及项目运行中组织、人才、技术、管理方法及经验的循环流动，华为能发现更多优秀的干部和专家，激活了沉淀人才，实现了人才资源的优化配置。

7.3 真战实训组建战略预备队

战略预备队是华为非常重要的能力转换平台。作为一家成立超过三十年的公司，尤其是科技公司，要想持续保持组织活力，就要有新生力量，要给优秀干部专家赋予新能量，增强组织的血液循环。要让他们走上新的赛道，承前启后，英勇奋斗。战略预备队聚焦华为未来业务所需能力，是华为持续培养后备干部，提供人才保障的一种重要模式。

7.3.1 战略预备队的价值

江河湖海终年不涸，是因为水是不断流动的，而保证水不断流动的，是自然界的水循环；人体不断生长并保持机体的鲜活，是因为自身的新陈代谢。同样地，企业想要确保时刻有新生力量产生，就需要有一个机制来保障后备干部持续涌现。

在2018年的战略预备队述职会上，任正非对战略预备队的价值有明确的阐述。

战略预备队的价值主要有以下三点。

1. 战略预备队是在预备机制的过程中培养能力的

（1）"预备机制"和"能力转换机制"其实并不矛盾，战略预备队是在预备机制的过程中培养能力的。战略预备队学员选拔必须以责任结果为导向，员工在岗位上先做出贡献，才有资格进行能力转换，能力转换是个人在自学过程中完成的。通过战略预备队几个环节的考核，合格者再来受训，再进入预备机制。对于通过认证的学员，战略预备队进行新方法赋能，让学员带着新的管理方式、新的产品解决方案、新的作战装备……上战场。所以，这两者是相关联的。

（2）战略预备队培养干部和专家，不是为了培养而培养，而是为了"上战场""多产粮食"。战略预备队更多地要有现实主义精神，不能脱离现实来培养。不能只强调能力预备或者各种转换机制，而要强调实战化使用。

2. 战略预备队培养的是优秀的干部、专家和职员，是能攻下"上甘岭"的人

战略预备队培养的是优秀的干部、专家和职员，在他们当中一定要有能攻下"上甘岭"的人。既然是这个定位，就不能追求数量，而要追求质量。要把质量和品牌做起来，让业务部门愿意推荐员工来受训，让大家自愿踊跃报名，认为这是一件荣耀的事情！

黄埔军校就靠两条绑腿，抗大就靠一条小板凳，为什么它们能成为中国两所最有名的学校？战略预备队毕竟与黄埔军校和抗大还存在差距，有些业务部门想明哲保身，将不愿意裁掉的落后人员都塞给战略预备队，预备队又贪图数量，培养了一大批又送不出去，名声不就臭了吗？

3. 战略预备队要选拔高潜质人才，有意识地进行定向培养

战略预备队要选拔高潜质人才参训，业务部门也应针对自己的高潜质岗位，有意识地定向培养，将业务部门的需求和战略预备队的训战打通。

此外，战略预备队要想发挥最大价值，就要保证有足够大的规模。一方面训战的员工要足够多，另一方面要有全球化思维，分布范围要广，从而实现"遍地英雄下夕烟"。华为虽然已经成立了战略预备队，但是规模还是太小，未来要保证每年训战 1 万 ~ 2 万人。

华为每年投入超 10 亿元预算来做战略后备队，进行训战磨炼与技能转换，认证合格的人员上前线。目的是用三年时间产生数百个将军级干部可以到地区部和代表处工作，以此来减少复杂的决策流程，进而压缩机关人员的编制。这样，一线的决策能力强大了，机关的流程简化了，权力就下沉了。

目前，华为已经建立了解决方案重装旅、重大项目部、项目管理资源池、消费者 BG 等多种战略预备队。

7.3.2　通过战略预备队循环赋能

战怎么打，兵就怎么练。最好的赋能模式就是训战结合，就是在实践中，而不是在课堂上进行的。华为采用"低重心"战略进行战略预备队运作，一方面让员工苦练基本功，另一方面强化员工的实践能力。

在2015年5月的变革战略预备队及进展汇报座谈上，任正非表示，华为战略预备队的训战结合要场景化，重要的是实践而不是理论，即训练时所有的代码、标识符、表格应该和实际作战时用的完全一样，学明白后才能够上战场。

与此同时，他还说道："今年年底一定要归纳出来几种场景类型、模板和案例，代表处选择哪一种场景去推广，那就给他提供全套标准化的方法。战略预备队培养也要按照不同场景来做，不要着急去培养懂全场景的人，懂一种场景的人以后懂别的场景是很容易的。

在代表处实践的时候，代表处很多人就和变革工作组合并形成一个组织，不是我给你搞，你在旁边看。谁留下，谁不留下，先不讨论。等到结束以后，谁合适就谁留下，不能留下的人就全部进入战略预备队。

守城部队一部分本地化固化下来，还有一部分能够继续流动，这部分就是守城金种子。这样，一个国家、一个国家地推进，慢慢就接管下来了。接管下来以后，公司永远有一个攻城和守城的战略预备队，哪个国家万一出点什么问题，去一群人就把这个问题给解决了。

战略预备队训战结合强调的是实践，所有的代码、标识符、表格应该和实际作战完全一样，不能再去讲理论。学员要讲变革实践总结，看他明白了没有，如果明白了，指标有可能不好，也允许他上战场。

战略预备队培训内容每个阶段应该是不一样的。金种子出去一段时间还可以再回来，重复训练。再回来后，可以当老师，也可以当学员，充分循环发酵。种子是要发芽、开花、结果，然后再产生很多儿孙的，这样我们三至五年之内就有很多人才了。"

虽然战略预备队是面对未来的，但是也不能跳跃太大，跳跃太大就不接地气了。未来的战斗还没来，但是要让大家意识到未来的重要性，看看未来是什么样的。

7.3.3 转人磨芯，选拔优秀人才

2020年，面对美国的打压升级，任正非在研发应届生招聘座谈会上的讲话中说道："战略预备队是选拔制，是一个转人磨芯的过程。加强学习，加强自我激励，不要过于在意一时成败，只要坚持不懈地努力，'乌龟'也能追上'龙飞船'。"

任正非在讲话中表示：

"**1. 战略预备队不能像大学一样以培养为中心，而要用选拔制，要包括少量的淘汰**

战略预备队不可能把你们训练成一个非常熟练的工程师，它只是一个起步，一个转人磨芯的过程。经过基础训练以后，你可以去应聘自己有意向的岗位，进入那个领域以后，再去升华，靠自己去深刻认识和理解。比如，5G场景化是一个新课题，我们高层和技术层都还没有完全搞明白，现在敞开了一个机会窗，谁去搞明白，谁就有机会。我们很多样板点都做了贡献，有些文件是公开的，你们可以跟随去阅读，看看对你有什么借鉴。

2. 自我学习和努力是最重要的

我们的战略预备队刚刚开始，黄埔军校和抗大从来都是一期、二期、三期没有第四期厉害，这不是学员的问题，而是管理层面的问题，早期的教官不知道如何管理好训练环节。每天出操主要是进行一些队列训练，让大家转换一下精神面貌，调整一下身体素质与行为作风的培养。

如果考试科目刚好不是你擅长的，考得不好，就证明你不好了吗？不会！历史上有很多没有考上大学的人成为人才，学历低的人也能做出很大成绩。学历不能说明任何问题，关键在于个人努力，在实践中发挥出你的作用才能证明你的价值。一时的考试成绩不能说明什么，但总要有个过程。工作分配得不好，不等于将来你就不能冒尖。所以，预备队成员不管将来分到哪个班，'王侯将相宁有种乎'，不能说落后的人将来一定不能做将领，我们不要因为一时没有跟上步伐就气馁了。大家不要太在意这点，而要生生不息地自我努力。

有人可能跑得很快，有人跑得稍微慢一些，大家不要担忧自己的起落，就踏踏实实做好本职工作；也不要总去考虑人力资源应该如何激励，更重要的是关注自己如何把事做成，日夜想着如何做好工作。成了以后，激励随后自动会跟上来的。虽然公司的官僚化还是有的，但没有那么严重，总体是开明、开放的，不会恶意压制。

3. 自我激励是最重要的激励

华为公司最大的特点就是喜欢自我批评，一开会就讲自己存在哪些问题，如果让老员工自己表扬一下自己，说不出来。所以，如果领导没有表扬你们，自己表扬自己不也行吗？拿根胡萝卜刻一个荣誉奖章，在家里给自己发个奖，'我第一，我第一，我真的是第一'。不要把自己的一切寄托在他人的激励上，不要太在乎别人怎么评价，要在乎你自己怎么做。

如果在某次选拔中刚好没被选上，别灰心，这跟选拔老师的水平有很大关系。大家一定要有好心态，输了就踏踏实实回去做工作。越是这种心态越容易成功。当你抱着一定要成功的希望，心中的杂念太多，反而不会成功。

有人问：'在战略预备队收获良多，精气神得到了极大提升，能不能让更多的人进来淬炼一次？'我认为，战略预备队是在心里，是逻辑化的，而不一定是物理形式的，你随时随地都可以把自己当作战略预备队，在网上自学，自己鼓舞、表扬一下自己，刻个章贴在胸口上，不就是预备队了吗？"

总之，华为的战略预备队就是要在业务转折过程中，"转人磨芯"，磨砺人、转换人、筛选人。这次通过变革战略预备队，选拔出首席合同专家、首席交付专家、首席供应专家等高能力者，这些人在全球各地生根、发芽、开花、结果，推动了变革的脚步。

7.4 干部继任计划与管理

企业的长治久安需要持续拥有优秀的干部队伍，华为通过实施继任人才计划与管理，让每层梯队都有继任者和实战者，确保了公司的干部不会出现断层，进而使得公司始终拥有强大的核心竞争力。

7.4.1 解决干部继任的四大风险

华为认为，要拥有一支高质量的领导人才储备队伍，就必须在公司内部推行继任管理，通过继任管理来识别和培养组织内部的高潜人才，确保公司关键领导岗位和专业岗位在发生人员空缺时能得到及时填补。

有效的继任管理依赖成功地管理四大继任风险，即组织必须确保建立有效的继任管理办法，解决人才任用中会出现的空缺风险、准备度风险、过渡风险和任用风险。

1. 空缺风险（怎样找到一个合格的继任者？）

如今，很多企业往往会迫于岗位空缺带来的压力和相对高成本，草率地找人来填补空缺，但从长远来看，草率找人往往会使企业选择错误的人选，最后企业为了错误的人选将会付出更大的代价。

要实现对岗位空缺风险的有效管理，就要理解组织战略与人才供给的关系。要根据业务生命周期的演变、业务需求的根本性转变及计划内的业务转型提前对关键领导岗位的人才需求进行预测，并从高管离职、外部人才供给的变化、内部人才梯队等方面去进行布局，提前做好人才规划，确保人才供给能够满足战略发展所需的人才需求，避免关键领导岗位长期空缺的情况出现（见图7-1）。

组织战略

业务生命周期的演变
组织生命周期
产业生命周期
经济周期

业务需求的根本性转变
破坏性的技术
世界性的大事
新的竞争对手

计划内的业务转型
进入新的市场
拆分
引入新的产品线

关键领导岗位

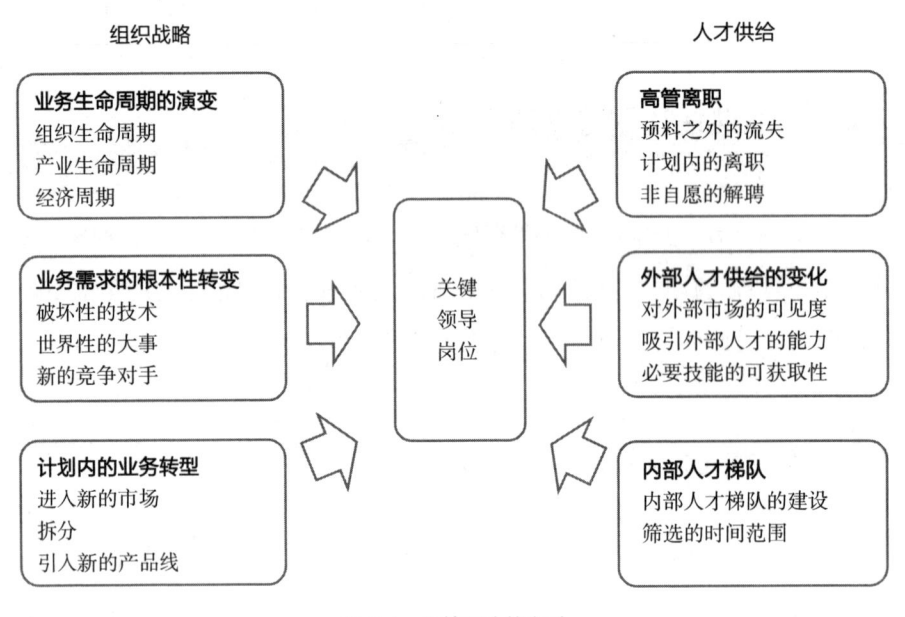

人才供给

高管离职
预料之外的流失
计划内的离职
非自愿的解聘

外部人才供给的变化
对外部市场的可见度
吸引外部人才的能力
必要技能的可获取性

内部人才梯队
内部人才梯队的建设
筛选的时间范围

图7-1 空缺风险的应对

2.准备度风险（怎样发展继任者，让他们做好准备以承担更重要的角色？）

为缩小继任者与关键岗位的能力与经验差距，组织在他们的职业生涯早期就应提供获得不同关键经验的机会，鼓励跨部门流动，以确保继任者就任时已具备了岗位要求的胜任能力（见图7-2）。

3.过渡风险（如何确保内部提升和外部引进的领导者成功转型？）

提前对干部转型会面对的挑战进行识别和分析，在干部接任新岗位时给予必要的岗前指导，在干部就任期间提供及时的反馈，以防止领导者脱轨带来的风险（见图7-3）。

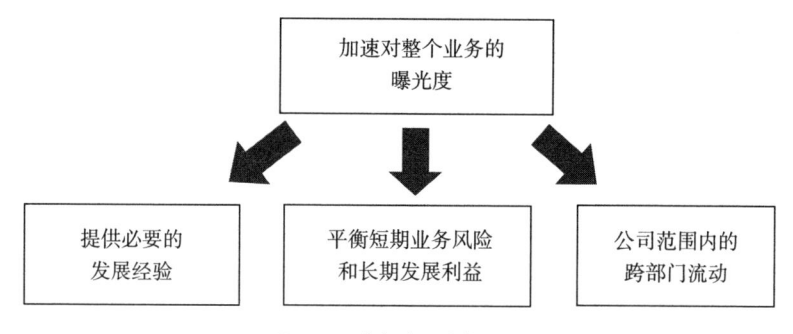

图 7-2　准备度风险的应对

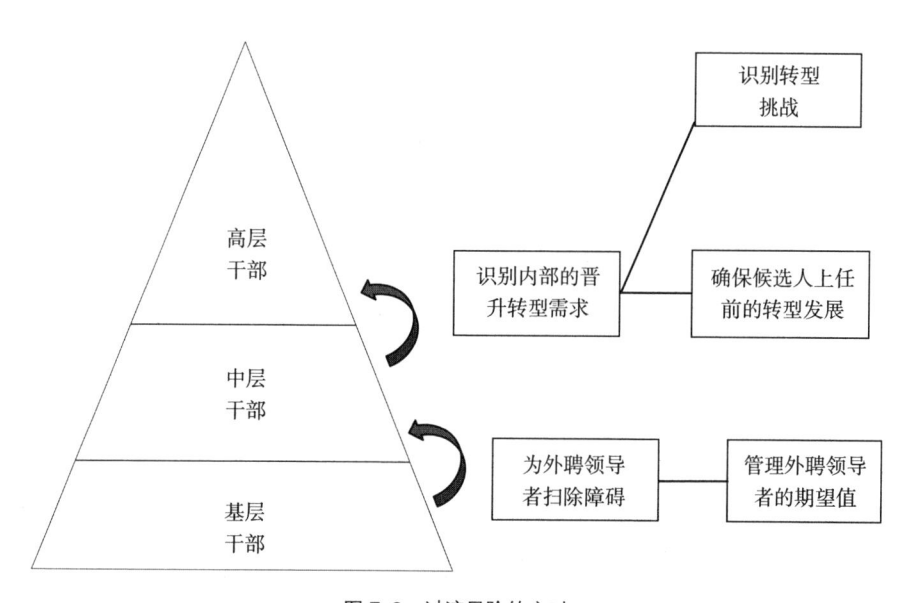

图 7-3　过渡风险的应对

4. 任用风险（怎样确保合适的人在正确的时间被放在适当的岗位上？）

华为认为人事决策十分重要。很多企业都因为在用人决策上没有效率，导致没有充分发挥人才的能力，无法满足岗位与个人需求，也导致企业未来的绩效不佳。因此企业在做出人事决策时，必须十分慎重，要全面考虑，并采取集体决策的方式，以实现最优的配置。

为了应对继任管理的四大风险，华为首先识别出关键领导岗位，并慎重解决人岗匹配问题。然后通过采取一系列积极主动的干预及风险应对措施，实现了人才的有效部署，减少或避免了因核心人才离开而给业务带来的损失，为干部队伍的建设打下了坚实的基础。

7.4.2 继任人才梯队的全面盘点

在华为，总裁办、干部部、区域总经理、大客户总经理等岗位是对华为业务运行和未来业务成长至关重要的岗位。这些岗位的人才流失会给业务造成重大影响。为此，华为针对重要岗位的干部继任情况推出了继任计划。华为的继任计划主要以推动各片区、地区部、系统部等业务单元对继任干部梯队的全面盘点为主，目的在于切实推动领导团队对继任干部梯队建设的深入思考。

对于继任人才队伍的建设，华为有着自己的一套办法，对关键岗位的继任管理实施十个步骤，如表7-1所示。

表7-1 华为关键岗位继任管理步骤

步骤	内容
1	明确关键岗位
2	盘点各关键岗位的继任梯队
3	规划预期的干部变动
4	明确可输出干部
5	讨论高潜质干部，明确培养措施
6	考虑高潜质本地干部的培养计划
7	继任计划总结
8	明确战略和业务发展对干部梯队建设的需求及干部梯队的特征
9	制定地区继任干部梯队建设的目标和整体策略，以及对重点个体的举措
10	制订后续执行计划

从表 7-1 中可以看出，在识别出关键岗位的人才需求后，华为会接着对关键岗位的继任人才梯队进行盘点，规划预期的干部变动，分析出有哪些干部和员工有能力接任关键岗位，哪些人有潜力但还未达到岗位的要求。

在对继任人才梯队进行全面盘点时，华为会按照继任能力准备程度将继任梯队的人才分为三个等级，分别是 Ready-now、One-job away、Two-job away，如表 7-2 所示。

表 7-2 华为继任梯队人才能力盘点表

职位	岗位数	现任（已任命）	Ready-now	One-job away	Two-job away
X1 地区部					
X2 地区部					
X3 地区部					
X4 地区					
X5 系统部					

Ready-now 是指员工已经达到目标岗位所需的全部标准。对于达到 Ready-now 等级的人才，华为采取聚焦精准的策略，也就是说，基于关键岗位的关键职责对其进行赋能，甚至直接让其履行岗位的职责，在实践中学习和提高。

One-job away 是指员工离目标岗位标准还差 1～2 项关键能力，还不足以担当岗位的职责，尚需要 1～2 年的时间进行提升。对于 One-job away 等级的人才，华为采取聚焦发展的策略，制订未来 1～2 年有针对性的个人培养计划。

Two-job away 是指员工离目标岗位标准还欠缺比较多的关键能力，但已表现出一定的潜力，需要 3～5 年的时间去提升。对于达到 Two-job away 等级的人才，华为采取聚焦潜力的做法，识别该员工所需要的关键经验和能力，并制订未来 3～5 年的职业发展计划。

由此可见，华为对继任人才梯队的盘点并非简单停留在对人才数量和质量的盘点上，而是对标目标岗位的能力要求，对梯队人才的能力进行深入盘点，识别能力差距。在此基础上针对不同等级的人才制定不同的人才发展策略，根据个人的实际情况制订培养计划，为人才厘清发展路径与方向。

7.4.3　培养与发展继任人才

华为提倡用员工的个人发展计划牵引人才发展，其中比较典型的做法就是华为推行的继任人才个人发展计划（IDP）。

继任人才个人发展计划是一个帮助继任人才进行能力提升的工具，它勾画出个人的优势、兴趣、目标、待发展能力及相应的发展活动，并与自己的主管根据现实业务环境与条件，达成共识，从而指导继任人才更有效地发展并为公司创造更大的价值（见图7-4）。

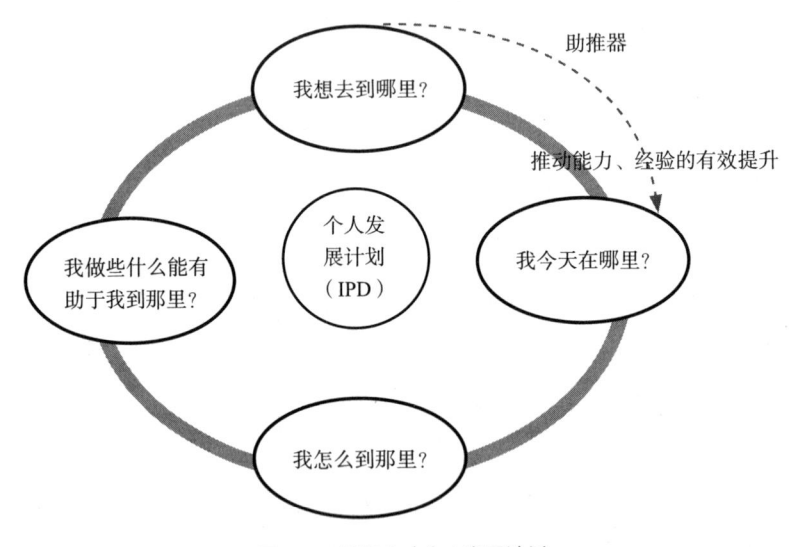

图7-4　继任人才个人发展计划

此外，为了牵引人才发展，创造让优秀人才脱颖而出的机制，华为通过各级主管与员工共同探讨，前瞻性地做好优秀人才职业生涯规划，为优秀人才提供在公司内部自我发展与自我实现的机会，让更多优秀人才能够长期为华为所用。

华为曾多次提到要以机会牵引人才，所以公司内部为员工开放了多个发展机会。华为主要从以下五个方面为优秀人才做好职业生涯规划与梯队建设，牵引员工看到机会，让员工朝着目标奋力前行。

第一个方面：培育第二梯队，以梯队建设促进团队活力。根据华为的战略规划，不断加强第二梯队建设，促进技术专家与管理人才的成长，是华为重要的人力资源战略。以沈阳华为工程部第二梯队建设的"一一三五工程"为例，华为提出要让一个成熟的区域经理培养一个区域经理、三个产品经理以及五个成熟的技术专家，此举意在给沈阳华为的工程技术人员提供更广阔的发展空间。

第二个方面：建立完善的内部岗位调度制度，为员工的职业生涯发展提供通道，为优秀员工的流动创造条件，使公司的人力资源配置处于持续激活的状态。为此，华为采取了以下措施：

（1）坚定不移地做好干部的培养工作。

（2）不直接用社会招聘解决公司各级管理职位的空缺，而是优先从公司内部选拔干部。

（3）人力资源部根据公司的用人计划进行招聘时，坚持"内部招聘优于社会招聘"的原则，优先发布内部招聘通知，组织内部应聘或竞聘。

（4）根据员工的意愿以及业务需要允许员工适当流动。

第三个方面：建立主管与员工的职业生涯规划沟通制度。华为规定各级主管每年都要与员工就个人在公司内部的职业发展进行双向交流。

第四个方面：坚持推行任职资格认证，提供同一职位的不同专业水平阶梯。这意味着华为为员工提供了更多职业发展选择，除了往管理层发展，员工还能够选择往专业技术领域深入发展。

第五个方面：制定职业生涯规划这一措施不仅适用于核心业务部门，

同样也适用于行政后勤服务部门，满足员工除养家糊口的物质需求外，对于职业发展的愿望，鼓励员工通过技能与岗位等级的不断提升来实现在公司的发展。

根据马斯洛的需要层次论，个人需要的最高层次是自我实现和自我发展的需要。在华为，许多员工低层次的需要往往已基本或部分得到满足，因而员工更关注的是个人的未来发展，包括在公司内部的职位发展。华为为员工做好职业生涯规划，也就是在员工面前放好了一把职业发展梯子，引导员工产生渐进式的发展目标。通过这种方式，华为牵引员工聚焦于为公司创造更大价值，以实现自身更好的发展，而公司在发展过程中也会给员工个人带来更好的成长，从而实现双赢。

第 8 章
干部的监察管理

在历史上,许多企业由盛转衰,甚至彻底消亡,都源于内部腐败。正所谓"物必先腐之,而后虫生之",为此,企业要实现持续发展,就必须对干部进行监察管理,处理好企业的"内部腐败"问题。任正非也多次强调:"没什么可以阻挡华为公司的前进,唯一能阻挡的就是内部腐败。"

学习导图

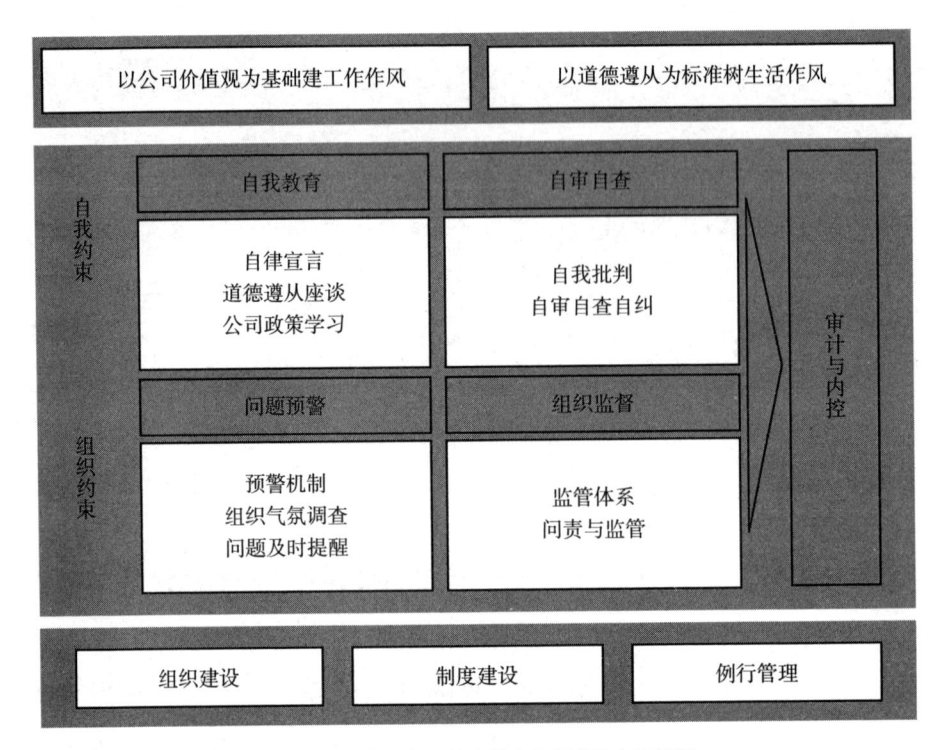

以公司价值观为基础建工作作风	以道德遵从为标准树生活作风

自我约束

自我教育	自审自查
自律宣言 道德遵从座谈 公司政策学习	自我批判 自审自查自纠

组织约束

问题预警	组织监督
预警机制 组织气氛调查 问题及时提醒	监管体系 问责与监管

审计与内控

组织建设	制度建设	例行管理

华为干部监察机制：自我约束和制度约束两手抓

带着问题阅读：

1. 华为如何防止堡垒从内部被攻破？
2. 华为如何抓干部的工作作风和生活作风？
3. 华为如何加强干部队伍的自律意识？
4. 华为对干部队伍的监管是如何进行的？

8.1 堡垒最容易从内部攻破

打败华为的只有华为自己，堡垒是最容易从内部攻破的。要避免这种情况发生，实现企业的可持续发展，关键在于塑造一支廉洁、自律与诚信的干部队伍。为此华为通过构建蓝军机制等方式来不断锤炼干部队伍，以稳固公司持续发展的基石，确保公司始终处于行业领先地位。

8.1.1 华为最大的竞争者是自己

人在奋斗的一生中，肯定会遇到各种对手，如机智的、狠辣的、无耻的等，但是不可否认的是当中最难对付的就是自己。这个"对手"会用懦弱、懒惰、贪婪、不思进取等"武器"来慢慢腐蚀你，或者一举击溃你。这种威胁会伴随你，直到生命尽头。所以在和其他竞争对手搏斗的同时，要时刻警惕自己。对于一家企业来说，其最大对手其实也是企业本身。

2014年6月，任正非接受国内媒体采访时，有记者问道："华为最强大的对手是哪家公司？"任正非毫不犹豫地回答："我们的竞争对手，就是我们自己。在华为前进的过程中，没有什么能阻挡我们。能够阻挡我们的，就是内部腐败。所以，我们最大的竞争者是我们自己。"

2000年，华为的年销售额达220亿元，获利29亿元，成为全国电子百强首位。可这个时候，任正非却写了《华为的冬天》一文，大谈华为的危机："公司所有员工是否考虑过，如果有一天，公司销售额下滑、利润下滑甚至破产，我们怎么办？我们公司的太平时间太长了，在和平时期升的官太多了，这也许就是我们的灾难。泰坦尼克号也是在一片欢呼声中出海的。而且我相信，这一天一定会到来。面对这样的未来，我们怎样来处理？我们是否思考过……"

许多优秀企业的管理者都持有和任正非同样的观点。阿里巴巴马云说过："没有公司会对阿里巴巴构成威胁，真正的威胁来自我们自己。中国市场上也许会有50个和阿里巴巴相似的公司，但是只会有一个阿里巴巴。"

在2005年阿里巴巴并购雅虎中国后，马云说："阿里巴巴还有许多隐患和风险，我要在成功的风口浪尖给自己泼一盆冷水。我认为阿里巴巴真正的竞争对手是自己，所以我们不去研究竞争对手。为此，我花费了大量口舌来说服我的高层管理团队。只有研究明天，研究自己，研究用户才是根本，才是往前看。别人不一定是对的，你老是研究别人，脚步就自然地跟过去了。"

他同时还表示："阿里巴巴有没有危机？我觉得危机很大，要不我怎么可能这5年体重没涨过一斤，而且现在越来越瘦。我以前也在想公司大点，可能老板就轻松了。可现在发觉越大越累，CEO天天想的就是危机在哪里。找出公司内部的问题是件好事，因为团队需要融洽，有些东西也许今天没什么，但是可能会成为癌症。作为CEO必须在公司内部不断关注癌细胞的裂变，这个很痛苦，你如果能够真的找到癌细胞，你就是顶尖人物了。"

很多企业一旦战胜其他竞争对手，取得一点成绩就开始贪图享乐，慰劳自己以往的辛苦奋斗。稍微犒劳一下自己，是可以接受的，不过绝对不能够麻痹大意、放松警惕，因为始终有一个强大的对手伴随着我们。作为企业的管理者，在企业取得成功时同样要时刻警惕自己，以避免自己被"自己"腐蚀击溃。

清代王永彬在《围炉夜话》中写道："事当难处之时，只让退一步，便容易处矣；功到将成之候，若放松一着，便不能成矣。"意思是说，当事情遇到了困难，只要退一步，便不难处理；事情将要成功的时候，稍有懈怠，就会功亏一篑。因此企业要时刻保持警惕，在企业的长期发展过程中，与自己竞争是永久的。

8.1.2　铲除平庸干部，保持组织战斗力

2019 年，任正非在华为总干部部务虚会上说："只有平庸的领导，没有平庸的员工。李云龙手下人人是好汉，马谡拥有千万雄兵仍痛失街亭。要以此为抓手，激活组织迎接更大的困难和挑战。在极端恶劣的情况，创造多个世界第一。"为此华为持续进行组织变革，采用各种方式激活组织，加快干部专家破格提拔步伐，祛除那些已经惰怠的员工和干部。同时，对有突出贡献的优秀员工破格提拔任用，为一线作战队伍换血，从而保持其强悍的战斗力。尤其是随着 2020 年 5 月，英国宣布抵制华为，华为的处境变得更加艰难。

任正非在会议上表示："我们的目标是胜利，如果干部队伍不优秀是一定会被打垮的。干部队伍的整改若没有达到目标，就不能保证业务部门的整改达到目标，那么我们就可能满盘皆输。有人说我们战斗到最后一滴血，那是苍白的，是没有用的，唯有胜利才是真正有说服力的。为了胜利，只有激发这支队伍。有一个名人说：'堡垒是最容易从内部攻破的，堡垒从外部被压力加强了。'现在我们公司更团结了，战斗能力更强了，改革的阻力减小了，实际上是外部压力给了我们机会，我们要借此机会，把自己变得更强。管理部门的责任一定是首先要选出优秀的员工，选出英雄来，选出领袖来。

对于招聘工作，首先要批评你们 HR，有些在世界大赛中多次获奖的人被我们淘汰了。你们不知道什么是优秀的人，为什么不让科学家去招聘科学家，专家去招聘专家呢？HR 应搭好服务平台，提供专业方法，别把自己当成权力部门。管理干部的人一定要有洞察能力，一定要勤学苦练，

不要满足自我掌握权力，要有通过成就他人来成就自己的胸怀。

随着我们管理体系的改革，我们就能够铲除平庸。铲除平庸不能简单地拿员工来凑数，我们再次强调，没有平庸的员工，只有平庸的干部。铲除平庸关键在于去除平庸的干部，尤其是平庸的AT成员、平庸的AT主任。"

从上述可以看出，对于平庸的干部，华为是毫不留情的。2020年，华为轮值董事长徐直军再次明确表示："公司要铲除平庸干部，祛除惰怠员工，激活组织。干部和员工要祛除自身的惰怠行为。同时，要把不求进步、安于平庸、不敢管理的干部换掉。各级干部要以公司大局为重，上火线、下战壕，到业务最需要的地方、到艰苦区域作战。要大胆在火线中选拔、在战壕中提拔，让优秀的人员直接穿越上来，要把真正帮助客户成功、在关键岗位上做出贡献的人提拔上来。同时要加快对平庸干部的淘汰，坚决把不思进取、靠混关系、做报告坐上管理岗位、历史上挖过坑的干部撤下来。"

华为坚持把那些不能为公司做出贡献或者做的贡献较小的平庸、惰怠的干部淘汰掉，让基层的优秀员工有更多晋升的机会，激励他们继续坚持艰苦奋斗，为公司持续做出贡献，以保证公司始终保持强悍的战斗力。

8.2 工作作风和生活作风两手抓

作为员工的表率，干部的一举一动、一言一行都会对员工产生影响。好的作风彰显好的个人风采，会给员工带来积极正面的影响；坏的作风不仅会损害干部在员工心中的威信和形象，也会给员工带来负面的影响。这里的作风既指工作作风，也指生活作风。一个组织只有同时抓好干部的工作作风和生活作风，才能在企业里营造出一种风清气正的氛围。

8.2.1 以企业核心价值观为基础树工作作风

核心价值观是企业判断是非的标准，衡量行为的准则。它可以为企业提供解决发展中内外矛盾的依据，是不可改变与不可妥协的经营指导规律与原则。

华为的核心价值观是华为从过去三十多年所取得的成功和挫折经历中总结出来的思想方法和管理原则，用以识别那些未来能够支撑华为长期成功的人力资源管理的关键要素，以及那些未来可能导致华为走向失败的潜在风险。因此，华为以核心价值观为基础，提出了改进工作作风的八条要求。

《华为改进工作作风的八条要求》（2019年版）

（1）我绝不搞迎来送往，不给上级送礼，不当面赞扬上级，把精力放在为客户服务上。

（2）我绝不动用公司资源，也不能占用工作时间，为上级或其家属办私事。遇非办不可的特殊情况，应申报并由受益人支付相关费用。

（3）我绝不说假话，不捂盖子，不评价不了解的情况，不传播不实之词，有意见直接与当事人沟通或报告上级，更不能侵犯他人隐私。

（4）我认真阅读文件，理解指令。主管的责任是胜利，不是简单服从。

（5）我反对官僚主义，反对不作为，反对发牢骚讲怪话。对矛盾不回避，对困难不躲闪，积极探索，努力作为，勇于担当。

（6）我反对文山会海，反对繁文缛节。学会复杂问题简单化，六百字以内说清一个重大问题。

（7）我绝不偷窃，绝不私费公报，绝不贪污受贿，绝不造假，我也绝不允许我们当中任何人这样做，要爱护自身人格。

（8）我绝不允许跟人、站队的不良行为在华为形成风气。个人应通过努力工作、创造价值去争取机会。

《华为改进工作作风的八条要求》将华为的核心价值观转化为员工的行为准则，为干部的行为提供了明确的指引，在干部群体中树立了求真务实的工作作风。

2019年9月6日，任正非发了一封题为《我们要紧紧揪住优秀人物的贡献，紧紧盯住他的优点，学习他的榜样。这要成为一种文化，这就是哲学》的内部邮件。邮件内容是：

我们要鼓励员工及各级干部讲真话，真话有正确的、不正确的，各级组织采纳不采纳，并没有什么问题，而是风气要改变。真话有利于改进管理，假话只有使管理变得复杂、成本更高。因此，公司决定对梁山广，工号00379880，晋升两级，到16A，即日生效，并且不影响其正常考核与晋升。让其自愿选择工作岗位及地点，可以去上研所工作，由邓泰华（华为无线产品线总裁）保护其不受打击报复。

在邮件第二部分转发了华为内部论坛名为《寻找加西亚》的帖子，主要内容是："加西亚，你回来吧！孔令贤，我们期待你！2014年孔令贤被破格提拔3级后，你有了令人窒息的压力，带着诚意离开了华为。周公恐惧流言日，更何况我们不是周公。是公司错了，不是你的问题。回来吧，我们的英雄。"

短短159个字，表明了华为鼓励员工及干部讲真话，改风气，并且以"连升两级"的实际奖励和报送董事会、监事会成员来表示公司对讲真话十分重视，由此在公司形成一种正向的文化氛围，值得其他企业学习。

8.2.2 以道德遵从规范为标准树生活作风

随着企业持续高速发展，不少干部会失去创业期的冲劲与激情，放松了对自我要求，对工作不再兢兢业业，渐渐满足于安逸的环境，开始乐于享受生活。

在2014年6月的华为干部工作会上的讲话中，任正非指出：

"我们现在有些干部对如何消遣、如何享受很有研究，在队伍中滋生一种不好的风气。我们只有紧紧盯着风云不断变化的市场，才会发现机会窗，才会有所作为。任何部门的管理目标都是为客户服务，我们不能孤芳自赏那些不能为客户服务的内部管理，即使它很'优秀'。我们这么要求，似乎比起对员工的宽松来，太过于严酷。但市场逼得我们不得不这么做，当干部就要有献身精神。"

享乐主义就像房梁中的蛀虫，会不断侵蚀整座房子，导致房屋倒塌。干部一旦在生活作风上有了缺口，道德防线便会全面失守，从而背离了艰苦奋斗的初心，最终坠入堕落的深渊。

美国中央司令部前司令施瓦茨科普夫在海湾战争中取得了很好的战绩，但就在所有人都看好他，认为他会出任陆军参谋长一职之时，出乎所有人的意料，他在海湾战争结束后就退休了。

美国参谋长联席会议前主席科林·鲍威尔在他的著作《我的美国之旅》中披露了施瓦茨科普夫没有被提拔为陆军参谋长的原因。当时美国国防部部长切尼在一次飞往沙特首都的航班上偶遇了施瓦茨科普夫，在历时15小时的航程中，许多乘客都要排着长队上洗手间，但施瓦茨科普夫要上洗手间的时候派了一位少校去排队，等快到的时候那位少校高声喊道"将军"，施瓦茨科普夫就慢腾腾地插队到前面进了洗手间。此外，切尼还看到一名少校为了给施瓦茨科普夫整理制服，双膝着地跪在地上服侍他，因此切尼非常讨厌施瓦茨科普夫，认为他的人品有问题，这也是施瓦茨科普夫没能当上陆军参谋长的原因。

在许多人看来,这两件"小事"与工作并没有直接关系,主要是生活作风的问题,和施瓦茨科普夫的累累战绩相比,不值得一提。但是切尼认为,这些"小事"充分体现了施瓦茨科普夫的人品存在问题,如果不及时采取措施来遏制,将会使得整个军队都往腐败的方向发展。位高权重的军官如果自己都不能克己守规,更不用说管理好军队了。

华为认为,生活作风问题的本质就是道德问题。为此,华为倡导干部以道德遵从规范为标准树生活作风,要求干部加强自律,守住道德底线。具体来讲,就是要求干部培养和强化自我约束、自我控制的意识和能力,做到"心不动于微利之诱,目不眩于五色之惑"。管好自己的生活圈和交往圈,始终不放纵、不越轨、不逾矩,增强拒腐防变的免疫力。

8.2.3 腐败就是毒药,重拳严打内部腐败

千里之堤,以蝼蚁之穴溃;百尺之室,以突隙之烟焚。腐败是长堤蚁穴、阔室隙烟,一旦在组织内部出现,就会一点一点将企业瓦解掉,如果不能够及时发现并消除,企业的长远发展无从谈起。

因此,许多优秀企业始终高度重视反腐工作。为了清查内部出现的腐败现象,京东出台了《京东集团反腐败条例》,而华为则以更加高调强势的态度向员工及经销商展示了华为反腐的决心。

2014年9月,华为召开了公司业务经销商反腐大会,对已经查实的公司内部涉嫌腐败的116名员工进行通报,并将其中4名移交司法机关。

在这次反腐行动中,有69家经销商涉及行贿。其中,华为员工主动向其索贿的有53家,主动贿赂华为员工的有16家。据内部人士透露,华为方面对经销商提出了实名举报的请求:"凡存在华为员工(包括已离职的华为员工)收受好处费等类似问题,经销商主动实名举报的,不予追究民事责任;不主动举报的,一经发现,将追究其法律责任,其与华为的未来合

作也将受到影响。"

此外，针对此次追回的3.7亿元资金，董事会决定将其作为奖金，发放给那些遵守BCG（华为员工商业行为准则）的员工。

在此次反腐大会上，华为高层一再强调："诚实劳动是对员工的基本要求，一切钻公司漏洞、借职务便利牟私利的行为，都是公司不允许的。公司对内部腐败零容忍，坚决反对，高度一致，腐败没有灰度。要通过'查、处、管、教、法'使得腐败行为'不敢、不想、不能'，让干部和员工健康成长。"

2017年12月26日，华为高管滕鸿飞被曝因涉嫌受贿被公安机关采取强制措施。虽然滕鸿飞涉嫌刑事犯罪的事情还在进一步调查当中，但是华为的态度非常明确，即对腐败的干部，不管他在华为的职位有多高，都绝不迁就，一定要将贪腐的干部清除出华为，并且严肃处理。

腾鸿飞曾先后就职于诺基亚、三星电子等大型企业，并且都位居高位，2014年跳槽到华为之后，出任华为消费者BG大中华区的执行副总裁。由于他突出的能力，他在这一职位上做出了巨大贡献，也因此在2017年3月获得了华为管理体系的最高荣誉奖——"蓝血十杰"称号。可以说，滕鸿飞对于华为来说是一个不可多得的人才，但即便如此重要的高层干部，在涉嫌贪腐一事的时候，华为没有给予任何商量的余地，表示将秉公处理。

事实上，几乎所有的优秀企业都对贪污腐败一事采取绝不姑息的态度，如BAT（中国三大互联网公司——百度、阿里巴巴、腾讯）。

2015年5月，原百度渠道部高级总监宇晖、企业市场部高级总监金治、大客户销售部副总监陈祯锋、渠道部高级经理赵志勇、百糯成渝云贵大区总监王林、百糯成渝云贵大区销售主管蒋青苓、董生敏、百糯西安分公司销售王磊，因涉嫌商业受贿或职务侵占被公司解除劳动合同，并被移交至相关司法机关依法处理。

5月12日，百度在集团内部群发了一封邮件——《打造阳光职场 做简单可依赖的百度人》，向全体员工通报"阳光职场"行动查处的7起涉嫌职务侵占、商业受贿的重大职业道德违规行为，呼吁员工坚守"简单可依赖"的公司核心价值观，共创公正、透明、阳光的职场环境。

阿里巴巴对待内部的贪腐问题一直都保持着绝不容忍的态度。为了专门解决阿里巴巴员工在资金管理与使用上的问题，马云在2009年就督促集团成立了廉政部，在2012年，这个部门直接升级成为廉正合规部。这个部门的主要职责就是调查内部是否存在违反纪律的情况，它可以调查阿里巴巴的任何一个员工，包括马云自己。

同时，在阿里巴巴内部，还执行着《阿里巴巴集团商业行为准则》，该准则对财务利益、关联交易甚至接受礼品、款待等都做了详细规定，每个新员工在入职时都必须签订这个准则。

百度总裁李彦宏说："企业要风清气正才能有战斗力。"的确如此，作为企业最大的隐患，贪腐甚至有可能因此断送企业的未来。所以，各个企业对待贪腐干部都是及时清除，绝不迁就。

华为很早就表示华为要维持生存的根本就是不能出现内部腐败，所以一直以来华为对于公司内部的贪腐现象抓得非常严。为了尽可能杜绝内部腐败，对于干部的监察行动甚至成为"例行公事"，通过全方位的监管，清除公司内部的腐败现象。一旦发现腐败干部，第一时间就开除并移交司法处理，即使干部已经离职，也会追究到底。

8.3 强化自我教育和自省自查

无产阶级革命家陈毅曾说过:"九牛一毫莫自夸,骄傲自满必翻车。历览古今多少事,成由谦逊败由奢。"华为强调,干部要保持谦虚谨慎的心态,时时"向内看",拿"显微镜""放大镜"检视自己,强化自我教育和自省自查,确保自己始终行走在正确的道路上。

8.3.1 不断学习公司制度,建立红线意识

为了规范管理和提高效率,华为制定了科学完善的公司制度。华为要求员工按照制度规范自己的行为,以确保各项工作有序高效地开展。对于干部,华为要求他们不断学习公司制度,建立红线意识。

之所以对干部提出这样的要求,是因为干部既是制度的捍卫者,也是制度的执行者。干部只有不断学习公司制度,更好地领悟制度背后的价值观与精神,才能在复杂的管理环境中,做出正确的决策,展现公司期望的行为。

为了帮助干部更好地进行自我管理和更有效地管理员工,华为出台了《干部二十一条军规》。

《干部二十一条军规》的内容:
(1)商业模式永远在变,唯一不变的是以真心换真金。
(2)如果你的声音没人重视,那是因为你离客户不够近。
(3)只要作战需要,造炮弹的也可以成为一个好炮手。
(4)永远不要低估比你努力的人,因为你很快就需要去追赶他(她)了。
(5)胶片(PPT)文化让你浮在半空,深入现场才是脚踏实地。
(6)那个反对你的声音可能说出了成败的关键。
(7)如果你觉得主管错了,请告诉他(她)。

（8）讨好领导的最好方式，就是把工作做好。

（9）逢迎上级1小时，不如服务客户1分钟。

（10）如果你想跟人站队，请站在客户那队。

（11）忙着站队的结果只能是掉队。

（12）不要因为小圈子而失去了大家庭。

（13）简单粗暴就像一堵无形的墙把你和他人隔开，你永远看不到墙那边的真实情况。

（14）大喊大叫的人只适合当拉拉队，真正有本事的人都在场上呢。

（15）最简单的是讲真话，最难的也是。

（16）你越试图掩盖问题，就越暴露你有问题。

（17）造假比诚实更辛苦，你永远需要用新的"造假"来掩盖上一个"造假"。

（18）公司机密跟你的灵魂永远是打包出卖的。

（19）从事第二职业的，请加倍努力，因为它将很快成为你唯一的职业。

（20）在大数据时代，任何以权谋私、贪污腐败都会留下痕迹。

（21）所有想要一夜暴富的人，最终都一贫如洗。

二十一条军规虽然条条简短，却句句有力。一方面，它以军规的形式让干部不触碰道德底线，帮助干部建立起红线意识；另一方面，它为干部管理员工提供了行为导向和价值标准。

8.3.2　以自律宣言强化干部的自律意识

规则和制度是他律，是从客观上让干部不敢惰怠，而要从源头消除惰怠，则必须强调自律的作用，通过强化干部的自律意识，让干部从内心不愿意惰怠。

在2005年EMT民主生活会上，EMT成员达成了共识：公司最大的风险来自内部。作为公司的领导核心，EMT成员须做到正人先正己。因此，会议通过了《EMT自律宣言》，并要求在此后的两年时间里，逐渐覆盖各级主管干部，以此强化干部的自律意识。

2007年，华为举行了首次《EMT自律宣言》宣誓大会，并使该宣誓以制度化的形式延续下来，每年举行一次，逐年完善创新。

2013年1月14日，上午9：00整，华为董事会、监事会、市场大会全体成员齐聚公司深圳坂田基地总部，举行董事会自律宣誓大会。会议由轮值CEO郭平主持，孙亚芳、徐直军、胡厚崑、郭平、李杰、万飚、孟晚舟、徐文伟、张平安、陈黎芳、丁耘、余承东，以及任正非在内，13名华为董事会成员全部参加了此次自律宣誓。

面对着来自全球各地的几百名中高级管理者，全体董事会成员庄严地完成了宣誓，宣誓内容如下：

"华为承载着历史赋予的伟大使命和全体员工的共同理想。多年来我们共同奉献了最宝贵的青春年华，付出了常人难以承受的长年艰辛，才开创了公司今天的局面。要保持公司持久的蓬勃生机，还要长期艰苦奋斗下去。

我们热爱华为正如热爱自己的生命。为了华为的可持续发展，为了公司的长治久安，我们要警示历史上种种内朽自毁的悲剧，决不重蹈覆辙。在此，我们郑重宣誓承诺：

（1）正人先正己，以身作则，严于律己，做全体员工的楷模。高级干部的合法收入只能来自华为公司的分红及薪酬，不以下述方式获得其他任何收入：

绝对不利用公司赋予我们的职权去影响和干扰公司各项业务，从中谋取私利，包括但不限于各种采购、销售、合作、外包等，不以任何形式损害公司利益。不在外开设公司、参股、兼职，亲属开设和参股的公司不与华为进行任何形式的关联交易，不贪污，不受贿。高级干部可以帮助自己愿意帮助的人，但只能用自己口袋中的钱，不能用手中的权，公私要分明。

（2）高级干部要正直无私，用人要五湖四海，不拉帮结派。不在自己管辖范围内形成不良作风。

（3）不窃取、不泄露公司商业机密，不侵犯其他公司的商业机密。

（4）绝不接触中国的任何国家机密，以及任何其他国家的任何国家机密。

（5）不私费公报。

（6）高级干部要有自我约束能力，通过自查、自纠、自我批判，每日三省吾身，以此建立干部队伍的自洁机制。

我们是公司的领导核心，是牵引公司前进的发动机。我们要众志成城，万众一心，把所有的力量都聚焦在公司的业务发展上。我们必须廉洁正气、奋发图强、励精图治，带领公司冲过未来征程上的暗礁险滩。我们绝不允许'上梁不正下梁歪'，绝不允许'堡垒从内部攻破'。我们将坚决履行以上承诺，并接受公司监事会和全体员工的监督。"

在集体宣誓之后，每一个董事会成员还依次进行个人宣誓。

通过自律宣言，华为营造了一个透明的民主监督环境。干部在宣誓时，就是将自己的责任和义务公之于众，这时宣誓人往往会更愿意遵循所公布的言论，让自己的行为和态度与之相符。这是一种行为责任对行为动机的影响，也使得干部的自律意识得到不断强化，值得其他企业效仿学习。

8.3.3 坚持自我批判，敢于自省自查

自我批判是一种武器，也是一种精神。组织的自我批判，将会使流程和管理更加优化；员工的自我批判，将会大大提高其自我素质。在华为的历史上，有许多从组织层面开展的、以自我批判为主题的活动，有的活动已过去许久，但是直到今天，仍旧对华为有着深远的影响（见表8-1）。

表 8-1 华为自我批判典型活动盘点

阶段	时间	事件/活动	参与人员	过程/内容/形式
探索实践阶段（1996—2000年）	1996.01	市场部集体大辞职	市场部多名正职干部	同时递交两份报告（一份辞职报告、一份述职报告），重新竞聘上岗
	1998.04	研发体系"反幼稚"大会	2000余名研发人员	讨论客户录音，向全公司汇报反思结果
	2000.01	市场部集体大辞职四周年颁奖典礼	1000余人	任正非做《凤凰展翅，再创辉煌》讲话，颁发纪念章
	2000.09	研发体系发放呆死料、机票活动暨反思交流大会	在深圳的领导、党组织、研发全体、其他部门科以上干部6000余人	中研部将近年来因研发失误而产生的呆死料、浪费的机票作为奖金、奖品发给研发骨干
全面开展阶段（2001—2010年）	2006.10—2007.11	自我量判活动	全公司中方18级及以上管理者、专家	自上而下，上级示范学习—反思—交流—改造民主生活会形式
	2008.07	管理作风自省自查活动	各级管理者、基层党员	以民主生活会形式层层讨论员工家属投诉信，自省自查材料公开
	2008.09	核心网产品线表彰大会	3000多人	任正非讲话《从泥坑里爬出来的都是圣人》
	2009.08	开展例行自我批判工作的通知	各级管理者9700多人	结合《再谈"一唬二凶三骂人"现象》学习
	2010.11	"马电"事件总结和反思	全体中方员工	刊登纪实报告，华大编写案例
深入推进阶段（2011年至今）	2011.05	PSST体系干部大会	400多名干部	剖析"18条怠惰行为"，号召写案例反思
	2012.11	对公司有益观点学习及心得启示	AT成员4800多人	总裁办发布心声网友有益观点摘录，学习、讨论、写心得

对华为自我批判典型活动进行分析后可以发现，华为在三十多年的发展中，始终坚持自我批判，通过多次实践强化使自我批判成为组织和个人的精神。

华为除了从组织层面开展自我批判活动，还要求员工在工作中发扬自我批判的精神，通过自我反省及时查找出工作中存在的问题，进行自我纠正，从而走出工作中的疲劳和病态，重新激发出工作的活力。

2017年4月，一些消费者在购买华为P10手机后，通过测试发现P10手机的闪存速度出现了明显差异情况，其中有部分手机的闪存速度只达到了200+MB/秒。一时引爆网络，成为网友热议焦点。

4月27日，华为消费者业务CEO余承东宣布深刻自省。他说，华为全员要对傲慢的态度深刻自省，落实消费者善后工作。他还向华为消费者业务全员发送了一封倡议书，表示"五一"期间，他将带队到零售店深入一线与消费者近距离沟通。倡议书内容如下：

24年华为的经历，有两个价值观我深深地认同，它们不光影响着我，更塑造着我：坚持自我批判，坚持以客户为中心。这些天我的心情非常不平静，可以说很沉重。我必须要进行深刻的自我批判。之前在微博上看到了一些争议，鱼龙混杂，工程师出身的我对产品技术参数极为敏感，再加上太急于表达，造成了不合适的回应。现在我有了更多反思。

整个手机行业是战场，更是学校，大家要变得更强大，也要互相取长补短。我们未来还有很长的路要走，我们唯有以更加严格甚至苛刻的标准要求自己和团队，才能更好地服务好消费者。

这次事件对我们来说是一次深刻警醒。这让我们反思：这几年我们是否跑得太快了？在一路狂奔向前的路上，是否坚守了我们出发时的初心？我们是否以身作则，认真践行了公司的核心价值观——以客户为中心？

我们在很多信息的公示上，还是太过粗线条，给消费者带来了不必要的困扰。我们面对消费者的质疑和意见，习惯于将自身的境遇、所做的努力以及行业的特性作为第一诉求来回应，态度傲慢，缺乏谦卑。我们要深刻自省，消费者已经支付了全部的信任与热爱，他们提出的任何要求都是鞭策我们继续向前的力量！我们要把它转化成团队勇往直前的动力！我们一定要真正地听进去不同的意见，做出最真诚的回应并迅速改进。为此，我已安排成立了一个"消费者聆听特别行动小组"，落实后续的一系列计划，主动聆听来自消费者的各种声音。

"五一"劳动节将至，我认为我们应该从自己做起，走到跟消费者最近的地方——我们的几千家零售和服务店，跟消费者们在一起！我将带领消费者业务管理团队到零售店、服务店，深入一线与消费者近距离沟通。在此，我也倡议华为消费者业务全体员工在节日期间走访店头，聆听消费者，服务消费者，从而改善我们的工作流程、服务态度，用实际行动担当起全球消费者赋予华为品牌的信赖！

企业如人，犯错不可怕，只要能对错误及时自省改正；更难得的是，对无意的"小错误"，也谦卑地进行"大自省"，迅速改正。华为正是这样做的，始终坚持自我批判，敢于自省自查自纠，这也是华为能够持续保持强大竞争力的关键原因之一。

8.4 完善问题预警机制和监督机制

华为对干部的监察管理主要是解决队伍净化的问题，让干部员工都不敢干坏事，而不是针对哪个人进行量刑。华为珍惜干部的政治生命，因为培养一个干部要花很大精力，为此，华为通过完善问题预警和监督机制，尽可能防止干部犯错，最大限度地降低公司损失。

8.4.1 适时动态地了解干部群体现状

组织必须有铁的纪律，没有铁的纪律就没有持续发展的力量。针对干部的监管，华为设置了内部控制的三层防线。第一层防线是业务主管或流程责任人，他们是内控的第一责任人，在流程中承担内控和风险监管的责任。第二层防线是内控及风险监管的行业部门，针对跨流程、跨领域的高风险事项进行拉通管理。第三层防线是内审部门。基于内部控制的三层防线，华为设置了"点""线""场"的监控系统（见图8-1）。

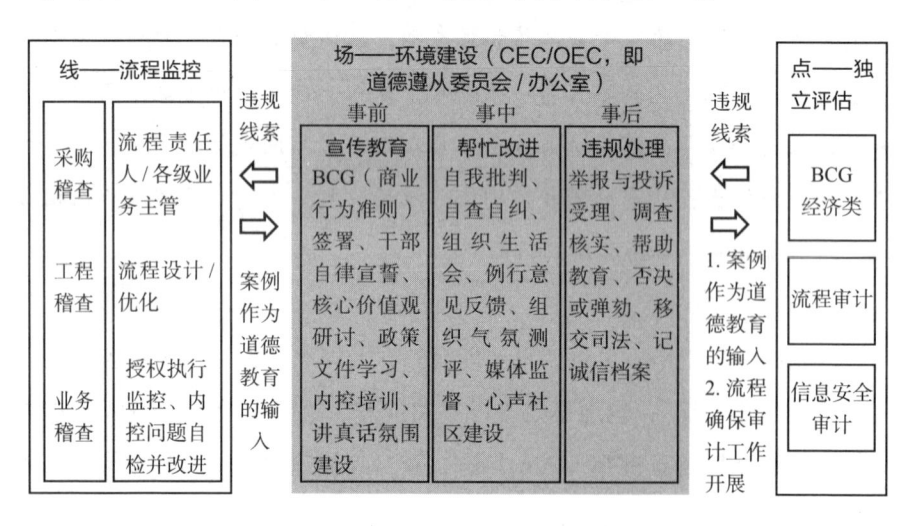

线——流程监控		违规线索	场——环境建设（CEC/OEC，即道德遵从委员会/办公室）			违规线索	点——独立评估
采购稽查	流程责任人/各级业务主管	案例作为道德教育的输入	事前 宣传教育 BCG（商业行为准则）签署、干部自律宣誓、核心价值观研讨、政策文件学习、内控培训、讲真话氛围建设	事中 帮忙改进 自我批判、自查自纠、组织生活会、例行意见反馈、组织气氛测评、媒体监督、心声社区建设	事后 违规处理 举报与投诉受理、调查核实、帮助教育、否决或弹劾、移交司法、记诚信档案	1.案例作为道德教育的输入 2.流程确保审计工作开展	BCG经济类
工程稽查	流程设计/优化						流程审计
业务稽查	授权执行监控、内控问题自检并改进						信息安全审计

图8-1 "点""线""场"的诚信监控体系

在诚信监控系统中，审计关注"点"的问题，通过对个案的处理建立威慑力量；工程稽查关注"线"的问题，与业务一同端对端地管理，揭示并防范端到端的风险。道德遵从委员会关注"场"的问题，持续建立良好的道德遵从环境，使员工不能、不敢、不愿意做坏事。

在发展过程中，华为不断探索和优化内审制度，规范授权行权，改进工作流程，建立内控、内审、稽查、法务、信息安全、子公司董事会等监管部门，形成了较为完善的内审机制。

华为专门建立了干部的内部审核机制，针对干部的授权行权、行为规范等工作进行监察。

任正非在确定干部内审的条例时，提出以下几点：

第一，要明确干部内审的目的。调查工作不是为了整治干部，而是重在挽救干部。公司培养干部是为了公司的发展，审查是提醒干部将精力放在建设公司上，不要犯一些无法弥补的错误。在审查阶段不能"打草惊蛇"，弄得人心惶惶，要尊重人权。干部内审最终的目的还是要遴选出最有利于华为发展的干部。

第二，审查结束后的决策阶段，要坚决贯彻"集体决策，少数服从多数"的原则，不能由个人决定对干部的处理方式。个人不具备审批权，不能形成不良风气，听某个领导的话想调查谁就调查谁，干部内审不能变成某些人铲除异己的工具。最终结果还是要通过集体投票来表决，且一旦立项必须出结果，对审查对象一定要深入调查，要能够解释清楚对审查对象的处理结果。

第三，调查过程要透明化，并且坚持"查处分离"的原则。对干部的审查工作要严肃，对干部要宽大处理，尽量包容。华为立项审查主要是为了净化队伍，警醒员工不能犯错，而不是为了针对个别人进行量刑。但退赔系数要逐年提升，增加犯罪成本，并公示退赔系数，让所有人能清楚知道犯罪成本高昂，从而产生威慑作用。

华为通过内审机制，动态了解干部群体现状，及时发现干部存在的问题，及时处理，达到了挽救干部、净化管理团队的目的。此外，华为还引进了组织气氛问卷调查，通过干部的上级和同事对组织气氛的反馈来了解干部的情况。

华为公司组织气氛问卷调查由华为公司道德遵从委员会统一发起，所有调查数据将汇总到系统进行分析。调查结束后，所有被调查的员工和团队将获得整体分析报告（当部门反馈人数少于 5 人时，报告不生成；当各个维度下的反馈人数小于 5 人时，该维度的数据不显示），供本部门 / 团队管理改进参考，不应用于个人及团队绩效评价。员工原始反馈信息也将严格保密，任何组织、个人无权查看。

华为的组织气氛调查问卷通常分为两个部分，第一部分针对被调查员工所在部门的组织气氛，包括该员工的上级和同事，上级不单单指直接上级，而是包括下列四种情况：①直线汇报关系；②非直线汇报关系，在这种情况下，该员工可能被要求向非直线领导但可能是组织结构中虚线或矩阵关系的一些人汇报，在考虑产生组织气氛时可认为是该员工的领导；③项目团队领导；④事实领导。第二部分针对整个公司的组织气氛，包括任何影响被调查员工或与其有工作交流的人员和部门的公司政策、程序等。

华为的组织气氛问卷调查得到了员工的广泛支持与肯定，它解决了许多组织内部存在的问题，使一些干部的不称职行为浮出水面。华为根据调查结果，对出现问题的干部进行教育，及时纠偏，也使组织内部的工作氛围得到了改善。

8.4.2 对项目过程进行问责和监督

海尔集团董事局主席兼首席执行官张瑞敏说："权力分散后不等于下面的人可以为所欲为，接受权力的人必须服从集团整体利益在宏观上的要求和控制，要有责任感。关于各公司究竟有哪些责、权、利，集团和各公司之间要以契约的形式明确规范下来。"

华为也在任务下放之后对项目的行进过程进行严格监管，如果员工在项目过程中出现了问题，华为的监管人员将对员工的工作进行问责，在项目过程中还会依据具体情况采取措施来管理员工的工作。

为了更好地适应公司内外部的变化，华为从2017年开始在部分代表处进行"合同在代表处审结"试点。

华为将在战略客户、战略产品和竞争方面对代表处给出指引和要求。对资金、账务、审计等三项重要的职能中央集权，对战略洞察、规则制定、关键干部使用和监督四项中央权力作为"合同在代表处审结"的边界。同时，代表处作为"小华为"，要做到对外守法，要符合所在国家和地区相关的法律法规。对内合规，内控和BCG的要求全公司要统一。子公司监督型董事会是监督者，负责对试点代表处进行对内和对外合规的监督，同时，CFO对高风险项目仍然有否决升级权，履行服务与监督职能。通过有效的监督机制，充分保证代表处在自主决策的同时，杜绝可能损害华为公司利益的情况出现。

对于华为这样一个20万人的公司，在提高流程效率的同时，监管就成为公司非常重要的一个支柱。华为通过内控、稽查、审计等监督体系，对业务全流程进行监管，降低了业务运作的风险。

8.4.3 发现问题，适时沟通和有效处理

在监管上，干部既是被监管对象，也是执行监管的主体。干部除了要以身作则，为员工提供良好的示范，更要对在监管中发现的问题适时进行沟通，推动问题改进与解决。

近年来，华为的消费者业务和企业业务发展十分迅速，与运营商业务形成并驾齐驱之势。但随着华为的不断发展，一些腐败行为也随之而来。

在手机产业圈内，供货商给采购人员送礼是很普遍的现象。在华为消费者BG，供应商、经销商送礼的现象并不少见，但从整个行业看，华为的腐败情况算是比较轻的，所涉及的金额也不算很大。

华为企业业务BG同样也存在不少腐败现象。企业业务比较特殊，不直接面对客户，而是通过经销商来销售路由器、交换机和软件等产品的，并且提供硬软件一体化的解决方案，因此没有标准定价，存在一定的操作空间，回扣、返点成为行业的"潜规则"。

为了整顿干部队伍，净化队伍风气，更好地起到对干部的教育作用，让那些走上歧路的人迷途知返，华为消费者BG的CEO余承东给员工发了一封内部邮件。他在邮件中说，近几年来华为消费者终端业务势头良好，但有一些干部员工因腐败问题掉了队，其中有一些能力很强的人，只是因一时贪念，拿了经销商好处，身陷囹圄，其人生轨迹、家庭生活完全颠覆，法办坐牢，失去自由，再忏悔为时已晚。因此，这次的半年总结，我想重点和大家谈如何自律、抵制诱惑、防腐败、反腐败。在我们实现事业梦想的道路上我不希望大家掉队。同时，余承东呼吁，已经走错一步的干部员工，要放下包袱，主动申报自己的问题，实现自我救赎。公司对于主动申报的员工，将从轻或免于行政处罚，并对申报内容保密。作为消费者BG的CEO，我也无权知道大家的自我申报信息。自我申报不公开，不秋后算账。公司审计稽核主动查处的今后从严处理，移交司法会是常态。

请已经走错一步的同事们务必停下来认真想一想，让良知战胜侥幸，放下包袱。主动申报是自我救赎的唯一途径。

干部作为管理者，负有对员工进行监督管理的责任。当发现员工偏离方向或者要走上错误的道路时，应该找准时机与员工进行沟通，有效处理问题，而不是视而不见，让员工在错误的道路上越走越远。这既是管理者的失职，也是管理失败的表现。在华为，干部对员工负有监督管理的责任。如果员工走上歧路，领导者也要担责。因此，干部在对员工进行监管的过程中，如果发现问题就要适时沟通，推动并配合员工解决问题。